O BlackBerry de Hamlet

:)

William Powers

O BlackBerry de Hamlet
:)

Filosofia prática para viver bem na era digital

Tradução de Daniel Abrão

Copyright © 2010 William Powers
Copyright © da tradução Alaúde Editorial Ltda.

Título original: *Hamlet's BlackBerry – A Practical Philosophy for Building a Good Life in the Digital Age*

Todos os direitos reservados. Nenhuma parte desta edição pode ser utilizada ou reproduzida – em qualquer meio ou forma, seja mecânico ou eletrônico –, nem apropriada ou estocada em sistema de banco de dados sem a expressa autorização da editora.

O texto deste livro foi fixado conforme o acordo ortográfico vigente no Brasil desde 1º de janeiro de 2009.

PRODUÇÃO EDITORIAL:
Editora Alaúde

PREPARAÇÃO:
Agnaldo Holanda

REVISÃO:
Hugo Maciel de Carvalho e Entrelinhas Editorial

CAPA:
Andrea Vilela de Almeida

FOTO DE CAPA:
Pan Xumbin/Dreamstime.com

IMPRESSÃO E ACABAMENTO:
EGB - Editora Gráfica Bernardi Ltda.

1ª edição, 2012

Dados Internacionais de Catalogação na Publicação (CIP)
(Câmara Brasileira do Livro, SP , Brasil)

Powers, William
    O BlackBerry de Hamlet : uma filosofia prática para viver bem na era digital / William Powers ; tradução de Daniel Abrão. - São Paulo : Alaúde Editorial, 2012.
    Título original: Hamlet's BlackBerry : a practical philosophy for building a good life in the digital age.
    ISBN 978-85-7881-097-9

    1. Internet - Aspectos sociais 2. Qualidade de vida 3. Solidão I. Título.

12-00105	CDD-303.4833

Índice para catálogo sistemático:
1. Internet : Aspectos sociais   303.4833

2012
Alaúde Editorial Ltda.
Rua Hildebrando Thomaz de Carvalho, 60
04012-120, São Paulo, SP
Tel.: (11) 5572-9474 e 5579-6757
www.alaude.com.br

Para Ann Shallcross,
que se conectou

*"Esta época, como todas as outras, será muito boa
se soubermos o que fazer com ela."*

Ralph Waldo Emerson

Sumário

Prólogo – A sala 11

Introdução 15

PARTE 1 – QUAL É A GRAÇA? – O enigma da vida em rede

   1. Ocupadíssimos – Em um mundo digital, onde fica a profundidade? 23

   2. Alô, mamãe – A magia das telas 32

   3. Na ponta da prancha – Remando contra a maré 45

   4. Pseudossoluções – O problema de não levar a sério 69

PARTE 2 – ALÉM DA MULTIDÃO – Os ensinamentos dos Sete Filósofos das Telas

   5. A caminho do paraíso – Platão descobre a distância 83

   6. O spa da mente – As ideias de Sêneca sobre o espaço interior 98

   7. Espelhinhos – Gutenberg e o negócio da interioridade 113

   8. O BlackBerry de Hamlet – Shakespeare se volta para a beleza
      das ferramentas antigas 126

   9. A invenção da vida – Benjamin Franklin e os rituais positivos 142

   10. A Zona Walden – Thoreau sobre como transformar o lar em um refúgio.. 155

   11. O caminho para o lado mais frio – McLuhan e o termostato da felicidade 170

PARTE 3 – EM BUSCA DE PROFUNDIDADE – A teoria na prática

   12. Ocupados, mas nem tanto – Filosofias práticas para o dia a dia 182

   13. Desconectopia – O Sabá da Internet 193

Posfácio – De volta à sala 203

Agradecimentos 209

Notas 211

Leitura complementar 225

Prólogo

A sala

Toc, toc, toc, toc, toc, toc...

Imagine que você está em uma sala gigantesca, tão espaçosa que pode abrigar, sem problemas, mais de 1 bilhão de pessoas. Na verdade, essa é a quantidade de gente que está lá neste exato momento.

Apesar do tamanho, a sala foi habilmente projetada para que cada um fique muito próximo dos demais. Desse modo, todos podem andar com facilidade até qualquer outra pessoa e lhe dar um toque no ombro.

À medida que você cria uma rotina na sala, é exatamente isso o que acontece. Não importa onde, as pessoas se aproximam e lhe tocam o ombro. Uns com suavidade, outros com firmeza, mas todos querem a mesma coisa: um pouco do seu tempo e da sua atenção.

Alguns trazem dúvidas e esperam pelas soluções. Outros pedem favores. Há quem esteja ávido para vender e quem queira comprar.

Alguns compartilham novidades e fotos das últimas viagens. Outros só querem falar de negócios. Às vezes, alguém toca para dizer que sente saudade – o que é um pouco esquisito, pois essa pessoa também está na sala – e lhe dá abraços apertados e beijos. Certos amigos tratam de deixá-lo sempre a par de tudo o que pensam e fazem, por mais banal que seja. "Agora tô comendo um *cheeseburger*"; como se não fosse suficiente falar, eles lhe mostram a cena.

Os encontros se sobrepõem o tempo todo. Lidando com uma pessoa, outra aparece, *toc*, e é preciso escolher entre elas.

Você se dá bastante bem com a administração de todas essas propostas, ao mesmo tempo que faz as suas próprias. Ficar na sala tira um pouco o fôlego. Sempre há alguma coisa acontecendo, é muito enriquecedor. E algumas dessas pessoas – talvez umas vinte ou trinta no meio do bilhão – são

O BlackBerry de Hamlet   :)

de fato importantes. Você faz questão de tocá-las sempre que possível; e, quando elas respondem, a sensação é ótima.

Toc, toc, toc, toc, toc, toc.

O movimento continua, dia e noite. A sala gigante é um festival de interação humana, sem direito a intervalo.

Como todos os outros, você tem um setor pessoal, onde come, dorme e passa o tempo livre. Seu setor é bem mobiliado e consideravelmente confortável. Mas não tem paredes, e as pessoas que o procuram podem aparecer a qualquer hora. Se por acaso elas o encontram dormindo, deixam uma mensagem, às vezes classificada como URGENTE. Toda manhã, há dúzias de mensagens esperando resposta.

Depois de alguns anos, você se cansa um pouco da vida ali. Está ficando estressante. Você implora por um tempo longe dessa gente carente, cheia de exigências, e da estranha atração que a sala emana.

Então, decide tirar férias, sair da sala por alguns dias, rumo a algum lugar onde ninguém possa achá-lo. E você sabe exatamente que tipo de lugar: com ar fresco, muito espaço, nenhum ruído a não ser o dos pássaros e o do vento soprando nas árvores. E o melhor de tudo: sem ninguém. Um canto para ficar sozinho e deixar a mente se soltar.

Quanto mais você imagina, menos pode esperar para ir. Como essa ideia não lhe ocorreu antes?

Você pega uma mochila e se dirige aos limites da sala. Pouco tempo depois, chega até uma das paredes. Seus olhos varrem a superfície, em busca de uma porta. Parece não haver uma; a parede continua em ambas as direções. Sem qualquer motivo especial, só um palpite, você vira à esquerda.

Você segue em frente, contorna o perímetro da sala enquanto procura cuidadosamente por uma saída. Como em qualquer outro dia, pessoas aparecem com frequência e o tocam. O intervalo entre cada toque é de poucos minutos.

Depois de dar atenção às observações ou responder às consultas de cada um, você pergunta se podem indicar a porta de saída mais próxima. Essa mesma cena se repete várias vezes, mas no fim das contas ninguém oferece uma informação útil. A maioria diz que não sabe de porta nenhuma e pede desculpas por não poder ajudar.

Alguns parecem levemente atordoados pela pergunta. Encaram-no fixamente como se você fosse um enigma que tentassem decifrar.

Prólogo

Apenas uma pessoa, uma moça com um chapéu de palha, parece feliz por ter ouvido o que você procura.

"Uma porta?", ela diz. "Não acredito. Tenho pensado a mesma coisa há anos. Caso encontre alguma, me dê um toque, sim? Eu daria tudo para sair por uma hora."

Você quer saber o que a leva a dizer isso, mas, assim que começa a elaborar sua indagação, a moça é interrompida por outra mulher: *toc*.

"Boa sorte!", ela diz, com um sorriso doce e acenando. "Não se esqueça de mim!"

Você continua andando. As horas passam e nada de porta. Muito estranho. Antes da mudança para a sala, ausentar-se era algo tão simples. Antigamente, seus pais amontoariam a família inteira no carro e dirigiriam até o lago. Todos passariam duas semanas juntos em uma cabana velha, sem notícias do mundo exterior.

Depois da faculdade, quando morava na metrópole, você costumava escapar quase todo fim de semana; arrastava um amigo e ia para a praia ou para o campo. Não era complicado. Qualquer um podia fazer aquilo.

Finalmente, justo quando estava prestes a desistir, você chega até um grande buraco na parede. Algumas pessoas vagam pelas redondezas, mas estão afastadas do buraco, como se não soubessem que ele existe ou soubessem e não se importassem.

Não é exatamente uma porta. Trata-se de uma abertura em forma de arco, com mais ou menos 3 metros de altura por 1 metro de largura; esse buraco na parede começa na altura da coxa, formando um peitoril largo e liso, o ponto perfeito onde sentar e contemplar a vista. No momento, está vazio.

Você espia o lado de fora. A vista não é o panorama das férias felizes, como você imaginava; nada de extensos vales e montanhas, com estradas enroscando-se preguiçosamente entre eles. Em vez disso, tudo o que se vê é uma cortina preta decorada com minúsculas luzes brancas cintilantes, como aquelas que as pessoas da sala costumam pendurar nas árvores de Natal para as festas.

Alguns minutos depois, seus olhos se adaptam à cena e fica claro que aquelas coisas não têm nada a ver com luzes de Natal. São as estrelas! Você está olhando para o espaço, para o cosmos. Parece que a sala se desprendeu do chão do mesmo jeito que, de vez em quando, um pedaço de gelo se separa de uma geleira e boia por conta própria. Você se lembra de já ter

O BlackBerry de Hamlet   :)

lido a respeito. Diz-se que o gelo "se soltou". O que será que se diz quando acontece a mesma coisa com uma sala enorme cheia de gente?

Suas opções são claras. Dar meia-volta para o seu setor pessoal ou cruzar aquela abertura e ver o que acontece. O segundo caminho é arriscado. Será possível respirar lá fora? Você vai planar confortavelmente fora da sala ou viverá uma sensação aterradora, semelhante à de uma queda?

Uma vez do lado de fora, é preciso conhecer o caminho de volta para a Terra, e isso será difícil sem ajuda. Qual é a chance de encontrar outros que saíram da sala antes e já sabem o caminho?

Você se dá conta da possibilidade de que ninguém tenha experimentado isso antes. Se tivesse, não haveria rumores a respeito? As notícias correm muito rápido na sala.

Enquanto reflete sobre tudo isso, alguém o toca. Normalmente, você se viraria no mesmo instante e responderia, mas, desta vez, hesita. Está parcialmente curioso para saber quem é e qual é o assunto. É alguém conhecido? Um completo estranho? Mas você está tão dominado pela vista que não consegue se virar nem por um momento. É a primeira vez que ignora um toque desde que foi para a sala. Parece rude, mas, de algum modo, é a coisa certa a fazer.

Você sobe no peitoril, equilibrando-se no arco com uma mão, e se inclina um pouco para ver o que há lá embaixo. Mais estrelas, inumeráveis estrelas.

Você sente uma movimentação ao lado.

"Espero que não fique bravo porque o segui", diz uma voz conhecida. A mulher de chapéu de palha tenta escalar o peitoril sem muito sucesso.

"Aqui", você diz, e estende a mão para ela.

"Obrigada", ela responde, agora de pé. "Não resisti. Não há nada que eu queira mais do que isso." Ela abre os braços para o universo, como um cantor interpretando uma canção a plenos pulmões.

"Pronta?", você pergunta; ela confirma com a cabeça.

Você fecha os olhos, flexiona um pouco os joelhos e pula!

Introdução

Este livro fala sobre um desejo e uma necessidade, sobre encontrar um lugar tranquilo e espaçoso no qual a mente tenha liberdade para vagar. Todos sabemos como é esse lugar, e costumávamos saber como chegar lá. Mas, ultimamente, estamos com dificuldades para encontrá-lo.

Como as pessoas na história que você acabou de ler, vivemos em um mundo onde todos estão conectados aos demais o tempo inteiro. Não estamos literalmente em uma sala que se descolou da terra, mas sem dúvida estamos em um lugar novo, e foi a tecnologia que nos trouxe até aqui. Nossa sala é o espaço digital e damos toques uns nos outros por meio de telas[*] interconectadas. Hoje estamos a apenas alguns toques de distância de milhões de outras pessoas, assim como de informação e estímulo intermináveis. Família e amigos, trabalho e diversão, notícias e ideias – às vezes parece que tudo com o que nos importamos se mudou para o mundo digital. Por isso passamos os dias nesse espaço, vivendo desse novo jeito ultraconectado.

Já estamos nessa situação há mais ou menos uma década e isso tem sido assustador e gratificante de várias maneiras. Quando o mundo inteiro está ao alcance, não há limites para o que ver e fazer. Às vezes parece uma espécie de paraíso.

No entanto, a vida nesse lugar fantástico é marcada por um grande asterisco. Fizemos tudo que foi possível para ignorá-lo, mas ele não vai embora. A questão é esta: estamos todos mais ocupados. Muito, muito mais ocupados. Dá

---

[*] Uso a palavra "tela" aqui e ao longo do livro para designar todos os aparelhos digitais amplamente adotados durante as duas últimas décadas, inclusive desktops e notebooks, telefones celulares, e-readers e tablets. (N. do A.)

O BlackBerry de Hamlet   :)

muito trabalho administrar tanta conectividade. E-mails, mensagens de texto e de voz; cutucadas, prods e tuítes; alertas e comentários; links, tags e posts; fotos e vídeos; blogs e vlogs; buscas, downloads, uploads, arquivos e pastas; feeds e filtros; murais e widgets; tags e clouds; nomes de usuário, senhas e códigos de acesso; pop-ups e banners; ringtones e vibrações. Isso é só uma pequena amostra daquilo com que nos deparamos na navegação de todo dia. Quando você estiver lendo este livro, formas completamente novas de conexão estarão na última moda. Nossas ferramentas são férteis, multiplicam-se o tempo todo.

Quanto mais elas se multiplicam, mais nos sobrecarregam. Pouco a pouco, nossa jornada de trabalho parece cada vez mais insuficiente. Quando carregamos um aparelho portátil, o mundo digital (e as pessoas) vai junto. A vida doméstica também está mais sobrecarregada. Muito do que era chamado de tempo livre foi colonizado por uma miríade de obrigações em rede – portanto, não é mais livre.

É fácil colocar a culpa nas ferramentas. Fácil demais. Essas ferramentas são muito úteis e enriquecem nossa vida de inúmeras maneiras. Têm falhas, como qualquer tecnologia nova, mas, no fundo, só nos dão trabalho se nós damos trabalho a elas primeiro. Quem dá as cartas somos nós. Estamos sempre conectados porque estamos sempre nos conectando.

Nossos pensamentos adquiriram uma nova orientação. Dos dois mundos mentais que todo mundo habita, o interno e o externo, o último nos controla cada vez mais. Quanto mais conectados, mais precisamos do mundo exterior para nos dizer como pensar e viver. Sempre houve um conflito entre a personalidade exterior, social, e a interior e particular. A batalha para harmonizá-las, central na experiência humana, é um dos grandes temas da filosofia, da literatura e da arte. Na nossa época, a balança pendeu decisivamente para um lado. Ouvimos as vozes dos outros e somos guiados por essas vozes mais do que por nossa própria voz. Não nos voltamos para dentro com a mesma frequência ou facilidade de antes.

De certo modo, na esfera digital nosso esforço não passa da tentativa de nos distinguirmos dos outros. Qualquer pessoa com um computador pode ter um blog hoje em dia, e as possibilidades para se expressar são intermináveis. No entanto, tal expressão se manifesta inteiramente *no meio* da multidão digital, que a forma e define. Isso nos torna mais reativos, nossa maneira de pensar acaba dependendo mais dos outros. Estar ligado à multidão todo dia é uma maneira bem peculiar de viver.

Introdução

Durante muito tempo, houve uma tendência a dar de ombros e encarar tudo isso como uma questão de mudança, um sintoma passageiro da transição tecnológica. Estamos apenas no começo, dizemos. No fim a vida vai se acalmar e ser retomada em seu âmago. Há uma sabedoria básica nessa visão esperançosa. Nunca é uma boa ideia cair nos temores sombrios das Cassandras tecnológicas, que geralmente se revelam errados. Seres humanos são habilidosos para descobrir o melhor modo de usar novas ferramentas. No entanto, pode demorar um pouco. O futuro promete, mas devemos nos concentrar no presente, em como vivemos, pensamos e sentimos agora.

Como os dois viajantes da minha história inicial, muitos se sentem cansados, desejosos de algum tempo longe da multidão. A vida no mundo virtual seria mais saudável e compensatória se soubéssemos como sair dela de vez em quando.

Mas será que *podemos* sair? É legal imaginar que existe uma porta em algum ponto e que é preciso apenas cruzá-la e ir para outro lugar. Um lugar menos conectado, onde o tempo não seja tão fugaz e onde a mente possa se acalmar e voltar a ser ela mesma. Se uma pessoa lhe dissesse que tal lugar existe e que sabe o caminho até lá, você a seguiria?

O que proponho é uma nova filosofia digital, uma forma de pensar que leve em conta a necessidade humana de conexão exterior, que responda ao chamado da multidão, *assim como* à necessidade de tempo e de espaço próprios. A solução é atingir um equilíbrio entre os dois impulsos.

O livro começa com um olhar rápido sobre o enigma fundamental: nossas telas desempenham incontáveis tarefas preciosas para indivíduos, empresas e outras organizações. Elas nos entregam o mundo, trazendo todo tipo de comodidade e prazer. Mas, à medida que nos conectamos cada vez mais, elas estão mudando a natureza da vida cotidiana, tornando-a mais frenética e tumultuada. E estamos perdendo algo de grande valor, uma maneira de pensar e de se mover pelo tempo que pode ser resumida em uma única palavra: profundidade. Profundidade de ideias e de sentimentos, profundidade nas relações, no trabalho e em tudo o que fazemos. Como a profundidade é o que torna a vida compensatória e significativa, é espantoso permitirmos essa perda.

O BlackBerry de Hamlet :)

Estamos, com efeito, embora inconscientemente, nos deixando guiar por uma filosofia. Filosofia que defende que (1) conectar-se através das telas é bom e (2) quanto mais conectado, melhor. Eu a chamo de maximalismo* digital, porque a meta é passar o máximo de tempo diante da tela. Poucos *pararam para avaliar* se é de fato sábia essa abordagem da vida, mas, sejamos francos, é assim que vivemos.

Começa a surgir o reconhecimento de que tal abordagem nos causa todo tipo de problema. Sentimos isso em nossa vida cotidiana – a necessidade constante de verificar as telas, a incapacidade de desacelerar a mente e manter a concentração. E é assim em casa, na escola ou no ambiente de trabalho. Foram propostas diversas soluções, variando de dietas comportamentais a dispositivos de software desenvolvidos para administrar o fluxo de informações. Não funcionaram; a abordagem maximalista ainda impera.

O que fazer? Até pouco tempo atrás, ninguém havia vivido em um mundo de telas digitais; portanto, parece que nos encontramos em território inexplorado. Mas isso não é verdade. Os seres humanos têm se conectado através do espaço e do tempo, e usado a tecnologia para isso, ao longo de milhares de anos. E toda vez que novos recursos surgiram, representaram o mesmo tipo de desafio que enfrentamos hoje – correria, sobrecarga de informações, a sensação de perder o controle da vida.

Tais desafios eram tão reais dois milênios atrás quanto hoje e, ao longo da história, as pessoas têm encarado o problema e buscado maneiras criativas de administrar a vida em meio à multidão. Podemos aprender muito com a experiência dessas pessoas e com as ideias práticas que vieram delas. Embora este livro comece com uma alegoria futurista, sua premissa é que o melhor lugar para encontrar uma nova filosofia para um mundo digital – a porta para uma vida mais saudável e feliz – é o passado.

Na parte II, observo sete momentos fundamentais da história, eras muito parecidas com a nossa por sua grande efervescência tecnológica e também por suas grandes confusões. Em cada capítulo, concentro-me em um pensador que refletiu notavelmente sobre as ferramentas da época, as quais, em muitos casos, são usadas até hoje. Seus nomes são famosos – Platão, Sêneca,

---

* Em oposição a minimalismo, princípio norteador do movimento estético e científico com mesmo nome e que, contrariamente, prima pelo fundamental, pela escassez e pela simplicidade. (N. do E.)

Gutenberg, Shakespeare, Franklin, Thoreau e McLuhan – mas seus conhecimentos sobre o assunto que nos interessa são menos familiares.

Platão, por exemplo, mostra que até mesmo na Grécia Antiga as pessoas se preocupavam com o que a tecnologia mais recente fazia com a cabeça delas e encontravam formas de escapar da multidão. Hamlet é um dos personagens mais famosos da literatura, mas você provavelmente não sabe que Shakespeare deu ao príncipe da Dinamarca um aparelho recém-criado, um dispositivo portátil que estava tão na moda na Inglaterra renascentista quanto os iPhones e BlackBerrys estão hoje. Os Sete Filósofos das Telas, como eu os chamo, proporcionam uma viagem pelo passado tecnológico, concentrada nas questões humanas com as quais nos confrontamos hoje. O que fazer quando sua vida se tornou extremamente superficial e guiada pela multidão? Como aquietar a mente agitada? Para mim, o simples fato de saber que essas questões surgiram antes com tanta frequência, e em circunstâncias tão diferentes, é reconfortante e inspirador.

Na última parte do livro, ofereço algumas diretrizes para adotar as lições do passado, usando exemplos do mundo atual, além da análise de um caso da minha própria vida. A ideia essencial é simples: para levar uma vida feliz e produtiva em um mundo conectado, precisamos dominar a arte da desconexão. Mesmo em um mundo tão meticulosamente conectado quanto o nosso, ainda é possível que cada um insira algum espaço entre si e a multidão.

Os seres humanos adoram viajar para o mundo exterior. O impulso de conexão está em nossa essência. Mas é a viagem de volta, o retorno à individualidade e à vida que nos cerca, o que dá valor e significado ao tempo diante da tela. Por que não almejar um mundo que satisfaça as duas necessidades?

A sala está um pouco abarrotada, você não acha? Vamos nos afastar um pouco disso tudo.

Parte 1

QUAL É A GRAÇA?

O enigma da vida em rede

1

Ocupadíssimos

Em um mundo digital, onde fica a profundidade?

Quando vejo ao meu redor quantos vivem sem tirar os olhos das telas, penso na minha amiga Marie. Quando a conheci, em meados da década de 1990, ela havia acabado de chegar aos Estados Unidos e ainda não dominava as sutilezas do inglês. Naquela época, quando eu a via e perguntava como ela estava, Marie abria um sorrisão alegre e respondia "ocupadíssima!"

Aquilo era estranho porque, apesar de a expressão e o tom otimista dela não combinarem com a palavra, a resposta saía com extrema segurança. Ela parecia satisfeita, até mesmo em êxtase, por comunicar que estava tão ocupada.

Pouco tempo depois, descobri o porquê daquilo. Marie simplesmente estava repetindo o que ouvia os americanos dizerem uns aos outros sem parar. Todos falavam tanto sobre como andavam ocupados que ela considerou aquilo um gesto de simpatia – algo que uma pessoa bem-educada diz automaticamente ao ouvir um amigo perguntar como tem passado. Em vez de "Bem, obrigado", caberia ao sujeito dizer "Ando ocupadíssimo".

É claro que ela estava equivocada, como percebeu depois. Mas, de certo modo, estava completamente certa. "Ocupadíssimos" é justamente como estamos na maior parte do tempo. É assustador como é grande o número de bolas que mantemos no ar todo dia e pequeno o das que deixamos cair. Andamos tão ocupados que, às vezes, a correria em si parece ser o que importa.

Afinal de contas, *o que* importa? Qual é o objetivo por trás de tanto malabarismo e de tanta correria? Essa é uma daquelas perguntas nas quais evitamos pensar por serem muito difíceis de responder. Quando começamos a divagar sobre as nossas próprias ocupações, logo consideramos perguntas ainda mais pesadas, como, por exemplo, "Eu quero mesmo esse tipo de

O BlackBerry de Hamlet   :)

vida?" Daí em diante, é só um pulinho até as questões existenciais de primeira grandeza, "Por que estamos aqui?" e "Quem sou eu?"

Poucos se animam a encarar essas perguntas. E, mesmo se nos animássemos, quem tem tempo para isso? Estamos todos muito ocupados! Além do mais, no fundo, não consideramos a correria como um meio de vida que escolhemos e, portanto, pelo qual somos responsáveis, mas sim como algo imposto por forças além do nosso controle. Nós nos vemos como um velho personagem de desenho animado, andando pela rua sem a menor preocupação, até que, de repente, uma bigorna lhe cai na cabeça. Se a bigorna do desenho literalmente achata o Patolino, a nossa nos esmaga de outro jeito. Não é o corpo que fica pregado debaixo da correria, é nosso âmago, a parte de nós que percebe, pensa e sente a vida acontecer a cada instante.

Somos levados a considerar a vida, em termos exteriores, como uma série de eventos que revela o mundo físico que ocupamos conforme percebido através dos sentidos. No entanto, nós *sentimos* tais eventos interiormente, nos pensamentos e nas emoções, e é essa versão interior do mundo, batizada por um grande neurocientista como "filme no cérebro",[1] que é a realidade para cada um de nós. Essa parte da vida é chamada de várias formas: mente, espírito, alma, personalidade, psique, consciência. Não importa o nome, é esse "você" e esse "eu" absoluto que se contorcem sob o peso de ter coisas demais para fazer e nas quais pensar.

"E daí?", alguns podem dizer. Viver sempre foi uma tarefa árdua, e lidar com isso simplesmente faz parte de ser humano. E existe quem pareça gostar de ser extremamente ocupado, sem um único minuto livre. Talvez o restante de nós, argumentariam, devesse ser mais como esse tipo de gente, capaz de ver o lado bom do frenesi; em suma, tudo o que nós precisamos é mudar de atitude.

É complicado fazer generalizações sobre algo tão amplo e subjetivo quanto a natureza da consciência, mas há um problema com a correria exagerada que a atitude não pode resolver por si só. Quando se trata de criar uma vida interior que traga felicidade e satisfação, um "filme no cérebro" que dê vontade de aplaudir de pé, um fator conta mais que todos os outros: profundidade. Todo mundo sabe o que é a profundidade, embora seja difícil dar-lhe uma definição exata. Trata-se da percepção, sensação ou compreensão que vem do envolvimento com algum aspecto da vida.

Pode ser qualquer coisa – pessoas, lugares, objetos, ideias ou emoções. Tudo o que acontece ao longo do dia, cada imagem e ruído, cada encon-

Ocupadíssimos

tro e cada pensamento que cruza a mente é candidato à profundidade. O tempo inteiro, selecionamos as opções e definimos como distribuir a atenção entre elas – a maioria flutua em torno da periferia dos pensamentos e continua por lá, mas algumas são escolhidas e acabam embaixo do holofote mental. Nós concentramos nossa capacidade cognitiva e perceptiva em uma conversa, em uma ideia fascinante ou em uma tarefa, excluindo todas as outras. É aí que começa a profundidade.

Quando estamos dirigindo e nos aproximamos de uma placa de "pare", percebemos a placa, o conteúdo dela, e reagimos à informação. Mas, além desse ato automático, quase mecânico, não destinamos à placa nenhuma consideração ou pensamento especial. Ela não entra no nosso mundo interior e cria raízes lá. Como tantos incontáveis objetos efêmeros da nossa atenção, ela continua sem se envolver, um ator com uma única fala ao longo de todo o roteiro.

Cinco minutos depois, chegamos em casa e o cachorro vem todo animado nos receber. Curvamo-nos e coçamos as orelhas dele; ele responde lambendo nossa cara daquele jeito louco e desleixado. Durante a brincadeira, sentimos o cheiro familiar do animal e nos perguntamos que tipo de dia ele teve em casa enquanto o dono esteve fora. Jogamos uma bolinha e ele pula para buscá-la com uma cara engraçada de ansiedade. Interagir com o cachorro enche a consciência de pensamentos e emoções. Ao contrário do episódio da placa, esse momento tem uma riqueza que é experimentada em toda a sua completude. Estamos lá com o cachorro e em nenhum outro lugar. A experiência tem profundidade.

Pode parecer que isso acontece apenas por causa do tempo gasto com o cachorro: quanto mais tempo, maior é a profundidade. Não é tão simples assim. Uma passada de olhos por uma sala abarrotada de gente pode ter mais profundidade do que uma conversa de duas horas. Em última análise, não é uma questão de tempo ou de qualquer elemento mensurável. Ou melhor, a questão é quanto de vida interior determinada experiência proporciona – isto é, o significado dela. "Tudo depende", como escreveu William James, "da capacidade da alma de ser tomada, de ter seus fluxos de vida absorvidos pelos eventos."[2]

Todos já sentimos isso e sabemos como é. Os momentos vividos com profundidade são os mais prazerosos enquanto se desenrolam e são lembrados com carinho muito tempo depois. É a profundidade que nos estabe-

O BlackBerry de Hamlet   :)

lece no mundo e dá conteúdo e harmonia à vida. Enriquece o trabalho, as relações e tudo o que fazemos. É o ingrediente essencial de uma vida boa e uma das qualidades que mais admiramos nos outros. Os grandes artistas, pensadores e líderes têm uma habilidade fora do comum de serem "tomados" por alguma ideia ou missão, um comprometimento íntimo que os leva a perseguir um sonho sem medo dos obstáculos. Ludwig van Beethoven, Michelangelo, Emily Dickinson, Albert Einstein, Martin Luther King Jr. – todos eles são considerados "brilhantes", como se apenas a inteligência os tivesse levado aonde chegaram. Mas o que os difere dos demais é como eles *usaram* a inteligência, o grau de profundidade que alcançaram no pensamento e exprimiram em suas obras.

Essa qualidade não se manifesta apenas nos gênios. Em todo lugar, existem pessoas comuns que, mediante um comprometimento puramente alegre, parecem encontrar profundidade em cada ato. Esse talento invejável pode se manifestar de forma preternatural, como se fosse determinado logo no nascimento. William James reconheceu a existência de indivíduos de sorte, tão sensíveis à experiência a ponto de poder encontrar "significado interior" num céu nublado ou no rosto de estranhos em uma rua movimentada.[3] Ele quis descobrir se havia alguma coisa que os demais pudessem fazer para adquirir tal percepção extraordinária. "Como", ele se perguntou, "alguém que não nasceu assim pode desenvolver esse modo de perceber a importância fundamental de uma experiência?" A conclusão de James foi a mesma a que vários outros filósofos, ao longo dos séculos, chegaram: toda vida tem potencial para ser vivida profundamente.

Esse potencial se perde quando o dia fica tão apertado que a correria em si se torna a verdadeira ocupação. Se todo instante vivido é uma espécie de engarrafamento no trânsito, acaba sendo impossível dedicar-se a qualquer experiência com o âmago. Cada vez mais, é assim que estamos vivendo. Somos como bolinhas de uma máquina de fliperama ricocheteando por um mundo de campainhas e luzes estonteantes. Há bastante movimento e barulho, mas eles não acrescentam muita coisa.

De vez em quando, achamos que poderíamos melhorar, reorganizando os compromissos e a agenda de uma forma menos louca para podermos respirar. Mas, assim que esse pensamento surge, é descartado como fútil. A corrida maluca é o mundo real, dizemos. Nós nos conformamos da mesma forma sinistra que as pessoas que vivem sob ditaduras se conformam com a falta de liberdade. Todo mundo vive assim o dia inteiro, com pressa e superficialmente. Não fomos nós que jogamos a bigorna, e não há nada que possamos fazer a respeito, só nos alistar e fazer o melhor possível.

Embora esse modo de vida seja, de fato, a norma da nossa sociedade, estamos nos iludindo quando negamos nossa parte da culpa. Sim, algumas das atividades e obrigações que preenchem nosso tempo não são uma questão de escolha. Quando o chefe pede hora extra, fazemos. Quando a hipoteca está atrasada, apertamos o cinto e damos um jeito de pagar. Mesmo assim, além desses devoradores de tempo que não dependem da nossa escolha, criamos boa parte da correria ao assumir tarefas que não temos obrigação nenhuma de desempenhar. Algumas dessas atividades optativas são agradáveis e compensadoras, como os *hobbies* e as causas com as quais nos importamos e pelas quais insistimos em trabalhar duro. E outras são frívolas e sem sentido, como o tempo gasto com compras desnecessárias. O problema é que, valham ou não a pena, uma boa parte dessas atividades geradoras de correria são completamente criadas por nós mesmos. Elas não são simplesmente escolhidas, nós as *perseguimos*.

Nas últimas décadas, encontramos uma maneira nova e eficaz de perseguir a correria: a tecnologia digital. Os computadores e os smartphones costumam ser vendidos como a solução para nossa vida estressante e ilimitada. E, de várias formas, realmente facilitam as coisas, diminuindo o tempo e o incômodo na execução de tarefas importantes e na comunicação. Mas, ao mesmo tempo, esses aparelhos nos amarram ainda com mais força às fontes da nossa correria. As telas são tubos de conexão para todas as nossas expectativas – obrigatórias e optativas, proveitosas ou bobas. Se temos um telefone celular, acesso à internet e um endereço de e-mail, inúmeras pessoas e organizações estão ao nosso alcance. E estamos ao alcance delas.

Acabamos adotando esse modo de vida ansiosamente, tanto na esfera individual quanto social. Durante a última década, nós nos esforçamos para trazer a conectividade digital, cada vez mais rápida e com menos interrupções, a cada canto possível da existência. As conexões discadas deram lugar à banda larga, que, por sua vez, tornou-se sem fio e móvel. E as atualizações não param, para que possamos ter maior velocidade e área de cobertura. Enquanto isso, *dentro* das redes, constantemente aumentamos o grau e a intensidade dos laços com os outros. Muitos têm vários endereços eletrônicos, com listas de contatos sempre em expansão.

O BlackBerry de Hamlet   :)

Nós nos inscrevemos nas mais novas redes sociais e profissionais e participamos dos subgrupos e círculos dessas redes.

O número de pessoas com as quais nos conectamos aumenta e, na mesma proporção, também o ritmo e a frequência das interações. No fim da era analógica, quando a tecnologia era mais lenta, seria possível passar dias e semanas a fio sem notícias de um amigo ou parente. Hoje, estamos em contato a toda hora, a todo minuto. Não faz muito tempo que pessoas que recebiam duzentas, trezentas mensagens de e-mail por dia eram consideradas escandalosamente ocupadas, dignas de pena. Isso agora é considerado normal. Em termos de quantidade, simplesmente, os mais conectados estão apenas alguns anos à frente dos demais. Uma matéria de jornal[4] sobre uma moça da Califórnia que recebe mais de 300.000 mensagens de texto em um mês nos dá uma ideia de onde as coisas vão parar. "Adolescente de Sacramento diz ser popular", explica o subtítulo. Qual será a definição de popularidade daqui a dez anos?

A meta não é mais estar "em contato", mas sim excluir qualquer possibilidade de um instante fora de contato, fundir-se, viver simultaneamente com todo mundo, compartilhar cada momento, opinião, pensamento e ação através das telas. Até aqueles lugares para onde se costumava ir para evitar a multidão e o fardo que ela impõe agora estão conectados. O simples ato de sair para uma caminhada hoje é completamente diferente do que era há cinquenta anos. Seja nas ruas de uma cidade grande ou no bosque de uma cidadezinha, se levamos um aparelho portátil, a turba do mundo vem junto. Uma caminhada ainda pode ser uma experiência bastante agradável, mas tem agora outras características, simplesmente porque há mais coisas com as quais se ocupar. O ar está cheio de gente.

Um conhecido acabou de ver um filme ótimo. Outra pessoa teve um pensamento que quis compartilhar. Houve um atentado suicida no sul da Ásia. Alta da bolsa. Revelado certo segredo da estrela pop. Alguém tem uma opinião nova. Outro está em um táxi. Por favor, apoie essa causa. Ele precisa do seu relatório – onde está? Alguém quer que você entre na conversa. Uma caçada humana em busca dos assassinos. Experimente fazer isso na cama. Alguém está tomando sorvete, hummm. A conta que venceu. Torta de galinha fácil de fazer. Eis uma análise brilhante. Vídeos novos do nosso safári na África! Seu comentário foi respondido. O tempo está acabando, inscreva-se agora. Olha o meu penteado novo. Acabei de ouvir uma piada incrível. Alguém está trabalhando duro num grande projeto. Nasceu! Clique aqui para acessar a contagem de votos atualizada...

Ocupadíssimos

Está tudo rápido demais, nós estamos o tempo inteiro brincado de pega-pega uns com os outros. Quanto mais fundo vamos nesse tipo de vida, mais acredito que o velho mantra da minha amiga Marie poderia mesmo servir como a saudação de passagem do mundo digital. Como vai? Ocupadíssimo.

Uma parte do problema é que nós sabemos por experiência que correria e profundidade não são mutuamente exclusivas. Todos já passamos por bons momentos enquanto estávamos ocupados, gravitando com agilidade de uma tarefa para a outra, dando tudo de nós àquela que está na nossa frente em um dado momento. É assim que os grandes cirurgiões trabalham, desempenhando numerosas atividades complexas no mesmo dia com seriedade o suficiente para que cada uma delas receba atenção total. Nesse caso, o bom desempenho em uma série de atividades requer certa disciplina. É verdade aquele antigo ditado: quanto mais coisas temos para fazer, mais fazemos.

Infelizmente, a correria digital não costuma funcionar como as cirurgias. Dúzias de tarefas se acumulam e competem por atenção na tela, e tanto os softwares quanto os hardwares foram criados para facilitar o procedimento. Fica tão fácil que é irresistível. O cursor nunca fica no mesmo lugar por muito tempo, nem a mente. Clicamos o tempo todo aqui, ali e em qualquer lugar. Desse modo, embora as telas sejam pensadas como ferramentas de produtividade, elas acabam minando a continuidade da concentração, que é a base da produtividade verdadeira. E, quanto mais rápida e intensa a conectividade se torna, mais nós nos afastamos do ideal. A correria digital é inimiga da profundidade.

Nem todo mundo vive assim, é claro. Em primeiro lugar, há milhões de pessoas nos Estados Unidos e muito mais que isso ao redor do globo que não podem pagar por essas tecnologias e são privados dos benefícios que elas trazem, a não ser quando conseguem acesso, embora limitado, em bibliotecas públicas e em outras instituições; trata-se de um problema sério e merece muito mais atenção do que tem recebido. Em segundo lugar, há quem *pode* pagar pelas bugigangas da vez, mas, em vez disso, escolhe se conectar pouco ou nem sequer se conectar. No entanto, é apenas a exceção que comprova a regra. A tendência e o impulso estão enfaticamente na direção oposta. A sociedade globalizada à qual pertencemos está dramaticamente e cada vez mais conectada do que dez anos atrás. Essa mudança afeta todo mundo, até mesmo quem não participa diretamente dela.

O BlackBerry de Hamlet   :)

O problema não é pequeno. É uma batalha que se desenrola no centro da nossa vida. É uma batalha *pelo* centro da nossa vida, pelo controle do que pensamos e sentimos. E se alguém passa o tempo inteiro correndo, é assim que a vida interior fica: corrida. Por que alguém faz isso a si mesmo? Será que queremos de fato um mundo onde todos ficam grudados nas telas, mantendo a si e aos outros ocupados? Existe saída?

Para responder a perguntas difíceis como essa, fomos treinados para olhar para fora, para os estudos e levantamentos sobre cada aspecto possível da nossa vida, levados a cabo por acadêmicos, recenseadores, grandes mentes, órgãos do governo e outros. De fato, há uma grande quantidade de pesquisas em desenvolvimento sobre tecnologias de conexão e seus efeitos sobre indivíduos, famílias, negócios e a sociedade. Novas descobertas são lançadas[5] o tempo todo e divulgadas amplamente na mídia, em que a tecnologia é uma fonte perene de polêmica: "Americanos passam oito horas por dia na frente de telas"; "Pesquisa: Estados Unidos têm maioria de viciados em internet"; "Dirigir digitando é pior que dirigir bêbado". Balançamos a cabeça quando lemos essas manchetes, não porque não saibamos o que elas dizem, mas sim porque sabemos bem demais. A realidade da nossa vida em rede está por toda parte. O que essas descobertas não dizem é como podemos mudar.

Os estudos e as pesquisas geralmente refletem a verdade, quer dizer, a verdade para a maioria das pessoas em certa população. Espera-se que essas verdades comuns nos ajudem a resolver questões particulares. Em suma, volta-se para a multidão em busca de conhecimento. Para alguns assuntos, ela realmente oferece as respostas. Na política, por exemplo, as eleições são decididas pelo voto da maioria. É por isso que, nas semanas anteriores a uma grande eleição, as pesquisas de opinião são interessantes e úteis. Na medida em que os estudos lançam novas luzes sobre alguns aspectos específicos do *modo* como vivemos com tecnologia, eles podem ser esclarecedores. Cito alguns deles neste livro. No entanto, quando se trata de como reagir ao desafio das telas e a seu poder crescente sobre nós, não há qualquer razão para acreditar que o que a maioria diga e faça tenha qualquer utilidade. Pelo contrário, o problema com as telas é a massa de pessoas e informações que ela congrega e por que somos atraídos para as telas com tanta força. É a mesma coisa que perguntar a um bolo com cobertura de chocolate por que alguém o come até se empanturrar.

Ultimamente, a experiência humana não é sobre o que acontece com a maioria, mas sobre o que acontece com cada um de nós, a cada hora, a cada momento. Em vez de usar o comum para chegar ao particular, às vezes uma abordagem completamente oposta é necessária. Isso é ainda mais verdadeiro quando a questão é a qualidade de vida. Nos últimos anos tem havido um grande fascínio com o pensamento e com o comportamento da massa. A massa digital não tem apenas poder, dizem, mas também sabedoria.

Observar a massa pode, sem dúvida, dizer para onde os gostos populares vão e quem vai comprar quais produtos em um dado momento. Isso não é sabedoria de forma alguma, e sim aquilo popularmente conhecido como "esperteza", a capacidade sagaz de ler a paisagem o suficiente para escolher as ações da bolsa, fazer apostas e planejar outras atividades de curto prazo. Toda massa é apenas um agrupamento de indivíduos e, para entender o que se passa com esses indivíduos neste exato momento, temos acesso completo, sem senha, à fonte mais confiável de todas: nossa própria vida pode nos ensinar coisas que nenhum banco de dados é capaz de sugerir, precisamos apenas prestar atenção a ela.

Para ajudá-lo a pensar em sua própria vida conectada, começo com duas histórias da minha. A primeira é sobre a ânsia de se conectar às pessoas por meio das telas – de onde vem esse sentimento e por que é tão urgente? A segunda é sobre o impulso contrário, o desejo de se desconectar. Minhas experiências não serão exatamente como as suas. Ofereço essas histórias como simples ilustração dos impulsos contraditórios que muitos de nós têm sentido ultimamente, cada um ao seu modo. O que ainda não descobrimos é como harmonizar esses impulsos ou ao menos se eles *podem* ser harmonizados. É o enigma no coração da era digital e, para resolvê-lo, precisamos analisá-lo de perto, em cada detalhe do cotidiano.

2

Alô, mamãe

A magia das telas

Estou a caminho da casa da minha mãe. Ela vive a mais ou menos duas horas de carro de onde eu moro, perto de um daqueles aeroportos de cidade pequena onde é fácil estacionar, as filas são pequenas e o pessoal da segurança é cordial. Quando viajo a trabalho, tento marcar meus voos para aquele aeroporto e aproveito para visitar minha mãe na ida e na volta. Dessa vez, vou pegar um voo noturno, ela está fazendo o jantar.

Como de costume, saí muito tarde e o horário combinado ficou impossível, então preciso telefonar para avisar que estou atrasado. Espero até chegar a um trecho da estrada com menos trânsito, onde seja seguro se distrair por alguns segundos. Abro meu celular e digito a tecla 4, que está programada com o número da casa dela.* Uma foto da minha mãe surge na tela, uma imagem do ombro para cima. Foi tirada meses antes com a câmera do telefone, e depois associada ao número do contato; então a foto aparece automaticamente na telinha quando ela me liga, ou vice-versa.

Gosto muito dessa foto e a olho por um instante antes de pôr o telefone no ouvido. Ela está com um suéter listrado rosa e branco, olhando para a lente com aquela cara de gato-que-acabou-de-comer-o-canário que sempre faz antes de se arrebentar de rir. Essa cara é típica, ela ri muito. Em outras palavras, a foto captou um traço essencial da minha mãe.

Quando ela atende, digo que estou a caminho, mas correndo um pouco contra o relógio. Ela dá uma risada abafada e cúmplice. Já tivemos esse

---

* Em alguns estados, essa ligação teria sido contra a lei porque eu estava dirigindo. Mas esse episódio aconteceu em Massachusetts, onde, até o término da redação deste livro, ainda não havia essa proibição legal, embora falar ao celular dirigindo provavelmente não seja seguro. (N. do A.)

mesmo diálogo tantas vezes que até parece o trecho de uma peça de teatro Kabuki, na qual cada um conhece o seu papel. Ela fica esperando para servir o jantar e me pede para ligar de novo quando estiver chegando. Concordo e digo que estou com saudade. Nós desligamos.

Tiro o telefone do ouvido, dou mais uma olhada na foto, aperto um botão e vejo a imagem dela desaparecer. Continuo dirigindo e sinto uma onda inesperada de emoção. Penso em como sempre é divertido passar o tempo com minha mãe, como tenho sorte por ser filho de uma pessoa tão carinhosa e companheira. Ultimamente, percebi tons do humor dela no meu filho e me pergunto se ele herdou isso de alguma maneira. Será que eles compartilharam aquele gene do bem?

Conforme os minutos passam, os pensamentos sobre a minha mãe deságuam em outros. Na minha consciência, o sorriso da foto se funde com os pinheiros nas margens da estrada e com o jazz do rádio, transmitido por um satélite quilômetros acima da terra. As lembranças saem do nada e esvoaçam ao meu redor no carro. Não tratam de eventos específicos, mas de cenas da minha mãe fazendo coisas normais e corriqueiras. Na videoteca da mente, esses clipes genéricos seriam arquivados com a etiqueta "mãe". Lá está ela, andando pelo gramado. Sentada com um livro, embaixo de um guarda-sol. Conversando com alguém em uma festa. Com seus trejeitos enquanto nos conta uma história divertida. Por um tempo, o carro se torna uma nuvem de afeto filial e, bem, de alegria. É extraordinária a sensação de tempo fora do tempo. Tudo de monótono e confuso da minha vida cotidiana foi embora. Não sou mais a criatura apressada, encurralada e deslocada que normalmente me sinto. Sou absorvido por essas lembranças, como se viessem ao mesmo tempo de um lugar além de mim e de dentro de mim, como se os conceitos de longe e perto, de exterior e interior tivessem se juntado de uma forma nova e harmoniosa.

Minha mãe e eu não estamos mais conectados literalmente, como estávamos minutos atrás. Mesmo assim, sinto uma conexão com ela ainda mais forte do que quando estávamos conversando. Mesmo gostando da sensação, me flagro pensando na ferramenta que a engendrou, o telefone dela, pouco atraente e barato, em forma de concha de molusco adormecido no porta-copos. Como um aparelho daqueles consegue fazer isso?

O BlackBerry de Hamlet   :)

Essa experiência é um exemplo microscópico da vida no início do século XXI, apenas uma conexão digital dentre as bilhões que acontecem todo dia. No entanto, se nos afastarmos e examinarmos com mais atenção, veremos alguns elementos básicos que constam de todas as conexões e da experiência virtual de todo mundo.

Primeiro, veja que tudo começou com uma necessidade absolutamente prática. Eu me atrasei para um compromisso e precisava avisar quem estava me esperando. Nessa situação, não importa se a pessoa era ou não a minha mãe. Utilizei o celular para realizar uma tarefa simples e usual. Essa ligação representa todas as utilidades proporcionadas cotidianamente por nossas telas, não apenas no âmbito da vida familiar e pessoal, mas também no mundo profissional e em qualquer outro lugar.

Não muito tempo atrás, essa tarefa específica precisaria de muito mais tempo e esforço. Eu teria que parar, provavelmente em um posto de gasolina ou em uma das paradas pelo caminho, onde seria necessário estacionar e sair do carro e encontrar um telefone público. Este, na melhor hipótese um treco sinistro e besuntado de grafite, exigiria moedas ou cartões, ou seja, mais tempo e incômodo. Todo esse processo desconfortável teria me custado no mínimo dez minutos e um atraso maior para o jantar. Em vez disso, apertei um botão, falei na mesma hora com quem precisava falar, e atingi o objetivo sem perder um minuto sequer ao volante.

Essa economia de tempo não constituiu nenhum ganho para a humanidade. Aliás, não teve valor para ninguém além da minha mãe e de mim mesmo e, mesmo assim, dez minutos não são grande coisa. No entanto, a importância da situação foi sua própria trivialidade, por mais paradoxal que isso seja. A vida é cheia de momentos minúsculos como esse. Precisa do endereço de alguém? Quer pedir uma pizza? Mandar para um colega aquele memorando que você escreveu ontem para o vice-presidente do departamento comercial? Descobrir a nota de matemática? Pagar uma conta? Conferir a previsão do tempo? Muitas das tarefas para as quais usamos computadores e celulares são prosaicas e, por si só, aparentemente insignificantes. Mas, como um todo, fazem parte de algo muito importante.

Afinal de contas, gastamos a maior parte do tempo e da energia no lado prático da vida, o fluxo interminável de tarefas rotineiras desempenhadas ao longo do dia. E não há muita escolha quanto a isso. Antes de partir para as tarefas que dão resultados *realmente* importantes, é preciso cuidar das coisas pequenas. Sem pagar a hipoteca, é impossível ter uma casa para abrigar nossos entes queridos. Se as passagens não forem compradas com antecedência e os passaportes renovados, a viagem dos sonhos vai por água abaixo. Se a caixa de entrada do e-mail corporativo não for checada com frequência, adeus carreira brilhante. Na prática, as maiores ambições e sonhos, tudo o que queremos da vida, dependem da capacidade de executar essa lista de itens práticos com a maior eficiência e eficácia possíveis.

Embora dez minutos sejam um ganho insignificante, quando multiplicados pelo número de tarefas práticas em um dia comum resultam em consideráveis economias de tempo e energia. Essa é a primeira e mais essencial causa pela qual, nas últimas duas décadas, os seres humanos adotaram as tecnologias digitais e reorganizaram a vida em torno delas; essa é a razão que justifica tal atitude. Os computadores e laptops tornam muito mais fácil a execução de pequenos trabalhos rotineiros que são a base, o elemento *sine qua non*, para que possamos correr atrás das ambições maiores.

Nossa cultura nos lembra todo dia como tais mecanismos são úteis e nos estimula a tirar proveito deles; precisamos nos assegurar o acesso à tecnologia mais recente para estar conectados. "Conecte-se!", insiste a capa de uma edição da revista *Parade*, uma das mais confiáveis vitrines da mente da classe média americana.[1] A foto mostra um comediante famoso, com seu característico riso excêntrico, rodeado por aparelhos digitais e com um plugue USB saindo-lhe do ouvido. Nessa mesma edição, há artigos sobre como a tecnologia digital "devolve-lhe o controle sobre a política", "junta as pessoas de maneiras inesperadas" e "facilita sua vida". A publicação ainda traz uma matéria extra sobre "a casa digital". A ênfase está no lado prático: escape dos problemas e prospere com a nova conectividade.

É uma mão na roda, não apenas para os indivíduos, mas para os negócios, departamentos do governo e para organizações de todo tipo. Nesse mundo extremamente competitivo, velocidade e eficiência são os melhores ingredientes. Tecnologia envolve redução de custos, aumento de área de alcance e gerência organizada; portanto, implica a melhoria (se tudo der certo) da performance como um todo e do faturamento. Mais uma vez, uma maneira brilhante de colocar os objetivos pequenos a serviço dos grandes. As novas ferramentas também facilitaram muito para que indivíduos com interesses e metas em comum se encontrem e criem novas organizações e

O BlackBerry de Hamlet   :)

movimentos. O advento daquilo descrito pelo escritor Clay Shirky como "possibilidade ridiculamente fácil de formar grupos"[2] derrubou políticas repressoras, ajudou na reação de comunidades surpreendidas por desastres naturais e ataques terroristas, e influenciou incontáveis outras maravilhas de cooperação humana e de resolução de problemas.

Por que vemos as pessoas coladas nas telas em qualquer lugar? Pense em alguma tarefa arroz-com-feijão da vida profissional, pessoal ou comunitária, o equivalente à minha necessidade banal de ligar para a mamãe antes do jantar, e eis parte da resposta.

Mas não é tudo. Além de nos ajudar com as tarefas cotidianas que servem de apoio para atingirmos nossas metas maiores, as telas podem servir diretamente para esses fins mais nobres. Vejamos mais uma vez o meu telefonema. Se, para questões práticas, não fez diferença para quem eu liguei, emocionalmente para mim fez uma diferença enorme. Liguei para a mulher que me trouxe ao mundo, uma pessoa com quem tenho um relacionamento sem igual. O telefone trouxe a voz e a personalidade daquela pessoa – e, por intermédio da foto, a sensação de presença física – para dentro do carro comigo. Foi a origem daquele momento de puro carinho maternal, o qual, embora breve, revelou-se extremamente valioso, tanto que permaneceu na memória muito tempo depois. Aquilo me marcou porque funcionou como uma válvula de escape para a frivolidade dos fardos e distrações que tendem a dominar meus pensamentos, e assim me tornou possível viver aquele momento em profundidade. Pude analisar por outro ângulo meu relacionamento com uma pessoa especial e o filme no cérebro que é a minha vida interior passou de sonífero para *blockbuster*.

O que mais eu poderia querer? Em um mundo ideal, os dias seriam cheios de experiências assim, transbordando de "importância vital", a essência para uma vida boa. E essas experiências não surgem apenas das relações e interações pessoais. Teoricamente, a execução de um trabalho deveria ter a mesma importância. Cada instante de todo dia é candidato a tal profundidade de envolvimento e emoção.

Os aparelhos digitais podem fazer com que isso aconteça; e o fazem. Nós os utilizamos para nos expressar, para alimentar relações, liberar a criatividade e saciar nossa fome emocional, social e espiritual. Não é exagero dizer que, no melhor cenário, eles produzem o tipo de momento pelos quais vale a pena viver. Se você já escreveu um e-mail do fundo do coração,

Alô, mamãe

assistiu a um vídeo impossível de tirar da cabeça, ou leu um artigo on-line que mudou a sua forma de encarar o mundo, sabe que isso é verdade.

No caso em questão, tudo aconteceu por causa de uma simples ligação telefônica. Mas, veja, aconteceu *depois* da chamada em si, normalmente considerada a conexão. Houve um intervalo entre o gesto prático e a experiência mais profunda, em seguida. Se o intervalo não acontecesse, eu teria colhido os mesmos benefícios? É incerto. Se eu tivesse continuado a usar o telefone, não teria tido tempo nem espaço na mente para que o momento se desenrolasse daquela maneira. O mesmo vale para qualquer tarefa envolvendo as telas que tenha potencial para desencadear um valor ou impacto mais profundo (e muitas delas têm esse potencial) – *pode* acontecer, mas somente se houver espaço. Não conhecemos as oportunidades perdidas porque elas nunca veem a luz do dia, é claro. Mas acredito que nós as perdemos quando sentimos que a vida está sem consistência, que ela não faz o sentido que deveria. Todas essas epifanias, percepções e alegrias não realizadas são viagens nas quais a mente e o coração jamais vão embarcar.

Se ficamos sentados no escritório zapeando de e-mail para e-mail, e daí para páginas da Web e para o celular, e tudo outra vez – ou seja, a dança digital de sempre –, provavelmente perdemos todas as oportunidades para atingir a profundidade em questão. O e-mail de um cliente pedindo melhorias inovadoras no seu produto deveria inspirá-lo a desenvolver um breve esboço de como atingir o objetivo. Ora, precisamos de motivação para ir para casa e meter a mão na massa, quem sabe até montar a própria empresa para vender esse produto melhorado, empregando o chefe atual e chacoalhando o mercado. Poderia mudar nossa vida. Mas, se nunca tivermos um tempo para permitir que esse tipo de ideia floresça e continuarmos na frente das telas, passando de uma tarefa minúscula para outra, adivinhe só? Nada de vida nova.

O intervalo de tempo entre a ligação para a mamãe e o "saldo" é de tremenda importância. É o vínculo fundamental entre o lado utilitário e o da "importância vital" da experiência digital. Trata-se de um vínculo completamente negligenciado pelas ideias atuais sobre tecnologia, cheias de fé cega na conectividade ininterrupta.

Isso não quer dizer que a indústria da tecnologia ignore o potencial de profundidade dessas engenhocas. Pelo contrário, ela literalmente faz publicidade disso porque é crucial para atrair clientes para o produto. Se esses objetos só realizassem trabalhos menores, nós os veríamos mais ou menos como

O BlackBerry de Hamlet :)

vemos um aspirador de pó. Em vez disso, nós os vemos como amigos, musas, passaportes para reinos superiores, e é assim que eles são vendidos. Alguns anos atrás, havia um comercial de TV sensacional[3] para o que era na época o celular mais moderno, o primeiro iPhone da Apple. Uma moça deslumbrante aparecia sozinha segurando o aparelho diante de um pano de fundo preto simples. Dançarina do Balé de Nova York, ela falava sobre como usava aquilo nos bastidores das apresentações para postar informações e comentários sobre sua arte. "É versátil", ela dizia, alegre. "É importante. Até para bailarinas."

Bem, a Apple poderia ter escolhido qualquer pessoa atraente, articulada e cheia de trabalho para estrelar o comercial. Mas a bailarina moldou a mensagem de um jeito muito especial. Sugeriu que aquela ferramenta não é apenas para o trabalho prático mais pesado. É para a ânsia de contato artístico e espiritual dentro de cada pessoa. É para a *alma*.

O potencial criativo das ferramentas digitais está aí e se manifesta na cultura exuberante e criativa que se desenvolveu on-line em consideravelmente pouco tempo. Talvez o melhor exemplo disso sejam as divertidas contribuições ao nosso vocabulário, desde "jogar no Google" a "tuitar". Esse lado inspirador e imaginativo da vida nas telas é tão relevante para as instituições quanto para os indivíduos. Se alguém está no comando de uma pequena empresa, de uma universidade ou de um hospital, nada mais valioso do que um funcionário com uma mente fértil, criativa. Preste atenção nos incontáveis livros sobre como "pensar fora da bolha", fazer saltos conceituais, usar o lado direito do cérebro, descobrir forças escondidas. Nas melhores circunstâncias, os recursos digitais nos ajudam a fazer tudo isso. Esse é o outro motivo, além da eficiência pura, pelo qual eles são fundamentais em qualquer instituição moderna. Eles despertam o lado criativo que há em cada um de nós.

Mas eis a questão: se a bailarina usa o smartphone em várias tarefas ao mesmo tempo – não apenas para atualizar seu blog – ela realmente toca a própria alma, como o anúncio sugere? Ela extrai o melhor da ferramenta?

Minha ligação para minha mãe demonstra os dois benefícios essenciais trazidos pela conectividade digital: podemos realizar tarefas cotidianas com muito mais facilidade *e* alimentar nosso coração, mente e alma, tudo com uma geringonça que cabe no bolso. É uma combinação rara. Isso explica

Alô, mamãe

por que as telas tomaram o mundo de assalto e inspiraram o tipo de devoção e histeria popular normalmente associado aos movimentos políticos e religiosos. Para algumas pessoas, a tecnologia digital não é apenas um novo tipo de ferramenta, mas uma crença revolucionária pela qual viver, um movimento que transforma e aperfeiçoa a vida na Terra. A Resposta.

Esse ponto de vista recebeu uma exibição bastante proeminente por parte da imprensa, que enxerga cada vez mais os eventos políticos, sociais e culturais através do prisma da tecnologia. Quando algum furo dramático acontece no mundo, seja um bombardeio terrorista em Londres ou uma ascensão pró-democracia no Irã, não é o conteúdo dos eventos ou as histórias dos personagens principais que recebem o foco da cobertura, é o papel da tecnologia. Uma marcha pela liberdade é uma coisa, mas uma marcha pela liberdade planejada e executada via dispositivos digitais... isso sim é notícia.

Quando o foco da notícia são de fato esses aparelhos, o entusiasmo beira a loucura. No verão de 2008, por exemplo, chegou ao mercado uma versão nova e melhorada do aparato apresentado pela bailarina, o iPhone 3G da Apple. O CEO da empresa trouxe o fato a público em uma entrevista coletiva que, pela descrição de um jornalista de informática, pareceu um comício político ou uma reunião evangélica para despertar o fervor religioso:

> Já estive em conferências de Steve Jobs o suficiente para saber que ele é capaz de curvar uma multidão à sua vontade. Todas as vezes, fui um súdito de boa vontade – às vezes (não todas) acabei em um estado de ressaca no dia seguinte, enquanto tentava lembrar exatamente por que achei que seja lá o que ele estivesse inventando mudaria minha vida para sempre. Steve Jobs é carismático e senhor de si em cima do palco, e a plateia nem sequer pisca os olhos. E quando, como ontem, a plateia está cuidadosamente abarrotada com uma multidão de colaboradores entusiasmados da Apple, a imprensa entra facilmente no clima.[4]

De fato, a cobertura subsequente teve um toque de crença. Eis um aparelho que pode fazer qualquer coisa, desde completamente mundana ("Onde comer? Pergunte para o seu iPhone" foi a manchete de um dos principais jornais do país) até genuinamente heroica ("O iPhone pode mesmo salvar os Estados Unidos?", outro grande jornal perguntou,[5] de brincadeira, mas não muito). Mais uma vez, os jornalistas apenas refletiam a obsessão popular com os aparelhos, enraizada em experiências pessoais amplamente

O BlackBerry de Hamlet   :)

divulgadas. É como se, após termos visto em primeira mão o potencial dos mecanismos digitais, acreditássemos que o estado de nirvana pode mesmo ser alcançado na próxima atualização. Consumidores desesperados para se tornar os primeiro a possuir o novo modelo formaram filas enormes na porta das lojas, alguns até dormiram na calçada para garantir os melhores lugares. Na Califórnia, algumas pessoas foram para as filas não porque quisessem comprar o aparelho, mas para participar do que um jornal noticiou como uma "experiência tribal".[6] Ou, como disse um dos enfileirados: "Eu queria participar dessa mágica".

A mágica é a razão para migrarmos tanto da nossa vida para a esfera digital, para passarmos o dia praticamente amarrados às telas, para esses aparelhos se proliferarem em um ritmo tão espantoso. O número de telefones celulares ao redor do mundo passou de 500 milhões no começo do século para aproximadamente 5 bilhões hoje.[7]

Mas falta uma peça: a verdadeira mágica dessas ferramentas, o catalizador que transforma simples aparelhos corriqueiros em instrumentos a serviço da criatividade, da profundidade e da transcendência jaz naquela lacuna entre a ligação para minha mãe e a experiência marcante que se seguiu. Aquele espaço de tempo foi a chave, o catalizador. Foi o que me permitiu partir de uma experiência externa trivial e viver uma experiência interior. O mesmo vale para qualquer uma das tarefas na tela. Se elas forem acumuladas com tanta velocidade que a vida digital se torna um borrão, sem lacunas na conectividade, jamais chegaremos aonde estão os melhores benefícios. Estamos eliminando as lacunas quando, na verdade, deveríamos estar criando mais delas.

Alguns anos atrás, uma grande empresa de pesquisas sobre tecnologia fez um levantamento em dezessete países, incluindo Estados Unidos, China, Índia, Rússia, Alemanha e Japão, com a meta de "quantificar o atual estado de conectividade".[8] Os participantes foram questionados sobre a frequência com que se conectam, onde se conectam, os aparelhos que usam, etc. Com base nas respostas, os pesquisadores criaram uma taxonomia da conectividade humana, abrangendo quatro tipos diferentes: hiperconectado, conectado em ascensão, on-line passivo e usuários esporádicos.

A pesquisa se concentrou nos hiperconectados, definidos como "aqueles que abraçaram completamente o admirável mundo novo, com mais aparelhos *per capita* [...] e que apresentam mais frequência no uso intensivo dos novos aplicativos de comunicação".

Alô, mamãe

Em 2008, apenas 16 por cento da população profissionalmente ativa do mundo era considerada hiperconectada, mas o estudo prevê que 40 por cento se encaixarão nessa categoria em breve. Leve em consideração que o tal estudo foi patrocinado por uma grande empresa de tecnologia e tinha um ponto de vista marcadamente exortativo, como sugerido pelo título "Os hiperconectados: lá vêm eles!" Mas, por um momento, podemos presumir que a informação é precisa e indica o rumo que o mundo está tomando. O que significaria, de fato, viver assim? Na época daquele levantamento, o sujeito hiperconectado médio usava pelo menos sete aparelhos digitais e nove aplicativos diferentes para se manter conectado às telas o máximo possível, e isso incluía "de férias, no restaurante, na cama, e até em locais de culto". À medida que esse grupo for crescendo, antevia a pesquisa, "surgirá uma 'abundância' de novos aparelhos".

Claro, enquanto as engenhocas se multiplicam, elas também convergem. Aparelhos nos moldes do laptop atualmente são considerados uma representação do futuro, porque permitirão que toda a vida conectada seja conduzida através de uma única tela. Em última instância, não interessa tanto se usamos muitos ou poucos aparelhos diferentes para nos conectarmos. A questão é se a vida hiperconectada nos leva aonde queremos ir.

Parece que decidimos, em conjunto, que sim. Em sociedades ao redor do mundo, a obtenção da conectividade mais rápida, topo de linha e levada ao extremo não é apenas uma meta de essência individual, é uma ambição nacional. Os países estão engajados em uma corrida global para se tornar a sociedade mais conectada do planeta. Em vez de cuidar de quem dorme na sarjeta, estão direcionando políticas nacionais e gastando dinheiro na busca desse objetivo. A Organização para a Cooperação e o Desenvolvimento Econômico (OCDE), uma associação de cerca de trinta países muito industrializados, sediada em Paris, mede a propagação da tecnologia digital e classifica os países pela "penetração" da internet de banda larga ou pela porcentagem da população com acesso ao serviço de banda larga.[9] Essas classificações são acompanhadas de perto por lideranças políticas e empresariais do mundo todo como indicador fundamental do *status* nacional. Nos últimos anos, uma série de países da Ásia e do norte da Europa dominaram os primeiros lugares da lista da OCDE, enquanto os Estados Unidos definharam no meio do bolo. Em resumo, a conectividade relativa dos americanos tem sido apavorante.

O BlackBerry de Hamlet :)

Membros do Congresso condenam a situação e pedem empenho nacional para acabar com a "fronteira da banda larga". Os jornais publicam editoriais preocupados, instituições sugerem políticas. Tudo faz lembrar assombrosamente o pânico que se seguiu ao lançamento do satélite Sputinik pelos soviéticos no fim da década de 1950, quando os Estados Unidos perceberam, de repente, que estavam perdendo a corrida espacial. Mas, em vez de partir para a Lua, agora a corrida é por mais informações por segundo. Em sua campanha presidencial em 2008, Barack Obama disse que os Estados Unidos deveriam "liderar o mundo em termos de acesso a banda larga". Ele prometeu, se eleito, fazer tudo que fosse necessário para que isso acontecesse. Logo depois de vencer a eleição, repetiu a promessa, disse que a competitividade do país no futuro está em jogo e alegou ser "inaceitável que os Estados Unidos sejam o 15º país na lista de acesso a banda larga".[10]

Não há dúvida de que isso seja verdade – se a competitividade for medida simplesmente em termos de quem é o mais conectado, o que é refletido pelas classificações nacionais. Nem é preciso dizer que os Estados Unidos e todos os outros países desenvolvidos deveriam trabalhar duro para fornecer acesso digital àqueles que ainda não o possuem. Mas esse objetivo louvável de levar banda larga a todos os cidadãos não é a mesma coisa que se dedicar a ser a sociedade mais conectada na face da Terra, o que, de certa maneira, poderia ser ruim para a competitividade. Conforme os países pioneiros se aproximam dos 100 por cento de conectividade em banda larga, a questão inevitavelmente se tornará saber quem tem a melhor hiperconexão. Uma razão para que a Coreia do Sul esteja há muito tempo entre as nações mais conectadas do planeta é uma obsessão com jogos on-line maior do que a de qualquer outra cultura.[11] Os jogos na tela são divertidos e, no seu melhor, educativos. Mas gastar boa parte do dia jogando evidentemente *não* é bom para a produtividade pessoal.

Será que a competitividade de uma sociedade e suas perspectivas para um futuro melhor não estão enraizadas em algo além da mera tecnologia? A forma como utilizamos os aparelhos é mesmo tão crucial quanto a velocidade com que eles trabalham? A busca por mais e mais conectividade digital nos tornará mais inteligentes e criativos? Quando todos formos hiperconectados, nossas famílias e comunidades serão mais fortes? Construiremos organizações melhores e levaremos uma vida próspera?

Alô, mamãe

E, o mais importante, alcançaremos alguma dessas metas grandiosas se continuarmos a dedicar toda a nossa energia em eliminar a coisa mais importante para alcançá-las – espaço entre as tarefas, descanso, paradas necessárias que a mente requer?

Não nos questionamos sobre tudo isso porque são perguntas filosóficas; diferentemente da tecnologia, que é concreta e pode ser quantificada, a filosofia parece abstrata e incomensurável. Portanto, nós as evitamos e, em vez de nos concentrar nelas, preferimos as ferramentas em si, e tentamos com afobação nos manter em dia com os aparelhos mais avançados e com as últimas tendências. Esse pensamento é um tanto míope, já que, no fim, são as questões filosóficas que importam, de fato. Algum dia será difícil lembrar por que ficamos tão entusiasmados com a conectividade 3G e com as maravilhas da banda larga móvel no passado. Haverá uma conexão sem fio, na velocidade da luz, em toda a Terra, e os aparelhos de hoje serão peças exóticas de museu. Nessa altura, tudo com o que iremos nos preocupar será a qualidade da vida que esses mecanismos criaram para nós. E, se não for uma vida boa, vamos nos perguntar onde erramos.

Neste exato momento, nos anos iniciais da era digital, sem ao menos perceber, vivemos pautados por uma filosofia muito específica da tecnologia. Ela pode ser resumida em uma frase:

Estar conectado é bom, estar desconectado é ruim.

É uma ideia simples, mas com implicações enormes. Uma vez que se supõe ser algo bom estar conectado através de redes digitais e algo ruim estar desconectado delas, fica muito claro como organizar o tempo diante da tela e, na verdade, durante todo o tempo em que ficamos acordados. Se estar conectado é algo intrinsecamente bom, isso significa que devemos tentar o máximo possível permanecer conectados o tempo todo – em outras palavras, evitar ficar desconectados. Assim, nossa filosofia tem dois corolários:

Primeiro corolário: Quanto mais ficarmos conectados, melhor.

Segundo corolário: Quanto mais ficarmos desconectados, pior.

Juntas, essas duas proposições ditam exatamente como administrar a existência digital. Nunca alguém se mantém conectado em demasia, é o que delas se deduz; então, devíamos procurar invariavelmente maximizar o tempo diante das telas e minimizar o tempo longe delas. E é exatamente assim que muitos de nós vivemos hoje. Nós somos os *maximalistas digitais*.

43

O BlackBerry de Hamlet   :)

Ao analisar a ampla gama de benefícios reais que esses aparelhos oferecem, é fácil ver por que abraçamos a filosofia em questão e o modo de vida que ela produz. Os benefícios estão evidentes à nossa volta, tão evidentes que, por muitos anos até agora, não pareceu necessário sequer refletir sobre a filosofia por trás de tudo ou questionar as doutrinas que a acompanham. Se estar conectado melhora a vida em tantos aspectos, concluir que devemos permanecer tão conectados quanto possível é bom senso. O maximalismo digital é um modo de vida claramente superior.

Ou não.

3

Na ponta da prancha

Remando contra a maré

É uma manhã ensolarada de fim de primavera e estou na água em um barco velho. Muitos anos atrás, minha família e eu nos mudamos dos subúrbios de Washington, D.C., para uma cidadezinha em Cape Cod. Ficamos cansados da capital, especialmente do trânsito brutal que comia tanto do nosso tempo. Foi uma mudança típica da era digital, um exemplo das inúmeras possibilidades que essas tecnologias criaram para que se possa trabalhar a distância, em termos de tempo e de espaço, do ambiente de trabalho tradicional. Essa capacidade de "virada de tempo" e "virada de lugar" carrega uma promessa de um tipo de liberação, uma chance de ser dono da vida de forma mais completa. Já que minha esposa e eu somos escritores, basta termos nossas telas e uma boa conexão e podemos estabelecer contato com todas as pessoas e fontes de informação que precisamos para trabalhar. Os amigos agora também estão ao alcance do aparelho digital mais próximo. Portanto, decidimos tentar viver em um tipo diferente de lugar. Mudamos para uma área afastada do cabo, a qual já conhecíamos de férias de verão e com a qual sonhávamos como um lugar para viver em tempo integral e criar nosso filho, que tinha 7 anos na época.

Na nossa nova cidade, as pessoas passam muito tempo em barcos e quisemos aderir ao hábito. Adeus grades urbanas, viva o mar aberto. Começamos vendo os classificados de barcos usados. Levamos vários meses para encontrar um que gostássemos e pelo qual pudéssemos pagar. Ele tinha mais de 20 anos de idade e estava bastante malconservado, mas tinha personalidade e mal podíamos esperar para guiá-lo por aí. Nós o batizamos de *What Larks!* por causa de uma frase de *Grandes esperanças*, o romance de Charles Dickens sobre a maioridade de um garoto chamado Pip. Quando o cunhado de Pip,

O BlackBerry de Hamlet   :)

o gentil ferreiro Joe Gargery, fala sobre como os dois se divertirão juntos um dia, é o que ele sempre responde, *"What larks!"** A vida realmente deveria ser cheia de diversões, e esperávamos muitas delas no nosso barco.

Então lá estou eu, preparando tudo para a primeira oportunidade. Acabei de ligar o motor e agora preciso me afastar da doca, onde o barco ficou amarrado para reparos durante alguns dias. Como sou um navegador iniciante, isso me deixa um pouco nervoso. Há vários barcos ancorados na área para onde estou indo e minha tarefa é manobrar entre eles. O começo é tranquilo e estou prestes a escapar daquela área, mas percebo que estou passando perigosamente perto da linha de ancoragem de outro barco. Ouço as hélices fazendo esforço para girar e, em seguida, emperrarem.

Desligo o motor e vou até a popa para analisar a situação. A corda havia se enrolado firmemente à hélice, em várias voltas. Se eu me esticar, segurando no motor com uma mão, tenho quase certeza de que posso usar minha mão livre para livrar a hélice da corda, o que tento fazer. Mas é uma bela distância e me inclino além do planejado, tão além que chego a me preocupar com a possibilidade de estar em perigo de... *Tchibuuuuum!* Caio de cabeça na água, vestido da cabeça aos pés.

De volta à superfície, a primeira coisa que faço é olhar em volta para ver se houve alguma testemunha da minha ignomínia, que pareceu, tenho certeza, um clipe de um daqueles programas de vídeos mais engraçados do mundo. Felizmente, não há ninguém à vista. A segunda coisa que faço é tatear debaixo da água em busca do meu telefone celular e da minha carteira com cartão de crédito, que sempre carrego no bolso esquerdo da frente. Ambos ainda estão lá. Ufa!

Espere aí, ambos estão lá? Não! A carteira vai ficar bem, mas meu celular... está se afogando. Em pânico, tiro o aparelho da água, jogo-o no barco e rapidamente desenlaço a hélice. Subo de volta no barco e pego o celular. Ele está zumbindo de um jeito estranho, pouco entusiasmado, como nunca zumbiu antes: a versão digital de um último suspiro. A tela está completamente em branco. Depois de mais ou menos um minuto, o zumbido acaba. Ele morreu.

---

* Em inglês, *"lark"* significa "farra", "bagunça", "graça", "diversão". A frase do personagem de Dickens poderia ser traduzida por "Que farra" ou, mais livremente, por "Isso é que é vida". A expressão *"What larks"* dá título à primeira parte deste livro no original em inglês. (N. do T.)

Na ponta da prancha

Já tive muitos telefones celulares na vida, mas nunca tinha matado um antes e fico louco comigo mesmo. Penso em todos os nomes, números e endereços de e-mail armazenados nele, as dúzias de fotos sem backup. Como será doloroso conseguir um aparelho novo, escolher um modelo, decidir a duração e outros detalhes do meu contrato novo (dessa vez, *vou querer o seguro*), recarregar todos os meus contatos, quem sabe o que mais. Às vezes, quando estou colocando ordem na minha vida conectada, administrando minha relação com todas essas empresas longínquas de tecnologia e de fornecimento de serviços, penso numa expressão que Thomas Jefferson usou em um contexto completamente diferente: "alianças emaranhadas". Nesse exato momento, tenho o desejo de me desenredar e seguir um caminho mais isolado.

Em seguida, a realidade aparece. O fato é: eu preciso dessas alianças emaranhadas. Elas me mantêm em contato com todo mundo com quem me importo, sem mencionar minhas fontes de renda. E, embora seja verdade que as telas acrescentaram toda uma camada nova de complicações à minha vida, de outras formas, provavelmente mais significativas, elas a simplificaram e melhoraram. Sem as telas, eu não estaria vivendo nesse lugar isolado, onde me sinto mais "conectado" com a minha vida e com tudo à minha volta do que jamais estive em qualquer outro lugar. Se, por um lado, o celular me mantém aprisionado, ele também representa minha fiança, e preciso começar a procurar um novo imediatamente. Pode ser que eu fique completamente sem telefone um ou dois dias. Que desastre.

Minutos depois, dirigindo de volta pela enseada, percebo uma coisa engraçada. Não é algo que possa ser visto ou ouvido. É uma sensação interna, uma consciência súbita. *Estou completamente fora de alcance.* Amigos e família não podem me contatar. Colegas e contatos da minha vida profissional não podem me contatar. Ninguém em nenhum lugar do planeta pode me contatar nesse exato momento, nem eu posso contatá-los. Estão todos por aí, no além, e, a não ser por telepatia Jedi, não há como encurtar a distância entre nós. Minutos atrás, fiquei irritado e com vergonha de mim mesmo por ter afogado meu celular. Agora que ele se foi e me conectar não é mais uma opção, gosto do que está acontecendo.

Antes de cair na água, eu estava sozinho no barco, no sentido clássico de "sozinho" – fisicamente não havia ninguém comigo. Mas, como carregava um aparelho de conexão no bolso, não estava sozinho, em outro sentido, de

O BlackBerry de Hamlet   :)

maneira alguma. Todos na minha vida estavam a apenas alguns cliques de distância. Agora, estou sozinho de uma maneira completamente nova. Esse é um estado que eu costumava conhecer muito bem. Lembro-me de andar pelo câmpus da minha faculdade no começo da década de 1980, sem depender de ninguém no mundo pela primeira vez. Isso foi antes da era dos telefones celulares; portanto, quando eu saía assim, a céu aberto, não era fácil me comunicar com o restante da humanidade. Era um pouco solitário ficar longe dos meus pais e de todas as outras pessoas de quem sempre havia dependido para apoio e companhia. Mas também era estimulante. Lá estava eu, o pássaro fora do ninho, finalmente no comando da minha própria vida. Tinha minhas dúvidas quanto a estar pronto ou não, mas isso fazia parte da emoção.

Anos antes, enquanto adolescente nas convulsões da minha primeira crise existencial, li um livro de autoajuda chamado *Seja você mesmo seu melhor amigo,* sucesso de vendas dos anos 1970, quase esquecido hoje em dia, infelizmente.[1] Escrito pelo casal Bernard Berkowitz e Mildred Newman, ambos psicanalistas, em um estilo sóbrio e zen, trazia breves questões filosóficas ("Por que existem tantas pessoas insatisfeitas de tantas maneiras?") e suas respostas. A tese básica do livro era que, para encontrar paz e contentamento, devemos aceitar nossa separação fundamental dos outros. A felicidade está em saber desfrutar da própria companhia:

> Uma pessoa incapaz de tolerar a solidão é alguém que não aprendeu a ser adulto. É necessário coragem para abrir mão daquela fantasia de segurança infantil. O mundo pode nunca mais parecer tão digno de confiança, mas como é fresco o ar que respiramos quando tomamos posse de nossa própria individualidade, de nossa própria integridade! É assim que a vida adulta realmente começa.

Foi uma revelação para mim. Quando pensava em solidão, o que não fazia com muita frequência, para mim aquilo era como uma recusa, uma ausência de algo intrinsecamente bom: a companhia dos outros. Minha experiência pessoal dolorosamente confirmava essa impressão. Existe alguém mais solitário do que um moleque desengonçado de 13 anos de idade que usa aparelho nos dentes e óculos fundo de garrafa? Nunca me ocorreu que a solidão pudesse ser uma experiência produtiva, sem falar extasiante. Ou que a aceitação e a análise da minha individualidade pudessem ser a saída da lamúria e a entrada para a maturidade.

Na ponta da prancha

Nunca se sabe quando a sabedoria será encontrada. Esse pensamento simples permaneceu comigo, ecoando tão vigoroso quanto tudo que juntei dos grandes livros lidos em seguida, no colegial. Na verdade, vi aquilo ressoar vezes sem conta nos personagens fictícios que povoam nossas melhores histórias, pessoas que lutam para pôr um fim ao seu isolamento fundamental em relação aos outros e, da mesma forma, em relação a si mesmos. Ulisses, Dom Quixote, Rei Lear, Hester Prynne, Huck Finn, Leopold Bloom, Holden Caulfield – são as viagens deles enquanto indivíduos rumo à individualidade que sempre nos levam de volta às suas histórias. Porque é nossa história também.

Paul Tillich, filósofo do século xx, escreveu que a palavra "solidão" existe para expressar "a dor de estar sozinho", enquanto "solitude" expressa "a glória de estar sozinho".[2] Passei pelas duas experiências na época da faculdade, mas hoje me lembro mais da glória.

Quanto mais velho eu ficava, mais percebia como era crucial manter um certo grau de individualidade para minha tranquilidade íntima e, ao mesmo tempo, como era difícil alcançá-la. A sociedade atira obstáculos o tempo todo, nos dizendo que tudo passa pela aprovação da multidão e que, portanto, não valemos nada sem ela.

Em um país construído sobre ideais de liberdade individual e de autonomia, podemos pensar que tais mensagens não fazem muito efeito. Mas a liberdade pode ser um fardo pesado e, em certo sentido, quanto mais responsáveis formos pelos nossos próprios destinos, mais atraente o conformismo se torna. Reconhecendo isso, os marqueteiros aprenderam a vender mercadorias de uma maneira que nos faz *sentir* como individualistas arrojados, mesmo que estejamos nos juntando ao rebanho. As campanhas publicitárias projetam tudo, de carros a refrigerantes, como instrumentos de autoexpressão e de libertação, embora sejam, de fato, o contrário. Seja um rebelde, use os tênis que todo mundo usa.

Ainda luto para ignorar essas mensagens. Mas quando consigo vê-las com certo distanciamento, vale muito a pena, e não só para o meu íntimo. A melhor forma de solidão é expansiva e generosa. Desfrutar da sua própria companhia não significa ficar à vontade apenas consigo, mas com todos e tudo no universo. Quando alguém está feliz interiormente, não tem necessidade do apoio dos outros e pode pensar neles de maneira mais livre e generosa. Por mais paradoxal que pareça, a separação é o caminho

O BlackBerry de Hamlet :)

para a empatia. Na solitude, encontramos não apenas nossa própria personalidade, mas todas as outras personalidades, e descobrimos que mal as conhecíamos.

O distanciamento social ainda era abundante no fim dos anos 1980, quando me formei e estava em uma cidade grande, vivendo pela primeira vez por conta própria. Era o alvorecer da era digital, quando os computadores pessoais ficaram cada vez mais comuns e o e-mail era uma moda começando a pegar. No entanto, telefones celulares ainda eram raros, assim como os laptops realmente portáteis. Portanto, em público, continuava-se basicamente desconectado. Quando passeava pela cidade naquela época, eu estava, ao mesmo tempo, cercado pelos outros e completamente sozinho, e era essa solidão dentro da multidão que tornava mágica a vida na cidade. Era disso que E. B. White estava falando quando observou que Nova York "mistura o dom da privacidade ao entusiasmo da participação [...] isolando o indivíduo (se ele quiser, mas quase todo mundo quer ou precisa) contra todos os eventos enormes, violentos, maravilhosos que acontecem a cada minuto".[3]

Escrita em 1948, hoje essa frase parece uma inscrição em uma tumba antiga. A velha sensação de estar fora de alcance, que poderia ser experimentada facilmente até no meio de uma metrópole, desapareceu. Precisamente por volta do começo deste século, o ideal de vida que mistura "privacidade" e "participação" foi jogado fora e substituído pela idealização de conectividade máxima. O primeiro corolário, "Quanto mais você se mantém conectado, melhor", apoderou-se de toda a sociedade por razões que já vimos. A conectividade digital era uma força muito mais envolvente, a serviço de numerosas metas e necessidades humanas. E, logo em seguida, vinha o segundo corolário, "Quanto mais você se mantém desconectado, pior". Talvez tenha existido uma época quando quase todo mundo queria ou precisava de isolamento da multidão, mas agora parece que ninguém mais precisa. Em uma sociedade construída sobre o ideal maximalista, estar desconectado é estar fora, excluído, em maus lençóis.

Nunca nos sentamos e decidimos conscientemente que esse seria o sistema de regras pelo qual viveríamos. Não houve nenhuma discussão, nenhum referendo, nem sequer pediram para levantarmos as mãos. Apenas aconteceu, como se por um acordo tácito ou por um juramento silencioso. *A partir de agora, me empenharei o tempo todo para ficar conectado o máximo possível*. Como todos os outros, eu me alistei imediatamente. Passei a maior parte da última década a um braço de distância de um computador ou do meu celular, geralmente dos dois. Quando ficava longe da tecnologia ou simplesmente não conseguia encontrar sinal, considerava isso um problema. Se um hotel não tinha banda larga no quarto, eu ficava irritado e reclamava. Quando ia para uma cidade sem cobertura de celular, sentia que a operadora tinha me sacaneado. Passar as férias com os primos numa casa sem roteador sem fio e, portanto, sem internet no laptop, me fazia ir para o quintal, sentar no carro ou na rua para tentar apanhar o sinal de um vizinho. Não uma ou duas vezes por dia, mas muitas. De que outra maneira eu poderia saber o que estava acontecendo na minha vida?

É claro, conforme a tecnologia sem fio avançou e se espalhou, as frustrações diminuíram. Por volta do meio da década, era muito mais fácil encontrar uma conexão confiável. Os laptops ficaram menores e os telefones celulares receberam navegadores de internet, tornando o acesso à rede tão portátil quanto uma carteira. A desconexão involuntária ficava cada vez mais rara. Começamos a ver nossas conexões em alta velocidade da mesma maneira como vemos a eletricidade e água encanada, um dado da vida cotidiana.

Foi exatamente nesse ponto em que comecei a pensar de verdade na minha própria conexão. Dadas as minhas tendências maximalistas, eu devia ter adorado ver a conectividade digital se espalhando cada vez mais. Não foi isso que eu desejei? O fim daqueles momentos irritantes de isolamento.

Mas veja que estranho: comecei a sentir *saudade* deles. Não que eu quisesse o incômodo e a frustração de volta, não sou nenhum masoquista. Eu sentia falta do estado de espírito em que me encontrava *depois* de não conseguir uma conexão e desistir de me conectar. De acordo com o segundo corolário, nessas horas sem conexão eu deveria sentir uma deterioração na qualidade de vida. Quanto mais você se mantém desconectado, pior, certo? No entanto, após aceitar minha sorte, experimentava uma melhora – lenta mas constante – no humor e na atitude em geral. Não me conscientizei completamente desse efeito naquela época, mas sem dúvida estava armazenado em algum lugar no meu disco rígido interno. Lá estava eu, sem caixa de entrada de e--mails para checar, nada em que clicar ou ao que responder. Sem exigências, sem pedidos e sem opções. Sem manchetes para ler, nenhum pedido para agendar. Nenhuma multidão para me manter ocupado. Com tudo isso fora

O BlackBerry de Hamlet :)

do caminho minha consciência não tinha escolha, a não ser se voltar para o espaço físico onde eu me encontrava e dar o melhor de si.

Nesses momentos, eu era um náufrago arrastado para uma ilha deserta, um Robson Crusoé digital. E, à moda clássica dos náufragos, após ter sido resgatado, via em retrospectiva que minha ilha tinha algo muito especial. A vida era *diferente* sem conexão. Quanto mais fácil se tornou permanecer conectado, mais eu pensava sobre aquela maneira diferente de ser e comecei a desejá-la.

Comecei a perceber isso nos aviões. O uso de telefone celular foi proibido por muito tempo em voos comerciais e naquele tempo ainda não existia serviço de internet em pleno ar. Embarcar em um desses voos desconectados era como passar por um buraco e ir para outra dimensão onde o tempo transcorria de outro jeito. Encolhido na minha cadeira, sentia minha mente relaxar e me libertava de um peso que nem sequer sabia estar carregando. Era o peso da minha vida conectada e agitada. O peso de saber que todo mundo em todo lugar está a apenas alguns cliques de distância.

A falta de limite da vida digital é empolgante, mas também é perturbadora em dois importantes pontos. Primeiro, as horas que passamos saltando entre tarefas nos condicionam a tratar nosso tempo e nossa atenção como se fossem produtos infinitamente divisíveis. Na tela, é fácil enfiar mais correria em cada momento, tanto que é exatamente o que fazemos. Por consequência, a mente cai em um modo de pensamento, um tipo de ritmo nervoso, inerente a encontrar novos estímulos, novas tarefas para cumprir. Isso é transposto para todas as áreas da nossa vida; mesmo quando estamos longe das telas, nossa mente tem dificuldade para parar de clicar e descansar.

Em certo ponto, percebi que havia se tornado difícil para mim manter a concentração em uma única tarefa de qualquer tipo, física ou mental, sem acrescentar outras. Enquanto escovava os dentes, saía do banheiro e vagava em busca de outra coisa para fazer ao mesmo tempo. Eu poderia organizar a gaveta de meias com uma mão e tentar alcançar os dentes do siso com a outra, e, mesmo assim, ainda me sentia ansioso por outra tarefa. A consciência digital não consegue suportar três minutos de concentração total.

O segundo aspecto perturbador é filosófico. Quanto mais nos conectamos, mais nossos pensamentos se inclinam para o mundo externo. Há uma preocupação com o que se passa "lá fora", em um outro mundo cheio de energia, em vez de "aqui dentro", consigo mesmo e com aqueles que o cercam. O que uma vez foi exterior e longínquo agora é facilmente acessível, e isso cria um sentimento de obrigação ou dever. Quando é possível estender a mão e tocar o mundo inteiro, uma parte de nós sente com remorso que *devia* estender a mão. Quem está esperando notícias minhas? O chefe está se perguntando por que eu não respondi?

Além disso, a inclinação para o mundo externo oferece algo mais potente do que a simples obrigação: autoafirmação, provas da existência de alguém e do seu impacto no mundo. Em épocas menos conectadas, os seres humanos eram forçados a construir sua própria percepção de identidade e valor – para se tornarem autossuficientes. Devido à sua interatividade, o meio digital é uma fonte de confirmação constante de que, sim, realmente existimos e somos importantes. No entanto, a validação externa proporcionada pela grande quantidade de mensagens recebidas e pelo número de vezes que o nome de alguém aparece em sistemas de busca não é confiável ou firme como a que vem de dentro. Por isso, somos obrigados a voltar repetidas vezes para verificação. Quem mencionou meu nome? Quem leu meu último post? Alguém comentou meus comentários? Quem está prestando atenção em mim agora?

Em um avião que não dispunha de conexão sem fio, tudo isso se diluía. O mundo de incontáveis tarefas em potencial desaparecia, assim como a sensação de exterioridade compulsória. O que aqueles voos tinham de especial era exatamente o que eu tentava tanto evitar: desconexão involuntária. Embora viagens aéreas sejam desagradáveis em vários aspectos – e, a essa altura, não sou muito fã das poltronas da classe econômica, inspiradas nos apetrechos de Torquemada* – comecei a esperá-las ansiosamente. Lá estava uma rara pausa na minha vida conectada. A existência estava sob controle, reduzida apenas a mim e ao ambiente em volta, os outros passageiros, o copo de chá na mesa retrátil, as palavras na tela do meu notebook. Consegui ótimos resultados pensando e escrevendo nesses voos. E a razão estava lá embaixo, no rodapé da tela, na barra de ferramentas: o x vermelho em cima do ícone da conexão, indicando a falta de sinal.

---

* Tomás de Torquemada (1420-98), frade dominicano e inquisidor-geral ao qual se atribui a condução de mais de 2.000 autos de fé, ou penitência pública aos considerados heréticos. (N. do E.)

O BlackBerry de Hamlet   :)

Agora, singrando as águas com um telefone celular sem vida no bolso, tenho a mesma sensação. Está revigorante ficar aqui completamente sozinho, sem nada para me distrair da tarefa em curso. Na verdade, não *há* nenhuma tarefa em curso, a não ser voltar ao ancoradouro. Não só ninguém pode me contatar, mas, e isso também é incrível, não posso clicar em alguns botões e criar ocupações para mim. Se meu telefone estivesse funcionando, eu estaria pendurado nele com minha mulher, Martha, dizendo que estarei em casa daqui a vinte minutos, embora ela não precise muito saber disso. Eu contaria como acabei caindo na água e daríamos uma boa risada.

Após anos de tanta conexão, estou acostumado a compartilhar todos os pensamentos e todas as experiências de forma impulsiva, na mesma hora, com tudo e todos que me vêm à cabeça. Por que *não*, já que estão todos por perto? Esqueci que algumas informações são como vinho, ficam melhores se repousarem um pouco.

Piloto com um dedo, observando os pássaros descerem para o café da manhã. *Ah, que manhã bonita, ah, que dia lindo.* Tá bom, não estou de fato cantando, mas poderia estar. Será que todo esse entusiasmo repentino é só por causa de um celular pifado? Não, estou feliz, antes de tudo, porque estou na água em um belo dia de primavera. Mas esse humor tem uma característica especial, uma tranquilidade na maneira como pensamentos e sensações vêm e vão, e até mesmo em como meu corpo se sente. É um tipo *mais feliz* de felicidade, que me lembra daqueles primeiros sabores de independência no velho mundo pré-digital. O livrinho de autoajuda tinha razão – *como é fresco o ar que respiramos quando tomamos posse de nossa própria individualidade, de nossa própria integridade!*

Como tantos outros, submeti-me obedientemente, permitindo que a conectividade digital reformulasse minha vida sem questionar se aquele era mesmo o tipo de vida que eu queria. Quanto mais conectado, mais ocupado eu me tornava, cuidando de todas as pessoas, informações e tarefas que os aparelhos trazem ao nosso alcance. E isso tinha dois efeitos negativos diferentes. Primeiro, como os intervalos entre minhas tarefas digitais desapareceram, o mesmo aconteceu com as oportunidades de profundidade. A vida diante da tela se tornou mais corrida e superficial, um engarrafamento de trânsito mental contínuo. Segundo, por passar tanto tempo na esfera digital, fiquei menos capaz de desfrutar da minha própria companhia, além dos lugares e das pessoas à minha volta.

A mesma ferramenta que acrescentou profundidade às minhas experiências agora a estava subtraindo. Foi só quando a tal ferramenta se tornou inútil que senti a balança virar. Quando meu telefone pifou, um espaço se abriu entre mim e o resto do mundo, um espaço no qual minha mente podia se acalmar. Era uma versão acidental do espaço para onde fui depois de ligar para minha mãe e um lembrete de como esse lugar é importante. Naquela manhã eu fui eu mesmo outra vez, livre de uma forma como quase não me sentia mais. Isso é que é vida.

Mesmo assim, a mensagem contrária vinha de todas as direções: Conecte-se! Conecte-se! Uma revolução estava em andamento e as pessoas dormiam em filas para estar na linha de frente. Um dia, parado em uma esquina do centro de Manhattan, esperando o sinal fechar, percebi que os oito ou dez outros pedestres parados ao meu lado estavam *todos* olhando para telas. Lá estavam eles, no coração de uma das maiores cidades da história da civilização, cercados por um rico conjunto de paisagens, sons e rostos, e eles fugindo e se isolando disso tudo.

Quando uma multidão adota um ponto de vista *en masse*, todo pensamento crítico para. O dogma maximalista é especialmente difícil de desafiar porque lida o tempo todo com a ideia de juntar-se à multidão e, portanto, se autorreforça. Ele foi inexorável, causou a sensação de que quem não fosse atrás do trio elétrico digital e continuasse lá seria deixado pra trás. A pesquisa mencionada anteriormente, a qual previa uma migração enorme da espécie humana para a vida hiperconectada, incluía essa advertência severa à comunidade empresarial do mundo todo: "Se as empresas não lidarem com tal migração, serão esmagadas". Quem quer ser esmagado? Além disso, as tecnologias *são* notáveis. Ter dúvidas passou a ser retrógrado, algo como compartilhar a sorte dos pessimistas da tecnologia, lançando um voto contra o futuro.

Nossas próprias percepções e sentimentos raramente são tão particulares quanto acreditamos. O pensamento solitário que tivemos às 3 horas da manhã acaba sendo o pensamento solitário de todo mundo, só não o percebemos naquele momento. A partir de quando comecei a questionar minhas próprias crenças maximalistas, tive provas de que não estava sozinho. Nos canais de notícia que costumo acompanhar, os mesmos que aclamavam a

O BlackBerry de Hamlet :)

revolução e promoviam as ferramentas digitais como salvação, histórias sobre os fardos da ultraconexão começaram a aparecer com frequência cada vez maior. Elas não apareciam em banners no topo da página principal nem eram as mais comentadas do newcast. Era preciso procurar por elas nas páginas anteriores, descer a barra de rolagem ou esperar pela segunda parte do show. Normalmente, haveria um estudo ou levantamento novo indicando que a vida diante das telas estava cobrando um tributo não reconhecido até então. Alguns desses relatos eram tão intrigantes que dei vários cliques e descobri as fontes dos materiais, que tendiam a ser superficiais e inconclusivas. Mesmo assim, o que importa é que outras pessoas estavam percebendo o mesmo que eu estava percebendo.

Os problemas apareciam em três pontos diferentes, mas relacionados: (1) na vida interior de certos indivíduos, sobre os quais os especialistas descreviam perturbações psicológicas e emocionais muito mais sérias do que as que eu enfrentei; (2) na família e nas relações pessoais, pois o tempo diante da tela estava substituindo o tempo cara a cara; e (3) nas empresas e em outras organizações, onde funcionários distraídos passam do limite. Vamos analisá-los separadamente.

Desde o princípio da informática, houve preocupação quanto aos efeitos que essas tecnologias teriam na mente humana. No começo da década de 1970, o futurista Alvin Toffler cunhou o termo "sobrecarga de informação" para sintetizar o que ele acreditava que aconteceria com a consciência humana conforme as tecnologias conectivas trouxessem o mundo para nossa soleira mental.[4] Na última década, a expressão ganhou novo contexto, especialmente com relatórios divulgados na mídia sobre novos problemas e comportamentos psicológicos que alguns especialistas atribuem à sobrecarga digital. Isso inclui o transtorno do déficit de atenção e hiperatividade (TDAH), uma doença relacionada com a assim chamada ruína da infância moderna. De acordo com Edward Hallowell, o primeiro psicanalista a descrever a situação, TDAH é "como um congestionamento de trânsito na sua mente". Os sintomas incluem "distração, cansaço, um sentimento de 'preciso ir, estou com pressa, preciso correr' e decisões impulsivas, pois há coisas demais para fazer".[5]

Várias outras doenças foram relacionadas à sobrecarga, inclusive atenção parcial contínua,[6] definida como o estado mental no qual "a maioria da atenção está na tarefa principal, mas o sujeito também monitora várias tarefas de fundo, para o caso de alguma coisa mais importante ou interessante aparecer". Apneia de e-mail, por sua vez, é "uma forma de perder o fôlego ao checar os e-mails que, em casos extremos, leva ao aumento de doenças ligadas ao estresse". Há também um distúrbio de vício em internet[7] e, do lado cômico do espectro, a nomofobia, "o medo de ficar sem telefonia móvel".[8]

Doenças novas, recém-nomeadas, sempre despertam suspeitas, trabalhadas como frequentemente são, para chegar à cobertura de mídia pela qual aprendemos sobre elas. Para o nosso propósito, se elas realmente existem como fenômeno patológico não vem ao caso. O fato é que a mídia disponibiliza todo dia, mais do que tudo, uma radiografia da consciência coletiva, que nada mais é do que a soma dos nossos medos e das nossas esperanças individuais. Quando a taxa de criminalidade é uma preocupação, as manchetes ficam cheias de *serial killers*. Assim que as mudanças climáticas começaram a fazer parte do conhecimento público, toda tempestade era um sintoma. Do mesmo modo, essa erupção de neuroses digitais reflete a preocupação que quase todo mundo sente diante da atração implacável da tela. Colocar um nome com ares científicos nisso é uma forma, embora artificial, de se sentir no controle. Tanto quanto a criminalidade e a mudança climática, isso não significa que o problema em pauta seja ilusório. Nomofobia pode soar engraçado, mas o desafio da nova correria não poderia ser mais real.

A luta interior está tendo um impacto dramático nos nossos relacionamentos pessoais e familiares. Se aprendemos alguma coisa na última década sobre tecnologia e interação humana é que, quanto mais o tempo diante das telas aumenta, mais a interação humano-humano diminui. Nos deparamos com essa verdade todos os dias, nos pequenos momentos, quando nossa comunicação com os outros é interrompida e fragmentada pela tecnologia. A conversa interrompida pelo toque do telefone de outra pessoa. A voz que se perde, enquanto olhos e cérebro se direcionam para uma tela.

É irritante quando somos a vítima, mas você não faz a mesma coisa? Você está em um lugar real, com alguém muito importante; almoçando com um grande amigo ou colega, por exemplo, ou lendo um livro para uma criança. Aparentemente, você está presente e completamente envolvido. Mas sua

O BlackBerry de Hamlet :)

atenção é provisória, está à espera das próximas convocações do além. Não é necessário mais que uma leve vibração ou um bip, e lá vai você.

Já vi esse fenômeno tantas vezes na minha vida familiar que lhe dei um nome – o truque da família que desaparece. Estamos juntos na sala depois do jantar, nós três mais dois gatos e um cachorro, cada um aproveitando a companhia dos outros. Nossa casa é muito antiga e confortável, e a sala, que já foi um estábulo, com painéis escurecidos pelo tempo e vigas expostas, é ideal para esse tipo de reunião. No inverno, levamos os móveis para perto da lareira, o que é ainda mais aconchegante. É um lugar propício para passar o tempo.

Eis o que acontece em seguida: alguém pede licença para uma ida ao banheiro ou para tomar um copo de água e não volta. Cinco minutos depois, outro de nós sai fazendo uma alegação prosaica parecida, "preciso conferir uma coisa". O terceiro, agora sozinho, logo vai atrás, deixando apenas os animais, os quais, se podem pensar sobre essas coisas, devem estar se perguntando o que aconteceu com a esplêndida reunião que mal tinha acabado de começar. Para onde foram os humanos?

Para frente das telas, é claro. Para onde eles sempre vão hoje em dia. A multidão digital tem um jeito brusco de se interpor em tudo, a ponto de uma família não poder se sentar em uma sala por meia hora sem que alguém ou todo mundo dê no pé.

O que se perde nesse processo é tão valioso que não pode ser quantificado. Quando paramos para pensar, não é em função disso que vivemos, do tempo gasto com as outras pessoas, daqueles momentos que não podem ser traduzidos em uns e zeros e reproduzidos numa tela? Pois relacionamentos significam mais do que simplesmente estar com os outros no sentido literal, físico, isso é óbvio. Eles podem ser mantidos e alimentados a grandes distâncias, valendo-se de todo tipo de ferramenta digital. Por séculos as cartas cumpriram bem esse papel, permitindo que as pessoas desenvolvessem diálogos longos e elaborados que podiam ser mais íntimos e afetuosos do que conversas face a face.

O e-mail desempenha um papel análogo hoje, embora dediquemos menos pensamento e cuidado em mensagens de e-mail do que nossos ancestrais costumavam colocar em suas cartas. Em alguns programas de e-mail, o botão para começar uma nova mensagem diz "Compor", denotando um patamar de arte que meus e-mails não merecem. Eu simplesmente os bato

Na ponta da prancha

no teclado, um após o outro, quase nunca parando para considerar como estão ou mesmo para consertar a ortografia. Leio a maioria dos e-mails que recebo do mesmo jeito. A meta é quase *não* pensar, não parar e refletir. Eliminar os intervalos.

A pressa e a falta de cuidado com a comunicação na tela são condizentes com a redução da união física. Quando todo mundo está infinitamente disponível, todas as formas de contato humano começam a parecer menos especiais e significativas. Pouco a pouco, o próprio companheirismo se torna uma mercadoria barata, facilmente considerada sem valor. Uma pessoa é só mais uma pessoa e existem tantas, blá-blá-blá. Por que não trocar os poucos da sala pelos muitos da tela, onde todos os relacionamentos são achatados em um mosaico de fácil utilização, uma colagem humana que permite cliques sem-fim e nunca pede sua atenção total?

Em algum lugar lá dentro, nós sabemos que esse não é o caminho para a felicidade. Minhas memórias mais preciosas de infância, as que me fizeram ser quem eu sou e que me sustentam hoje, são de momentos quando um dos meus pais, avós, ou outra pessoa com quem eu me importava deixava tudo e todos de lado para ficar *só comigo*, para entrar no meu mundinho e me deixar entrar no deles. Na velha canção da banda The Doors, *Break on Through (to the Other Side)*, há um verso sobre encontrar um "país nos seus olhos". Nós não estamos mais visitando os países um do outro – estão se tornando terras estranhas. Conforme assistia o truque da família que desaparece se desenrolar e desempenhava meu próprio papel nele, às vezes sentia que o amor em si ou os atos do coração e da mente que constituem o amor estavam sendo dissolvidos pelas nossas telas para fora de casa.

Já tem acontecido há um bom tempo com as famílias em qualquer lugar e ninguém parece saber como acabar com isso. Vários anos atrás, a revista *Time* publicou uma matéria de capa sobre crianças e tecnologia que abria com este fragmento da vida diária:

São 9 horas e 30 minutos da manhã e Stephen e Georgina Cox sabem exatamente onde seus filhos estão. Bom, seus corpos, pelo menos. Piers, 14, está entocado no quarto – olhos grudados na tela do computador –, onde ele está conectado no bate-papo do MySpace e no AOL Instant Messenger (AIM) desde as últimas três horas. A irmã gêmea dele, Bronte, está plantada na sala, tendo confiscado o iMac do pai – como de costume. Ela também está ocupada com o IMing enquanto conversa no telefone celular e faz o

O BlackBerry de Hamlet   :)

dever de casa a prestações. Por todos os cálculos-padrão de tempo e espaço, os quatro membros da família ocupam a mesma casa de três quartos em Van Nuys, Califórnia, mas psicologicamente cada um existe em seu próprio universo.[9]

As engenhocas e os rótulos mudam com o tempo, mas a tendência continua a mesma: longe dos poucos e próximos, rumo aos muitos e distantes. Os pais, a revista concluiu, deviam ensinar aos filhos que "existe vida além da tela". Na verdade, a maioria dos pais não precisa ouvir isso e muitos tentam há anos. Eles não têm muito sucesso porque o nosso pensamento nunca foi além da noção vaga de que "existe vida" lá fora, de algum tipo indeterminado, que é boa para você, filho, confie em mim, e é melhor você ir atrás dela agora. Esse é o velho argumento coma-seus-legumes que nunca funcionou com geração nenhuma, além de ser uma abordagem bastante fraca desse problema.

As crianças não são estúpidas e são excepcionalmente boas em diferenciar o joio do trigo. Tudo o que elas veem e ouvem diz como a tela é o lugar onde está toda a diversão e toda a ação e onde se desenvolver e ser bem sucedido. Notícias ocasionais sobre o vício digital não são capazes de desfazer o efeito de milhares de outras que incensam o novo aparelho "indispensável", a rede social que *todo mundo* frequenta, e assim por diante. E os pais podem fazer sermão o dia inteiro, mas sua autoridade moral é amparada em sua própria vida. O que mamãe e papai sabem sobre essa suposta vida além das telas, se eles mesmos nunca ficam vinte minutos sem dar uma olhada no BlackBerry?

A empresa Nielsen relata que em um período de três meses os adolescentes americanos mandaram e receberam, cada um, uma média de 2.272 mensagens de textos por mês, o que foi mais do que o dobro em comparação ao ano anterior.[10] Isso foi encarado como chocante, tomado como causa da distração descontrolada na escola, das notas baixas e de vários outros problemas. O que é muito mais chocante é nós ficarmos chocados. *É claro* que as crianças estão mandando mensagens feito loucas. É claro que passam tanto tempo do dia amontoados diante das telas, que elas mal têm consciência da terceira dimensão (manchete real: "Garota cai em bueiro enquanto manda mensagem"[11]) e que estão cada vez menos familiarizadas com a natureza – distúrbio de déficit da natureza, é como está sendo chamado.[12] É assim que nós, adultos, as estamos ensinando a

Na ponta da prancha

viver, implícita e explicitamente, com uma convicção que elas não podem deixar de evitar.

O educador e escritor Lowell Monke compartilhou com seus alunos um estudo perturbador, que mostrava que muitos jovens preferem interagir com máquinas a interagir com seres humanos diretamente. No dia seguinte, um dos alunos lhe mandou um e-mail explicando talvez por que isso acontece: "Eu me sinto, sim, profundamente perturbado quando resolvo várias coisas com a ajuda de funcionários de banco, caixas, empregados dos correios e cabeleireiros sem NENHUM contato visual com eles! Depois de uma manhã horrível dessas, estou pronto para fazer tudo on-line".[13]

"Em uma sociedade na qual os adultos com tanta frequência lidam com os outros mecanicamente", Monke escreve, "talvez nós não devêssemos nos surpreender por nossos jovens estarem cada vez mais atraídos pelas máquinas." Acreditamos tanto nas telas que as colocamos no centro da nossa vida; então por que eles não podem fazer o mesmo? No mínimo, os jovens merecem distintivos de honra por darem o seu melhor para emular os valores e as normas de suas comunidades e dos mais velhos – por serem tão parecidos conosco.

Durante anos, o senso comum defendeu que eram os jovens, os chamados nativos digitais, que guiariam o caminho para o futuro conectado, com os adultos indo atrás, relutantes. Essa ideia foi baseada em estatísticas rígidas sobre o uso relativo de tecnologia por vários grupos de idade e em uma abundância de provas anedóticas. Os jovens sempre estão confortáveis com as novas tecnologias de suas próprias eras porque, para eles, os aparelhos não são "novos" no mesmo sentido em que são para quem se lembra do mundo sem eles. As crianças não se perturbam com as telas digitais do mesmo modo como seus pais não se perturbaram com as telas de TV décadas atrás: as engenhocas estavam lá, na frente deles, e faziam coisas interessantes – grande coisa. No entanto, assim como com a televisão cinquenta anos atrás, as crianças de hoje não compraram as primeiras telas que encontraram ainda aprendendo a andar. Essa revolução foi iniciada pelos adultos, e, se muitas pessoas mais velhas foram inicialmente mais lentas para adotar a vida digital em massa, o fizeram depois em ritmo impressionante. Em 2009, as pessoas acima de 35 anos já eram responsáveis pelo *boom* no uso das ferramentas digitais que estavam despontando na época, como o Twitter, desmentindo o paradigma da juventude.[14]

O BlackBerry de Hamlet   :)

No fim das contas, não se trata de nenhuma geração específica. A menina que mandou 300.000 mensagens de texto em um mês não virou notícia por ser nova ou por ser algum tipo de aberração. Ela virou notícia porque representou, de um jeito meio exagerado, como todos, independentemente da idade, vivem agora. Quando ouvimos alguém de meia-idade reclamando que "essas crianças" não dão um passo sem as telas e que mal sabem conduzir uma conversação cara a cara, eles estão falando de si mesmos. Todos mergulhamos até a obsessão em um modo muito particular de conectividade e nos afastamos de todos os outros. Por quê? Porque para compartilhar tempo e espaço com os outros no sentido mais amplo é preciso se desconectar da multidão global. É preciso criar um desses intervalos em que os pensamentos, os sentimentos e as relações possam criar raízes. E, para um bom maximalista, não existe nada pior que um intervalo.

Se existe onde se esperaria que o maximalismo não tivesse qualquer lado ruim, esse lugar fica na dimensão mais externa da vida, o mundo movimentado do trabalho e dos negócios. A sociedade de livre-mercado é em si mesma uma forma criativa de conectividade, na qual a meta é vender bens, serviços e ideias para o máximo possível de pessoas, visando colher as recompensas. Para prosperar no mercado, as empresas e outras organizações estão constantemente em busca de vantagens competitivas, acima de tudo na tecnologia. Desde o começo da era digital, está no evangelho da administração que um escritório nunca está conectado em demasia. Quanto mais os trabalhadores de uma organização estiverem antenados, em relação ao mundo exterior e uns aos outros, melhor será a posição deles para competir e se desenvolver. Em outras palavras, a busca por excelência pede a busca por conectividade.

Ultimamente, no entanto, ficou claro que não é tão simples assim. O que é verdade na nossa vida individual e familiar também é verdade no local de trabalho: a mesma ferramenta que dá, também tira. Mais uma vez, tudo tem a ver com o que a correria digital faz para a mente. O forte dessas engenhocas é nos possibilitarem realizar várias funções diferentes ao mesmo tempo e alternar rapidamente entre elas. Enquanto escrevi esta frase no meu laptop, por exemplo, além do editor de texto em que eu estava concentrado, havia outros sete aplicativos abertos, mais dúzias de processos internos trabalhando nos bastidores. Quando parei para checar meu e-mail, o computador fez habilmente a mudança de tela e num piscar de olhos voltou para o texto. Em um instante ele exibia meu texto conforme eu digitava as palavras; no outro, mostrava o que tinha na caixa de entrada do meu e-mail; e em seguida (já que a mensagem que eu estava esperando não havia chegado) voltou imediatamente ao texto, sem queda perceptível de desempenho.

A mente humana também pode fazer malabarismos com as tarefas, claro, o que explica como é possível nos sentarmos em uma lanchonete e ler um livro, enquanto degustamos uma xícara de café e ouvimos uma música agradável ao fundo, tudo ao mesmo tempo. No entanto, só podemos prestar atenção *mesmo* em uma coisa de cada vez. Se o livro prende nossa atenção, a música desaparece no fundo da nossa consciência e esquecemos de beber o café para descobrir, meia hora depois, que já está frio. E, ao contrário dos computadores, quando mudamos de tarefa – seja por opção ou por termos sido interrompidos – leva tempo para que nossa mente venha à superfície e se concentre na interrupção, e ainda mais tempo para retomar a primeira tarefa e se concentrar *nela*.[15]

Os psicólogos dizem que quando se abandona uma tarefa mental para responder a uma interrupção, seu envolvimento emocional e cognitivo com a tarefa principal imediatamente começa a declinar, e, quanto mais longa e dispersiva for a interrupção, mais difícil reverter o quadro. Segundo algumas estimativas,[16] recuperar a concentração pode levar de dez a vinte vezes a duração da interrupção. Então uma interrupção de um minuto pode demandar quinze para a recuperação. E isso apenas se voltarmos imediatamente à tarefa original; se acumularmos outras tarefas no meio do caminho, o tempo de recuperação se alongará ainda mais.

Voltando à lanchonete, digamos que, enquanto você lê um livro excelente, um amigo para a fim de dizer "oi". Assim que você começa a falar, o telefone toca e você pede ao amigo que espere um segundo enquanto atende. Enquanto fala ao telefone, a garçonete interrompe e oferece mais café. Ela segura a garrafa na frente da sua caneca à espera de uma resposta, quando então o alarme de incêndio do estabelecimento dispara. Em uma questão de minutos, você passou de três objetos de interesse em potencial (livro, música, café), com um deles destacadamente no centro, para sete objetos em potencial (livro, música, café, amigo, telefone, garçonete, alar-

O BlackBerry de Hamlet   :)

me de incêndio), sem *nenhum* no centro. A imersão no contentamento deu lugar à confusa insatisfação. Mesmo depois que as coisas se acalmarem de novo, o encanto estará quebrado e você provavelmente vai esquecer o livro.

O que isso tem a ver com escritórios e tecnologia? Essas duas hipóteses ambientadas em uma lanchonete representam o que aconteceu ao local de trabalho dos americanos nas últimas décadas, tendo em vista que as telas adicionaram inúmeras tarefas e distrações a cada baia. O trabalhador de escritório de 1970 tinha responsabilidades e ferramentas numerosas com as quais lidar, incluindo telefones com várias linhas que precisavam ser respondidos quando tocavam, pois não existia mensagem de voz. Mesmo assim, era um mundo relativamente desconectado, e o conjunto de tarefas competindo por atenção era muito menor do que é hoje. Então era mais fácil escolher uma e se ater a ela, enquanto as outras esperavam quietinhas nos bastidores. Hoje, graças às telas, executamos o tempo todo muito mais tarefas do que nossa mente pode executar. Achamos cada vez mais difícil nos concentrar em uma delas por mais de alguns minutos. Estima-se que interrupções desnecessárias e o tempo de recuperação que elas demandam comem uma média de 28 por cento do dia de trabalho.[17] Em baias de escritório de qualquer lugar, a existência cotidiana agora reflete o tempo todo o ataque livro-música-café-amigo-telefone-garçonete-alarme-de-incêndio.

Quando está acontecendo ao vivo, a aparentemente inofensiva alternância de telas por meio de clique para clique para clique não parece tão significativa. Nós nos distraímos do que estamos fazendo a cada cinco minutos para checar a caixa de e-mails – e daí? Para entender por que é, sim, significativo, é preciso não pensar tanto no que estamos fazendo quando clicamos, mas sim no que não estamos fazendo. Em primeiro lugar, não estamos trabalhando com a eficiência com que poderíamos por causa do tempo que é desperdiçado com perda e retomada de concentração. O trabalho digital parece acontecer na velocidade da luz, mas só porque associamos a velocidade das engenhocas com a velocidade dos nossos pensamentos. Na verdade, é o modo como as telas nos permitem mudar rapidamente *entre* tarefas que acaba retardando nossa execução das tarefas em si, devido ao problema com a recuperação. Trata-se de uma eficiência falsa, uma grande ilusão.

E ineficiência não é o pior de tudo. Quando o trabalho não passa de sair disparando pelas telas, nós *não* estamos fazendo algo que é ainda mais valioso do que pensar com rapidez: pensar com criatividade. Dos muitos

Na ponta da prancha

dons da mente, o mais notável é o seu poder de associação, a habilidade de ver novas relações entre as coisas. O cérebro é o mais incrível aparelho de associação já criado, com seus aproximadamente 100 bilhões de neurônios podendo se interconectar em pelo menos 1 quatrilhão de formas diferentes – mais conexões do que o número de estrelas no universo conhecido.[18] Os aparelhos digitais são, de certo modo, um tremendo presente para o processo associativo porque eles nos ligam a uma infinidade de fontes de informação. O potencial que eles guardam para descobertas e sínteses criativas é de tirar o fôlego. Entretanto, a melhor criatividade humana só se manifesta quando temos tempo e espaço mental para pegar um pensamento novo e segui-lo para onde quer que ele leve. William James uma vez contrastou "a atenção contínua do gênio, grudado em seu objeto por horas a fio" com a "mente comum", que salta de um lugar para o outro.[19] Gênios são raros, mas ao usar as telas como usamos agora, pulando o tempo inteiro, garantimos que todos teremos menos momentos engenhosos e traremos menos criatividade associativa para qualquer tipo de trabalho que façamos.

No entanto, mesmo que essas ferramentas, que foram pensadas para tornar o local de trabalho mais eficiente e os trabalhadores mais produtivos, estejam tendo o efeito oposto, as empresas continuam voltadas para a conectividade, incapazes de alterar sua fé na abordagem maximalista. Uma das observadoras mais argutas da vida digital, a cartunista Jen Sorensen, capturou o absurdo desse ciclo em uma de suas tiras da série *Slowpoke* intitulada "Pequena empresa encontra o vórtex virtual".[20] No primeiro quadrinho, uma empresária aparece ansiosamente anotando um pedido ao telefone. "Uma dúzia até o meio-dia?", ela diz. "Pode deixar!" A legenda: "No começo, você fazia o seu trabalho e era bom". O segundo quadrinho traz "Agora você precisa de um website", e vemos nossa empresária com sua tela, orgulhosamente lançando o novo website da empresa. No terceiro quadrinho, ela adiciona um blog. No próximo, ela se cadastra em redes sociais e, como se não fosse o bastante, posta pequenas atualizações sobre seu status ao longo de todo o dia, como "Não percam meu tuíte das 11h27 hoje!" No quadrinho seguinte ela encara a tela com um ar confuso. "Espera aí...", ela reflete, "esqueci o que eu faço da vida!!" No fim, dois alienígenas são mostrados espiando a Terra de uma nave espacial. "HA HA!", eles dizem. "Logo os humanos interromperão toda a atividade criativa, então poderemos invadir!"

O BlackBerry de Hamlet   :)

Por anos as empresas não viam ou fingiam que não viam esse tipo de problema. Elas finalmente prestaram atenção quando começou a fazer diferença nos resultados finais. Um estudo desenvolvido pela Basex, uma empresa de ponta que faz pesquisas focadas em questões de tecnologia no local de trabalho, revelou que os trabalhadores gastam mais de um quarto do dia lidando com distrações.[21] Como resultado, a empresa concluiu, os negócios estão vendo "queda na produtividade e inovação estagnada". Em 2009, a Basex estimou que a sobrecarga de informações era responsável por perdas econômicas de 900 bilhões de dólares por ano.

Enquanto esses e outros fatos chocantes emergiram, a indústria da tecnologia, normalmente vista como um dos grandes motores da prosperidade, se encontrou interpretando o papel pouco habitual de vilão econômico. Tendo criado as ferramentas que nos trouxeram esse abacaxi – e, não por acaso, tendo assistido suas próprias forças de trabalho lutarem contra ele todo dia –, ela percebeu que a responsabilidade era dela. Alguns anos atrás, preocupados com tudo isso, executivos de algumas das maiores empresas de tecnologia, incluindo Microsoft, Google, Xerox e Intel se reuniram com acadêmicos, consultores e outras partes interessadas e formaram um grupo sem fins lucrativos chamado Grupo de Pesquisas sobre Sobrecarga de Informação. Sua missão era conscientizar as pessoas sobre a questão e propor soluções para "o maior desafio de produtividade do mundo".[22] O *New York Times* noticiou a fundação do grupo na primeira página "Perdidos no e-mail, empresas de tecnologia encaram o monstro que criaram".

Passamos tanto tempo dando duro para ganhar dinheiro e equilibrar as contas que às vezes parece que a vida não passa de trabalho. Mas o desafio do qual estamos falando não é fundamentalmente financeiro ou organizacional; é um desafio humano que afeta tudo o que os humanos de hoje fazem. O indicador mais convincente não é uma cifra em dólares ou uma estatística de produtividade, mas um sinal alto e claro vindo do lugar onde a indústria humana começa: de dentro da nossa cabeça. Há um sentimento, um impulso que agora aparece com regularidade em todos os tipos de situação, pessoal ou profissional. É o desejo de se recompor, de dar um tempo da multidão digital.

Essa ideia está nos comentários cansados de amigos, vizinhos e colegas sobre as caixas de entrada de e-mail entupidas e os filhos que não podem

Na ponta da prancha

ser arrancados da frente das telas. Está na imensa popularidade da ioga e de outras práticas de meditação, que agora funcionam como trégua útil, embora temporária, da correria digital.

Está no movimento Slow Life – comer devagar, criar os filhos sem a preocupação com o tempo, viajar sem pressa –, com sua valiosa mensagem de que tudo ficou simplesmente rápido demais.

Está no vagão *quiet car** do trem e na placa na caixa registradora, na qual lemos os dizeres: "Ficaremos felizes em atendê-lo depois de terminar sua conversa no celular".[23]

Está no arremesso de telefones celulares, um "esporte" internacional inventado por alguns finlandeses brincalhões como "uma liberação mental simbólica do jugo repressor de estar sempre ao alcance".[24] O campeonato mundial anual atrai atenção da mídia extravagante, mas as matérias tendem a deixar de lado um fato revelador: a Finlândia está entre os países mais conectados da Terra. Parece que, quanto mais conectados, mais pesada é a carga a carregar.

Nem todos podem se dar o luxo de jogar suas ferramentas fora; então, a segunda melhor coisa a fazer é fugir delas. Daí o interesse crescente em "férias desconectadas" e em viagens para lugares completamente remotos. "Você não vai encontrar televisão, telefone ou conexão sem fio em nenhuma das 22 cabanas em Petit St. Vicent, um *resort* idílico em uma ilha particular nas Granadinas", informa uma revista de viagens de negócios.[25] "O que você vai descobrir são extensões de vazio, praias brancas imaculadas, salpicadas de redes, árvores com muita sombra, e uma enormidade de cantos tranquilos onde se entregar a um bom livro". As pessoas ainda podem usar seus smartphones na ilha – em um mundo de tecnologia sem fio, nada é tão fácil de banir quanto parece – mas o proprietário considera isso "um erro terrível". Em uma outra ilha, um *resort* tem uma solução diferente para esse problema: um pacote "Férias Isoladas" que oferece "uma escapada de sete noites" por 999 dólares, com a condição de que, ao se registrar, você entregue seus aparelhos de tecnologia portátil para a equipe, para que eles fiquem trancados durante a semana.

---

* O *quiet car* é um vagão especial, no qual não é permitido falar no celular, ouvir música ou falar alto. Foi criado em 2001 pela Amtrak, empresa nacional de transporte ferroviário dos EUA. (N. do E.)

O BlackBerry de Hamlet :)

Com a conectividade beirando a onipresença, distância física deixou de garantir o isolamento. Essa é uma mudança importante, para a qual ainda não adaptamos nossa mente. Percebo quando nossos amigos que vivem em áreas metropolitanas conturbadas dizem como eles invejam nossa vida "desconectada" em um lugar isolado. Um deles, uma nova-iorquina que visita o Cabo todo verão, reclamou para mim sobre as horas sem fim que os filhos dela passam mandando mensagens e jogando em frente às telas em sua cidade. "Você tem sorte", ela disse, "não têm esse problema em Cape Cod". Ah, não? Não importa se sua casa é um apartamento barulhento e urbano, sem elevador, ou uma cabana exótica numa ribanceira perdida. Se você tem uma tela e o sinal funciona, sua mente está no mesmo "lugar sem lugar". Mesmo assim, o fascínio pela vida longe-de-tudo permanece, como se quiséssemos trazê-la de volta à tona.

Querer não é o suficiente. Imagine que você acordou um dia e descobriu que seus bens mais preciosos – digamos, um quadro que sempre esteve em determinada parede da sua sala e trouxe felicidade toda vez que olhou para ele – foram roubados. Você o quer de volta, é claro. Você sonharia em recuperar o quadro, na esperança de que só sonhar o devolveria magicamente para a parede? Ou tomaria alguma providência? Tagarelamos o tempo inteiro sobre os méritos relativos dos nossos muitos aparelhos digitais, quais são mais rápidos e mais práticos, mas quase não abrimos o bico sobre o que eles levaram embora e o que podemos fazer para recuperar essas coisas. É difícil falar sobre esses bens perdidos porque são intangíveis e amorfos. Sentimos falta ante uma ausência, ante demandas e distrações, mais do que diante de uma presença. Como pegar de volta algo que não conseguimos sequer descrever?

Estamos todos no mesmo barco e precisamos do que descobri, por acidente, quando caí do meu. O problema é: nós também queremos e precisamos dos nossos aparelhos. Uns dias depois do meu contratempo em What Larks!, comprei um celular novo. Claro que comprei. Não tinha interesse nenhum em ser banido do mundo e, falando de um modo prático, nem poderia ser. Além disso, meu telefone também é uma fonte de felicidade.

Benefícios espetaculares e custos enormes nas mesmas ferramentas. Se pudéssemos encolher estes e aumentar aqueles, o potencial da vida neste mundo conectado não teria limites. As telas seriam instrumentos de liberdade, crescimento, e do melhor tipo de união, como devem ser. A questão é: como será possível fazer isso?

4

Pseudossoluções

O problema de não levar a sério

Pouco tempo depois que os executivos de tecnologia fundaram o Grupo de Pesquisas sobre a Sobrecarga de Informação, sem fins lucrativos e com a meta explícita de combater a conectividade digital excessiva, a Microsoft lançou uma nova campanha publicitária. Mostrava Bill Gates, o presidente da Microsoft, anunciando os produtos da empresa em uma série de sátiras divertidas com o comediante Jerry Seinfeld.

"Bill, você está conectado a bilhões de pessoas", Seinfeld diz em um dos esquetes. "Não consigo parar de pensar em que isso vai dar. Um sapo com e-mail? Um peixinho dourado com website? Uma ameba com blog?"

Gates insinuava que os palpites dele não estavam muito equivocados. Aí então a tela ficava vazia, para em seguida surgir um *slogan* de duas palavras: PERPETUAMENTE CONECTADO. Não conectado moderadamente ou o suficiente, não conectado com parcimônia ou de acordo com as necessidades, mas conectado perpetuamente, sem parar, sem pausa. Ao mesmo tempo em que a indústria da tecnologia recebia atenção da mídia e aplausos por finalmente reconhecer que passar o tempo todo conectado às telas é uma péssima ideia, a Microsoft dava as costas e oferecia aquela mesma ideia como sua missão e, por insinuação, como nossa também.

Esse tipo de coisa acontece o tempo todo com indústrias cujos produtos podem ser viciantes ou, em outras palavras, perigosos. A indústria de bebidas alcoólicas se posiciona inflexivelmente contra o alcoolismo e diz isso em campanhas de utilidade pública, ao mesmo tempo que gasta bilhões de dólares nos encorajando a beber. Com as biritas, pelo menos há uma diferença genuína entre incitar ao álcool, o que a indústria faz, e incentivar o alcool*ismo*, o que não acontece. Ao promover um estilo de vida

O BlackBerry de Hamlet   :)

de conectividade sem fim, as empresas de tecnologia (e a Microsoft não está sozinha nisso de maneira alguma) encorajam o extremo que faz mal, o equivalente digital do alcoolismo. Manter-se conectado perpetuamente é igual a voltar-se para fora perpetuamente e ninguém sabe melhor disso do que aquelas empresas. Em estudos de sobrecarga no local de trabalho, as estatísticas e anedotas mais chocantes – funcionários tão distraídos que mal conseguem pensar – vêm do setor de tecnologia.

O mesmo duplipensar digital prevalece na mídia, um setor que deveria supostamente contar as coisas como são e esclarecer as confusões em questões públicas importantes. Nos últimos anos, as agências de notícias têm coberto com obediência o que anda sendo apropriadamente chamado de Era do Excesso de Informação. Embora quase nunca recebam muito destaque, esses artigos às vezes são matéria-prima para o noticiário até dos veículos mais pró-tecnologia. O Wired.com, por exemplo, advertiu em uma manchete que "A sobrecarga digital está fritando nosso cérebro".[1]

Ao mesmo tempo, a indústria jornalística incentiva a conectividade sem fim com tanto afinco quanto qualquer titã do Vale do Silício e pela mesma razão: os negócios pedem. Eles precisam de público para os produtos e, quanto maior o público, melhor. Se 2 milhões de pessoas visitam seu website uma vez por dia por dez minutos cada, isso é muito legal. Se esses mesmos 2 milhões ficarem grudados nele sem lembrar do relógio, clicando o tempo inteiro nos últimos conteúdos e atualizações, fazendo pausas apenas para as refeições e para o banho, é excelente! Isso significa grana! Por isso, os mesmos veículos que divulgam os riscos da sobrecarga também a promovem, às vezes simultaneamente.

"Cuidado", era como começava um artigo do colunista da "Era da Informação" do *Wall Street Journal*, L. Gordon Crovitz.

> Em média, nos escritórios os funcionários mudam de atividade a cada três minutos, normalmente porque são distraídos por um e-mail ou por uma ligação telefônica. Leva-se, então, quase meia hora para voltar para a tarefa, uma vez que a atenção foi perdida [...] Considere o restante deste artigo como um teste de oitocentas palavras para sua habilidade de manter a atenção.[2]

Era um texto inteligente, pois articulava bem o caso para uma abordagem nova, como também elogiava os líderes da tecnologia por seu esforço

Pseudossoluções

sem fins lucrativos. "É estimulante que as empresas que mais lidam com informação tentem superar sua própria sobrecarga." Enquanto lia isso na edição digital do jornal e tentava encarar o desafio de oitocentas palavras, meu olho foi sugado para um boxe colorido no lado direito da tela, onde um "anúncio da casa" (ou seja, do próprio jornal) brilhava com a seguinte mensagem: PERMANEÇA CONECTADO 24 HORAS POR DIA, 7 DIAS POR SEMANA, VIA NEWSLETTERS E ALERTAS POR E-MAIL... REGISTRO GRÁTIS. INSCREVA-SE HOJE". É isso, *clique aqui para mais sobrecarga*. Os colunistas não têm controle sobre os anúncios publicitários, mas, para o leitor, a dissonância é difícil de ignorar, um eco do seu próprio conflito interno.

Num programa matutino de rádio, *The Takeaway*, o apresentador, John Hockenberry pediu aos ouvintes para compartilharem como eles escapam das distrações dos aparelhos. "Conte suas histórias de concentração", disse ele, indicando um endereço na internet para postar os relatos.[3] Então se, como eu, outras pessoas estavam bastante concentradas na transmissão – nada combina tanto com café da manhã como um bom programa de rádio –, elas deveriam procurar a tela mais próxima e diluir essa concentração para compartilhar com o mundo... como elas se concentram! Por um momento, fiquei tentado. Havia uma tela a alguns passos de distância e eu estava bem ciente de que, enquanto digitasse meus pensamentos sobre concentração, poderia dar uma escapada e espiar a caixa de entrada do e-mail. Só para conferir, sabe? "Acho que todos estamos correndo o risco de ficarmos presos ao telefone celular", dizia um ouvinte em um comentário provavelmente feito pelo celular.

E assim o cachorro vai correndo atrás do próprio rabo. E é fácil entender por quê. O que um gigante da tecnologia deveria fazer? Espalhar anúncios instando o público a diminuir seu contato com a tecnologia? Claro que não. Nenhuma empresa de notícias em sã consciência vai dizer: "Venha para o nosso website – mas não muito, ok?" E é ótimo que um programa de rádio promova uma discussão sobre concentração. Nós *deveríamos* falar mais sobre o assunto e trocar ideias. Há jeito melhor para isso do que digitalmente? A tela é, de longe, o melhor lugar para divulgar uma mensagem hoje em dia e não há nada de errado nisso. Se a mensagem é que as pessoas estão passando dos limites com as telas, então é preciso estar lá, pois é lá que estão os mais atingidos pelo problema.

A retórica sobre esse tema é contraditória. Quando a palavra "CrackBerry" esteve em voga alguns anos atrás, aqueles que a pronunciavam com

O BlackBerry de Hamlet :)

mais frequência e raiva eram os próprios viciados. A questão é por que a defesa da ideia de que estamos exagerando com as telas não tem provocado nenhuma mudança visível.

Não é como se ninguém tentasse. Conforme a consciência do dilema foi crescendo, o mesmo aconteceu com a busca por soluções. Mais uma vez, o mundo empresarial abriu o caminho, porque, como um pesquisador da IBM explicou, "há uma vantagem competitiva em descobrir a quem direcionar esse problema".[4] Até agora as ideias partiram de duas vertentes.

A primeira é o antiquado controle do tempo, a noção de que alguém pode impor ordem ao caos digital escolhendo algumas horas do dia e alguns dias da semana para certas tarefas. Por exemplo, algumas pessoas checam os e-mails apenas em horários específicos do dia, por exemplo às 9, às 13 ou às 17 horas. Algumas empresas aplicaram a abordagem do controle de tempo amplamente, com hiatos de tempo diante das telas em toda a instituição, como sextas-feiras sem e-mail. A meta não é apenas desencorajar o excesso de tempo diante da tela, mas também encorajar interações cara a cara, que costumam ser mais eficientes e produtivas do que correntes de e-mails longas e cheias de destinatários. Se todo mundo estiver desconectado na mesma hora, é mais provável que alguém se anime a sair da sua baia para falar o que quer ou precisa dizer.

Apesar de numerosos experimentos nessa linha, as soluções do controle de tempo não levantaram voo. Em muitos casos, os funcionários simplesmente trapaceiam para contornar as restrições. A razão pela qual é tão difícil fazer esses métodos funcionarem é que eles são basicamente dietas, mas, em vez de calorias, contam-se horas na tela. E, como qualquer dieta, parece muito mais viável na teoria do que na prática. Em um mundo onde todo mundo se empanturra de conexão, é preciso força de vontade para dizer: "Hoje não, obrigado". Além disso, as telas estão no coração da vida profissional *e* pessoal da maioria das pessoas; afastar-se delas, mesmo que durante metade do dia, significa ficar para trás em todos os aspectos.

A segunda vertente encara a própria tecnologia como resposta. Nesse caso a solução abrange simples trocas de software, o que permite que qualquer um bloqueie o acesso à própria caixa de entrada de e-mails, mostre para os outros que está indisponível no momento, ou elabore filtros e "assistentes digitais", programados para analisar a importância relativa das mensagens e deixar as trivialidades de lado. Essas opções também estão por

Pseudossoluções

aí há anos, em alguns casos disponíveis de graça na internet. Mesmo assim, quantos de nós as adotamos?

A abordagem tecnológica tem alguns pontos fracos. Um é que ela se concentra demais nos sintomas – muitas mensagens e outras tarefas na tela – sem chegar perto das fontes. É bom ver apenas as mensagens que o robô do e-mail considerou importantes, mas isso não significa que as menos importantes deixam de existir ou que elas não precisarão de atenção depois; isso tampouco vai impedir que o mundo mande mais. E, embora os filtros reduzam a carga aparente de tarefas, não fazem nada quanto à demanda que você mesmo gera. Digamos que você instala um filtro de e-mails que consegue esconder suas mensagens de baixa prioridade e lhe dá um ganho de meia hora por dia, em média. O que impede que você gaste esse tempo extra criando mais mensagens, zapeando pelas manchetes ou pelas suas ações ou naquele blog de beisebol no qual você é viciado? A conectividade começa em casa e, vamos encarar, somos nossos piores inimigos.

Outro ponto fraco do caminho tecnológico é ser baseado na suposição, muitas vezes errada, de que dispositivos para economizar esforços realmente economizam esforços. Se a era digital nos ensinou alguma coisa é que uma tecnologia nova costuma criar mais esforço do que economizar. Ao instalar um assistente para monitorar seu e-mail, quem vai monitorar o assistente, ajustar as configurações, excluir os arquivos rejeitados, atualizar o software e desempenhar todas as outras tarefas de tempo intensivo que a vida diante da tela pede? Supondo que você não tenha uma equipe de assistentes às suas ordens, acho que esse serviço caberá é a você mesmo.

Algumas das tecnocuras para a sobrecarga parecem feitas para piorar tudo. Há um software que pode monitorar a atividade do teclado e do mouse de um funcionário e isso é usado para medir quando ele ou ela pode ser interrompido(a). O pressuposto é que quem não está digitando ou clicando não está fazendo nada de importante. Só sentar e pensar não conta como trabalho de valor, embora seja nesse estado de devaneio sem rumo que as melhores ideias tendam a aparecer, os magníficos momentos "eureka". Outra ideia amplamente divulgada é aumentar o ritmo em que processamos as informações digitais, atulhando mais conteúdo por minuto. Por exemplo, há uma ferramenta que mostra as mensagens de e-mail palavra por palavra "para altas velocidades de leitura que podem chegar a

O BlackBerry de Hamlet   :)

até 950 palavras por minuto".[5] Talvez isso seja possível, mas alguém acredita mesmo que tal medida possa ajudar a pensar ou refletir?

Como se tivessem percebido que mais tecnologia não é a resposta, algumas pessoas sugeriram que, em vez disso, deveríamos descarregar nossos fardos digitais em outros seres humanos. Um livro popular de autoajuda recomendou a terceirização do controle dos e-mails e a realização de outros trabalhos duros para assistentes pagos, vindos do mundo em desenvolvimento, como o próprio autor fez, contratando algumas pessoas da Índia.[6] "É a quarta manhã da minha nova vida de delegar tarefas", escreve Timothy Ferriss, "e, quando abro meu computador, a caixa de entrada do meu e-mail já está cheia de atualizações feitas pelos meus ajudantes de além-mar." Mais uma vez, note a correria sempre favorecida: a caixa de entrada cheia sendo tomada como medida de sucesso. Também soa como uma versão de-volta-para-o-futuro do Raj Britânico. *Seus downloads estão prontos, Sahib.* Já chega de tecnologia como libertação.

Todas essas tentativas visam à mesma meta louvável – uma vida profissional mais saudável – e todas têm a mesma falha básica. Estão procurando soluções exteriores para problemas interiores. A correria não usa nossa mente apenas como cenário, é nossa mente que orquestra a correria e permite que ela aconteça. Quando alguém menciona a mente hoje em dia, a maioria de nós pensa imediatamente no cérebro, embora não seja a mesma coisa. Quando falo para os amigos dos desafios da vida em rede, nove em dez vezes eles mencionam a neurociência, um campo que explodiu nos últimos anos graças a tecnologias de imagem que permitem aos pesquisadores observar o cérebro em ação. Hoje não existe jeito de causar melhor impressão do que começar uma fala com "De acordo com um novo estudo de neurociência...". Talvez, de acordo com o pensamento otimista, a resposta será encontrada lá.

Há uma grande parte de empolgação justificada quanto às últimas pesquisas neurológicas, muitas apoiadas em décadas de trabalho. Quanto à questão específica de como as novas tecnologias digitais afetam o cérebro, no entanto, não há muito corpo de conhecimento porque os aparelhos são recentes demais. Daí, a pesquisa ainda é muito preliminar e as descobertas, tímidas.

Parte do que nos leva às telas pode ser explicada pelos conceitos da evolução. O cérebro humano detecta e responde a novos estímulos.[7] Quando tomamos consciência de algum evento ou objeto novo nos arredores, o "sistema de recompensa" do cérebro é ativado, o que envolve o uso de

74

Pseudossoluções

moléculas neurotransmissoras na forma de dopamina. Alguns pesquisadores teorizam que se trata de uma herança dos nossos ancestrais pré-históricos, cuja sobrevivência em um mundo perigoso dependia da capacidade de detectar riscos (como predadores) e oportunidades (uma refeição em potencial) em seu ambiente próximo e responder rapidamente. Hoje, os estímulos que recebemos do nosso meio são diferentes – em vez de animais selvagens escondidos nas árvores, estamos alertas para os barulhos de mensagens novas –, mas o efeito bioquímico é hipoteticamente o mesmo. Quando o celular se ilumina, indicando uma nova chamada, recebemos, nas palavras de um cientista, um "jorro de dopamina".[8]

Claro, há uma diferença crucial entre 100.000 anos atrás e hoje. No mundo primitivo, quando a vida transcorria devagar, faria mais sentido ter sua atenção administrada assim. Nossa sobrevivência não depende de que prestemos atenção a toda informação que cruze o nosso caminho dia e noite, por intermédio das telas. Um vídeo viral não pode comer alguém no jantar como um leão pode e, caso alguém ignore o e-mail que chegou três segundos atrás, tem boas chances de continuar vivo. Mesmo assim, como sabemos, é difícil resistir ao impulso. Na verdade, de acordo com a teoria, ao nos alimentarem com um fluxo constante de distrações e novidades em intervalos cada vez menores, nossos aparelhos tiram vantagens de certas estruturas antigas do cérebro. Isso pode explicar aquela sensação incômoda de que o impulso para a tela não é completamente racional, mas pré-consciente e automático.

É possível que nosso cérebro finalmente se adapte ao mundo digital e aprenda a administrar melhor todas essas atrações à nossa atenção. A plasticidade desse órgão e sua capacidade de mudança e de renovação são bastante conhecidas. No entanto, a plasticidade cerebral não é a panaceia que às vezes se dá a entender. Nossa capacidade de atenção tem limites básicos, baseados na quantidade de espaço cerebral que temos para o que é chamado de memória funcional. Para que essa parte fosse ampliada, seria necessária uma mudança *estrutural* muito mais significativa do que a renovação dos caminhos neurais. Então, apesar dos benefícios alardeados de várias bugigangas de "treinamento cerebral" sendo vendidas como soluções para problemas de atenção, a coisa não é tão fácil assim.

Além disso, não é o cérebro que está sobrecarregado, são os pensamentos e emoções que de alguma maneira surgem dentro da matéria cinzenta – a consciência, a mente.

O BlackBerry de Hamlet   :)

Cérebro e mente estão intrinsecamente relacionados, mas de maneiras que mal começamos a compreender. "Ainda mal temos uma pista de como o cérebro representa o conteúdo dos pensamentos e sentimentos", escreve o psicólogo Steven Pinker.[9] É a mente que define nossa vida, e sabemos bem pouco sobre como ela funciona. António Damásio, o neurocientista pioneiro que cunhou o termo "filme no cérebro" para descrever a consciência humana, observou que atualmente há uma "grande disparidade" entre nosso conhecimento de como o cérebro funciona, o qual está incompleto, e "a boa compreensão da mente, que alcançamos ao longo de séculos de introspecção e de esforços da ciência cognitiva".[10]

Não é só o hardware que conta, mas também o software, as ideias. As pessoas mudam o comportamento quando adotam uma nova forma de pensar sobre ele. Se assim o fazem mediante terapia, leitura, programa de doze passos ou qualquer outra fonte, a abordagem filosófica não é um mero mecanismo de controle, uma forma de carregar impulsos persistentes. Na melhor das hipóteses, trata-se de uma força profundamente criativa, uma forma de repensar e reformular alguns aspectos importantes da vida que estão trazendo problemas.

O que está trazendo problemas nesse exato momento são as telas. Temos dito que precisamos mudar os hábitos, mas, como nosso comportamento deixa claro, *não estamos levando isso a sério*. Se estivéssemos, viveríamos de outro jeito. Para levar a coisa a sério, temos que acreditar e, para acreditar, precisamos de ideias convincentes. Essas ideias podem não alterar a estrutura física do cérebro, mas isso não é necessário. Desde que elas mudem nossa mente, será o bastante, já que nosso comportamento seguirá naturalmente. As pessoas não vão mudar hábitos profundamente entranhados só porque a política da empresa diz que faz mal para as finanças ou porque um programa de software decidiu bloquear a caixa de entrada do e-mail. Mas, se houver algo valioso a ser ganho, mais valioso do que o que é ganho por ficar colado à tela, talvez elas mudem. Muitas das soluções para o problema da sobrecarga, que caíram no fracasso, se fossem baseadas em princípios e metas de peso, poderiam realmente funcionar.

O pensador do século xx Michel Foucault tinha um belo termo para ferramentas filosóficas que ajudam a melhorar e transformar a vida: tecnologias do eu. É disso que precisamos agora, de uma nova tecnologia do eu para o mundo digital.[11]

Eis um lugar por onde começar:

Desligue o computador. Você vai precisar desligar seu telefone e descobrir o que é humano ao nosso redor. Nada é melhor que segurar a mão do seu neto enquanto ele dá os primeiros passos.

Essas palavras não vieram de um frustrado adepto do luddismo tentando reprimir o progresso. O orador era Eric Schmidt, presidente e CEO do Google, em um discurso de formatura na Universidade da Pensilvânia na primavera de 2009.[12] Nesses tempos de conexão, essa seria uma declaração impressionante, não importa quem tivesse feito. Mas considerando que veio do líder máximo da empresa que, mais do que qualquer outra, definiu a nova conectividade, foi arrasador. O Google não é apenas uma ferramenta de busca, é uma enorme empresa de mídia e publicidade, cujos lucros estão ligados diretamente aos hábitos que as pessoas ao redor do mundo têm de permanecer diante de telas. Ao incentivar os jovens formandos na plateia – e, por extensão, todo mundo – a desligarem seus computadores, Schmidt promovia um comportamento que seria comprovadamente ruim para suas próprias finanças.

Um cínico diria que ele só estava bancando o orador nobre, sabendo que nossa fixação digital é tão profunda que seu conselho não teria efeito real. Que, como outras figuras da tecnologia que apoiaram ostensivamente a luta contra a sobrecarga, ele só estava jogando verde. Mas por que se incomodar em tocar no assunto – ele poderia ter falado sobre qualquer outra coisa – e por que de maneira tão franca e direta? "Desligue o computador" e "descobrir o que é humano ao nosso redor" são afirmações de um tipo muito diferente de "Vamos desenvolver soluções industriais para a sobrecarga de informação". Não é comum ouvir coisas desse tipo vindas de alguém na posição de Schmidt. Mas, sendo o mundo o que é, a citação rodou na mídia por um dia (Mandachuva da tecnologia diz que devemos ficar desconectados, irônico!) e *puf*, sumiu.

O que é interessante nisso não é tanto o conselho específico que Schmidt transmitiu – "desconecte-se" não é, nem de longe, um pensamento original –, mas as ideias que o embasavam. Ele estava sugerindo que, mesmo com todos os bons serviços que as telas nos prestam, existem experiências que elas não podem fornecer, e essas acabam sendo as mais importantes. Ele não usou a palavra "profundidade", mas é isso que ele disse que está perdido quando vivemos grudados nas telas e pelas telas. Seu simples incentivo para desligar a tela supõe que temos capacidade para reconhecer isso e o poder para mudar nossa relação com esses aparelhos. E que usar esse poder cabe

O BlackBerry de Hamlet   :)

a nós *como indivíduos*. Em tempos em que a multidão é tida como a fonte de toda autoridade e de todo significado – nós nos procuramos no Google para ver se fazemos diferença –, essas ideias são radicais.

Em termos práticos, ele disse que todo mundo precisa criar um intervalo entre si e a tela – o intervalo que acontece ao se desconectar. Quando fazemos isso, um milagre acontece. Recuperamos a melhor parte de nós e a melhor parte da vida, a parte humana. Esforços anteriores para solucionar essa charada, seja com a ajuda de dietas ou de aparelhos, também foram estabelecidos com base na necessidade de um intervalo. Mas eles não atingiam o incentivo interior, a razão para acreditar, que Schmidt indicou.

Todos temos experiências que apontam para a mesma direção, embora nós normalmente não as encaremos assim. Quando a ligação para minha mãe acabou, criou-se um intervalo que me levou para o mesmo lugar do qual ele estava falando. No meu caso, a experiência digital em si fez parte da minha viagem de volta para "tudo o que é humano". Mas não teria acontecido se eu não tivesse me desconectado da tela. No melhor dos cenários, seríamos capazes de encontrar um conjunto de ideias que nos ajudariam a encontrar o equilíbrio, de modo que teríamos doses saudáveis de ambos os tipos de experiência e uma dimensão enriqueceria a outra. Se fôssemos e voltássemos dela com mais frequência, a área digital inevitavelmente se tornaria mais humana. E essa não é a meta?

O tipo de ideia do qual estou falando, novas abordagens filosóficas sobre as telas, está ao nosso alcance neste exato momento em um lugar um tanto quanto improvável: o passado. Os "séculos de introspecção", que produziram tanta compreensão na mente humana e nos forneceram a melhor maneira de usá-la, também têm muito a ensinar sobre a relação entre mente e tecnologia. Embora costume parecer que estamos vivendo uma era completamente nova, diferente de tudo o que veio antes, essas transformações tecnológicas têm muitos antecedentes. A história está repleta de momentos em que uma nova invenção assombrosa de repente facilitou a conexão das pessoas pelo tempo e pelo espaço. E essas mudanças anteriores foram tão eletrizantes e confusas para aqueles que passaram por elas quanto as de hoje são para nós.

Novas formas de conexão sempre criam novos caminhos para a capacidade criativa e a prosperidade dos indivíduos e para o avanço coletivo da humanidade. Ao mesmo tempo, há um lado da vida, sobretudo da vida interior, que está se desequilibrando. Aconteceu no século XVI, depois do advento

Pseudossoluções

da imprensa, e mais uma vez no meio do século xix, quando as ferrovias e o telégrafo apareceram. Não faltam exemplos. A mente humana já fez uma longa viagem e ao longo do percurso sempre houve alguns indivíduos que alcançaram compreensões valiosas de como administrar melhor essa viagem.

Os sete filósofos sobre os quais você vai ler na próxima parte do livro viveram em eras que pareciam a nossa em alguns pontos básicos. Mesmo que a maioria deles tenha morrido muito antes que qualquer coisa parecida com as telas modernas existisse, todos entenderam o impulso humano indispensável por estabelecer conexão e foram excepcionalmente profundos sobre os "equivalentes das telas" de suas respectivas épocas.

A vida e as circunstâncias variam bastante. Um passou a maior parte da vida como empreendedor combativo. Outro foi, durante um tempo, um dos homens mais poderosos da Terra. Eles expressaram suas ideias de várias maneiras. Dois costumam ser postos no panteão dos maiores escritores de todos os tempos, enquanto outro não deixou nenhum registro escrito das suas ideias. O que eles têm em comum é o interesse por questões levantadas pela conectividade humana. O que é se conectar, no fim das contas? O que essas ferramentas podem fazer por nós? Quais são seus pontos fortes e fracos? Como podemos usá-las para construir vidas melhores e mais gratificantes?

O passado não é o lugar mais convencional para buscar orientação sobre a nova conectividade. Nesse mundo voltado para o futuro, a história pode parecer o computador que tínhamos quinze anos atrás, desatualizado e sem sentido. O que sete indivíduos mortos podem nos ensinar sobre a vida em uma sociedade global que muda com enorme velocidade? Mais do que você pode imaginar. A tecnologia e a filosofia são ferramentas para a vida, e as melhores ferramentas perduram e continuam úteis durante longos períodos de tempo. Embora mal percebamos, todo dia usamos ferramentas de conexão que foram inventadas milhares de anos atrás. Do mesmo modo, grandes ideias não têm data de validade.

O mais surpreendente nessas figuras é quanto elas podem parecer modernas. Como usuários das "telas" de sua época, eles sentiram um impulso bastante parecido com o que sentimos. Ao mesmo tempo, eles e seus contemporâneos ansiavam por tudo o que ansiamos: tempo, espaço, sossego e, acima de tudo, profundidade. É como se eles tivessem visto o futuro chegando e, de alguma maneira, vivido nele. O mundo mudou demais ao longo dos séculos, mas os ingredientes básicos da felicidade humana, não.

Parte 2

ALÉM DA MULTIDÃO

Os ensinamentos dos Sete Filósofos das Telas

5

A caminho do paraíso

Platão descobre a distância

*"É mais saudável caminhar pelas estradas do campo
que pelas ruas da cidade."*

Um dos melhores diálogos de Platão se passa em um belo dia de verão em Atenas. É o fim do século v a.C., um período que costuma ser mencionado como a era de ouro da Grécia, dada a enorme quantidade de grandes artistas, poetas, dramaturgos, filósofos e estadistas vivendo e trabalhando lá ao mesmo tempo. Um dos mais famosos dentre eles, o professor de Platão, Sócrates, nota um jovem[1] descendo a rua e grita para ele.

"Fedro, meu amigo! Por onde você andou? E para onde você está indo?"[2]

Essa saudação alegre capta a essência de Sócrates, um homem que dava valor aos amigos e tinha uma curiosidade enorme sobre a vida deles. Sócrates era ávido por conexões no sentido cara a cara, um traço que aparece repetidamente nas conversas filosóficas que ele teve com seus companheiros atenienses, as quais formam a espinha dorsal dos escritos de Platão.

Esse diálogo, conhecido simplesmente como *Fedro*, explora a conectividade humana em uma época de mudança tecnológica dramática. Uma nova forma revolucionária de comunicação, a linguagem escrita, tinha chegado à Grécia, que era uma sociedade oral havia muito tempo. A moda estava começando a pegar e as pessoas mais pensativas estavam preocupadas com os efeitos que ela poderia ter nos vários aspectos da vida, principalmente na vida da mente. Em outras palavras, embora essa história se passe há mais ou menos 2.400 anos, trata de uma era um tanto quanto análoga à nossa. Escrevendo no ponto de virada entre duas eras tecnológicas, Platão examinou questões que hoje estão no ar mais uma vez.

O BlackBerry de Hamlet   :)

Fedro conta para Sócrates que acabara de passar a manhã inteira com o famoso orador Lísias, ouvindo seu último discurso. Para o leitor moderno, pode parecer um jeito esquisito para um jovem gastar o tempo, mas em uma sociedade amplamente organizada em torno da palavra falada, aquilo era completamente natural. Assim como as redes sociais e videoclipes virais causam furor hoje, na Grécia obcecada pela retórica não havia nada mais legal do que se sentar ao pé de um orador brilhante, sorvendo cada palavra.

O discurso era sobre um tópico que sempre foi de interesse urgente: sexo. Particularmente, era sobre a questão de se é melhor dormir com alguém que está apaixonado por você ou com alguém que não está. Lísias defendia a última hipótese, mostrando que, quando se faz sexo por pura luxúria, há bem menos complicações emocionais.

Fedro achou o discurso engenhoso e estava dando uma volta enquanto o revirava na cabeça, tentando fixá-lo na memória. Em busca dessa meta, ele rumava para fora dos muros da cidade, seguindo o conselho de um médico proeminente chamado Acumeno de que "é mais saudável caminhar pelas ruas do campo do que pelas da cidade".[3] Ele convida Sócrates para se juntar a ele e ouvir mais sobre o discurso, e o homem mais velho aceita prontamente. Eles partem, possivelmente abandonando o caminho para andarem descalços por um riacho. Seguem até encontrar um belo lugar ao lado do riacho, onde podem sentar debaixo de um plátano e conversar.

Sócrates fica maravilhado com o lugar, que é encantador e sereno, incitando Fedro a observar que o filósofo parece um completo estranho diante daquele ambiente natural: "Pelo que posso ver, você nunca pôs os pés além dos muros da cidade".[4]

Sócrates admite que é verdade. "Perdoe-me, meu amigo, sou dedicado ao aprendizado, paisagens e árvores não têm nada a me ensinar – só posso aprender com as pessoas na cidade."[5] Ele só viera até ali, diz, porque Fedro o seduziu com um convite para o que ele mais gosta de fazer em Atenas, discutir sobre uma questão filosófica, como a que foi abordada no mencionado discurso. Com isso, ele se deita na grama e pede que Fedro recite os argumentos de Lísias a favor do sexo sem compromisso.

Quando foi a última vez que você saiu com um amigo e deixou o resto do mundo para trás? Sócrates e Fedro estão aproveitando um tipo de conexão humana – em pessoa, dedicada, completamente particular – que é muito rara hoje. Mesmo quando se está fisicamente com outra pessoa, é difícil

A caminho do paraíso

dar sua atenção por inteiro durante um período considerável, ou receber a mesma coisa. Se há um aparelho digital por perto, é provável que um ou ambos sejam interrompidos ou distraídos.

O que é interessante é que essa conversa isolada era uma experiência rara para Sócrates. Ele admite que odeia deixar a cidade movimentada, onde seu ofício de filósofo gira em torno de conversas com estudantes e outros intelectuais, normalmente em grupos maiores. De fato, esse é o único dos muitos diálogos de Platão no qual Sócrates sai de Atenas para um *tête-à-tête* particular.[6]

O filósofo tinha uma intensa necessidade de conexão oral, que era dominante na época dele. Podemos dizer que ele era um maximalista antigo e que Atenas era a "tela" que possibilitava seus hábitos. E, nesse episódio, tal como um moderno guerreiro da estrada que anda munido de um aparelho móvel de banda larga, ele se aventura rumo a um lugar com a esperança de que será capaz de encontrar uma boa conexão lá também. E espera que Fedro a providencie, com uma interpretação daquela palestra libidinosa. Embora a vida na Grécia antiga fosse obviamente diferente da vida do século XXI, o desejo humano básico de conexão era o mesmo. Sócrates estava buscando o que todo mundo com uma tela digital quer: contato, amizade, estimulação, ideias, crescimento profissional e pessoal.

Esse impulso para o exterior vai muito mais longe do que o século V a.C. Incontáveis milhares de anos atrás, nossos ancestrais pré-históricos não conheciam nada do mundo além de seu ambiente próximo e não tinham ferramentas de conexão com as quais transcender o isolamento. Na verdade, houve um tempo em que eles não podiam sequer conversar com seus companheiros mais próximos, porque não sabiam fazer isso.

Em algum ponto do caminho, ninguém sabe exatamente quando, uma coisa fantástica aconteceu – ou melhor, duas coisas fantásticas: os humanos pré-históricos arranjaram duas das ferramentas de conexão mais poderosas já concebidas, como E. H. Gombrich conta em seu livro *A Little History of the World* [Breve história do mundo]:[7]

> Eles inventaram *a fala*. Ou seja, ter conversas reais uns com os outros, usando palavras. Claro que os animais também fazem barulhos – choram quando sentem dor e clamam por ajuda quando o perigo ameaça, mas eles não dão nomes para as coisas como os seres humanos fazem. E as pessoas da pré-história foram as primeiras criaturas a fazer isso.

85

O BlackBerry de Hamlet   :)

> Eles inventaram outra coisa maravilhosa: figuras. Muitas delas ainda podem ser vistas hoje, gravadas e pintadas nas paredes das cavernas. Nenhum pintor vivo faria melhor.

Encontrei esse trecho enquanto lia o livro para o meu filho dormir, em um inverno recente. Gombrich o escreveu para crianças, mas aprendi mais com ele do que com a maioria dos livros de história para adultos, porque trata a tecnologia e as outras facetas do passado como as histórias humanas que de fato são, livres de jargão de especialista e sem motivo para complexidade. Ele chama as pessoas pré-históricas de "os maiores inventores de todos os tempos",[8] e tem razão. Eles quiseram e precisaram alcançar além de si mesmos e encontraram um par de jeitos brilhantes de fazer isso: palavras e imagens.

A história revê essa história o tempo todo. As pessoas estão constantemente tentando diminuir as distâncias entre elas inventando novas ferramentas de conexão e dedicando tempo para melhorá-las. Os humanos são os únicos animais que concebem vários usos para uma única ferramenta, e somos particularmente bons em encontrar novas aplicações para nossas ferramentas de conexão. Se a "tecnologia" da conversa foi originalmente criada para suprir as necessidades práticas de pessoas lutando para sobreviver em um ambiente hostil, por volta do século v a.C. havia evoluído para algo mais rico e interessante: um caminho para a verdade e para o esclarecimento.

Sócrates usava a conversa para praticar a filosofia como ninguém tinha feito antes. Ao passo que os filósofos anteriores se passavam por homens sábios dotados de acesso especial à verdade, ele não fazia tal afirmação. Foi "um tipo completamente novo de filósofo grego", escreve o acadêmico moderno John M. Cooper. "Ele negava ter descoberto alguma sabedoria nova, aliás, negava possuir qualquer sabedoria."[9] Em vez disso, acreditava que o caminho para atingir a verdade era procurar discussões com os outros, como as que promovia em Atenas, usando a técnica de perguntas e respostas, conhecida hoje como método socrático. Para Sócrates, a comunicação oral era a chave para uma boa vida.

Mas havia um lado negativo na conexão da sociedade oral. Falar permitiu o surgimento das primeiras civilizações, como a grega, e as cidades que foram seus centros nevrálgicos jamais teriam sido construídas se as pessoas não pudessem comunicar seus pensamentos. Essas metrópoles antigas ofereceram muitos benefícios para quem viveu nelas, incluindo o estímulo

A caminho do paraíso

intelectual que Sócrates prezava. Ao mesmo tempo, elas impunham novos fardos. Eram lugares agitados, embora nem passando perto da agitação das cidades de hoje, mas, para os padrões da época, agitados de verdade. Viver em Atenas significava estar cercado, dia e noite, por algumas centenas de milhares de outras pessoas, portanto, da atividade, dos barulhos e dos cheiros delas, além de outras atrações à atenção de um indivíduo. Era uma multidão permanente e a vida na multidão é uma experiência de dificuldade inerente.

Platão deixa claro que a vida em Atenas podia pôr a mente à prova, quando cita a explicação de Fedro sobre por que decidiu passear fora dos muros da cidade. Como um sujeito moderno que faz ioga e meditação por conselho do médico, ele segue a receita de Acumeno para limpar a cabeça. O rapaz está fazendo um pequeno exercício, e de um jeito bastante peculiar. Para pensar com mais profundidade sobre o discurso, estabelece distância entre si mesmo e a multidão.

Distância. A coisa da qual os seres humanos tem fugido desde as eras pré-históricas, o espaço entre o eu e os outros. O sentido da comunicação oral e das coisas boas que fluíram dela foi o encolhimento das distâncias entre as pessoas. Agora, no lugar onde esse tipo de conexão atingira seu ápice, as pessoas estavam percebendo que, pelo bem-estar pessoal e pela felicidade, era necessário restaurar um pouco daquela distância na vida cotidiana.

O diálogo em questão não é sobre a distância em si. Mas, como Platão era um escritor cuidadoso e de estilo econômico, é improvável que tenha dado tanta atenção ao passeio pelo campo a não ser que tivesse algo a dizer. Fedro era membro do círculo intelectual de Sócrates e, assim como Platão, profundamente interessado em retórica e em filosofia. Assim, enquanto andava pela cidade tentando memorizar o discurso, ele não estava simplesmente devaneando, mas sim desempenhando uma tarefa que era importante para ele. E, para desempenhá-la bem, percebeu que precisava de um pouco de espaço.

Para um paralelo com o século XXI, pense numa ocupante de uma baia, que passou a manhã toda imersa na multidão digital, indo e vindo entre e-mails, websites, mensagens de texto e outras atividades eletrônicas. Ela quer dar um tempo e se concentrar em uma única coisa, talvez em um projeto importante que demande pensamento e criatividade contínuos. Embora não seja aspirante a filósofa, essa funcionária de uma empresa está na mesma

O BlackBerry de Hamlet :)

situação de Fedro. Ela está empenhada em absorver novas informações, aprendê-las e compreendê-las. Mas, com toda essa tralha rodando dentro da cabeça, é incrivelmente difícil. Como aliviar a mente sobrecarregada?

Em Atenas, Platão sugeriu, uma solução seria estabelecer distância física; sair da multidão e passar umas horas do lado de fora dos muros. Curiosamente, no entanto, Sócrates não capta o sentido. Ele tinha por volta de 60 anos nessa época e anos de experiência tinham-no convencido de que a conversa é o único caminho para a sabedoria e para a felicidade – e quanto mais pessoas disponíveis para conversar, melhor. Por essa lógica, um filósofo (palavra que significa "amigo do conhecimento") jamais deveria desejar distância entre si e a multidão. É o mesmo princípio básico que guia a vida digital de hoje: quanto mais conectados aos outros através de telas, melhor.

Quem estava certo, um dos pensadores mais celebrados de todos os tempos ou um jovem lembrado sobretudo como figurante no trabalho desse pensador? A resposta surge no fim do diálogo.

De volta à margem do riacho, Fedro se lança no discurso com a ajuda de uma ferramenta surpreendente. Mais cedo, logo antes de chegarem ali, Sócrates disse que não ficaria satisfeito com um mero resumo do argumento de Lísias. Ele queria ouvi-lo palavra por palavra, como proferido originalmente. Fedro protestou que seria incapaz de fazer isso, pois não havia memorizado. Sócrates observa, então, que Fedro parece estar escondendo alguma coisa embaixo do manto, que o filósofo suspeita ser uma cópia escrita do discurso. A essa altura, Fedro, intimidado, saca exatamente isso, o registro em papel da apresentação oral.

Algumas traduções chamam o objeto de "livro", outras de "pergaminho". Seja lá qual for o nome (vou usar "pergaminho"),[10] a questão é que, ao se dirigir para sua caminhada meditativa, o homem mais jovem havia levado consigo uma ferramenta que se valia da tecnologia de comunicação mais recente, a língua escrita baseada em um alfabeto. De fato, a escrita não era completamente nova. Os egípcios e outras civilizações antigas possuíam sistemas de escrita pré-alfabéticos. E, naquele ponto, o alfabeto grego já existia há várias centenas de anos, mas emplacou com muita lentidão. Foi só durante a vida de Sócrates e a de Platão que ele realmente se firmou. Em termos contemporâneos, o pergaminho de Fedro era mais ou menos o que um telefone celular era em 1985, uma tecnologia ainda nos primeiros estágios de adoção e ainda pouco compreendida.

A caminho do paraíso

A razão para que ele tivesse levado o pergaminho é óbvia: era útil. Permitiria que ele continuasse pensando no discurso de Lísias e trabalhasse em sua memorização mesmo enquanto vagava pelo campo. Com o registro em papel em mãos, ele poderia se dedicar às ideias do orador longe do lugar onde o discurso foi proferido, e até mesmo muito tempo depois. Ele poderia sair da cidade tumultuada e, ainda assim, desempenhar a tarefa que queria desempenhar. Se ele estava um pouco envergonhado pelo pergaminho, como parecia estar, talvez seja porque estivesse na companhia do maior comunicador oral de todos os tempos, um homem que nunca leu um texto e, como logo se verá, não tinha esse meio de comunicação em alta estima.

Quando Fedro termina de proferir o discurso, Sócrates aplaude largamente a performance, pronunciando-se jocosamente "em êxtase". Em seguida, eles discutem sobre os argumentos apresentados e, no meio do caminho, Sócrates molda uma das metáforas mais famosas da história da filosofia. Já que o argumento essencial de Lísias é que o amor enlouquece as pessoas, Sócrates analisa exatamente o que é a loucura e por que a mente às vezes vai além do limite.

Ele compara a alma a uma biga voadora, puxada por um par de cavalos alados. Um dos cavalos significa nosso lado bom e virtuoso; o outro significa o lado ruim e corrupto. A meta de qualquer um na condução desse veículo é guiar os cavalos com habilidade, de forma que a biga plane rumo "ao lugar além do paraíso",[11] onde o "conhecimento puro" – a iluminação e a felicidade – reside. Mas os cavalos são difíceis de controlar, especialmente o mau, e às vezes eles puxam em direções diferentes. Quando isso acontece, a biga perde o rumo e se choca com a Terra.

A imagem ainda tem ressonância porque captura algo essencial em relação ao desafio de ser humano. Sócrates intencionava ser um filósofo prático, e o que ele descreve é realmente a viagem cotidiana do eu interior. Todos estamos guiando nossas bigas pelo caos, lutando para harmonizar as forças que nos atraem de todos os lados. Você sabe como é. Corremos de um lado para o outro na busca de coisas que o mundo afirma serem a chave da felicidade: dinheiro, sucesso, posição social, diversão. Mesmo assim, essas coisas não funcionam, não de forma duradoura. De certo modo, sabemos que poderíamos empregar nosso tempo e nossos talentos para buscar uma existência mais segura, mais autêntica, mas não sabemos como

O BlackBerry de Hamlet   :)

fazer isso. Como Sócrates expõe, conduzir uma biga "é uma empreitada inevitavelmente perigosa".[12]

As pessoas tolas são fisgadas pela corrida de biga em si, ele diz, "menosprezando e agredindo uns aos outros, enquanto todos tentam chegar na frente".[13] Outros conseguem ficar calmos e manter suas bigas no rumo, habilmente evitando os choques em cadeia. E, embora essas almas sortudas não atinjam o "conhecimento puro"[14] – reservado aos deuses –, elas de fato se elevam a alturas impressionantes e encontram satisfação genuína.

Lidar habilmente com a vida rende sabedoria e felicidade. É um ótimo ideal, mas, quanto mais repletos de ocupações nossos dias se tornam e quanto mais os outros controlam as rédeas, mais difícil é imaginar atingi-lo. Ultimamente, com a demanda implacável dos aparelhos digitais, o desafio parece muitas vezes insuperável. Se você é um conectado fiel, que passa o dia todo interagindo com telas, você provavelmente sabe, assim como eu, o que é ter sua biga atolada no pior lugar. "O resultado é terrivelmente barulhento, muito cansativo, uma inteira desordem,"[15] diz Sócrates, e aqueles que vivem assim acabam "insatisfeitos".

O que podemos fazer a respeito? Não vivemos na Grécia antiga e Sócrates e Fedro nunca precisaram lidar com e-mails abarrotados de mensagens. Mas o admirável em Platão, e a razão pela qual é amplamente lido até hoje, é que ele aborda as questões fundamentais da vida de uma maneira que transcende o tempo e o espaço. A metáfora da biga é um lembrete útil para a relação entre o eu exterior – como gastamos o tempo interagindo com o mundo, administrando nossos relacionamentos e a vida profissional – e o interior. Na Atenas antiga havia uma maneira muito eficaz para aquietar a vida externa movimentada de alguém e retomar o controle da biga: uma simples caminhada no campo.

É verdade que a estrela dessa história, Sócrates, fez pouco caso da ideia de colocar qualquer distância entre si e sua cidade amada. No entanto, Sócrates não é o único filósofo envolvido. Platão escreveu esse e outros diálogos de Sócrates depois da morte do mestre. São baseados em conversas reais, mas, como o tempo passou e Platão estava se tornando ele mesmo um filósofo, é largamente presumido que ele tenha tomado liberdades e organizado muitas vezes o material de modo a expressar seus próprios argumentos. Embora nunca tenha declarado seus pontos de vista pessoais diretamente, de vez em quando ele parece criticar implicitamente o que Sócrates diz.

A caminho do paraíso

As falas de *Fedro* estão repletas de indícios de que Platão discordava de seu professor sobre essa questão do distanciamento.

Primeiro, há o fato de caminharem para fora da cidade. Embora Sócrates tivesse saído de Atenas com relutância, uma vez que ele e Fedro haviam se adaptado ao local à beira do riacho, eles tiveram uma conversa que, mesmo para os padrões socráticos, é extraordinária. Após o "êxtase" pela performance de Fedro, Sócrates profere algumas considerações próprias impressionantes, sendo tão absorvido pela tarefa que fica em uma espécie de enlevo. Ele entra no clima, por assim dizer, e atribui esse estado agradável ao refúgio rural. "Há algo realmente divino quanto a este lugar",[16] diz. Ele usa a palavra "divino" literalmente, sugerindo que os deuses o inspiram. Mas note que ele relaciona a divindade a esse *lugar*, à locação isolada à qual Platão dedicou atenção especial. A mensagem é inconfundível: a distância que Sócrates menosprezou como um incômodo sem sentido desempenhou um papel importante em ajudar a mente dele a voar.

Segundo, a ferramenta que Fedro levou embaixo do manto permite que eles tirem o melhor da distância. Com o pergaminho em mãos, eles puderam estar longe da cidade, das distrações e dos fardos, e ainda manter acesso completo a uma de suas atrações principais, a retórica estimulante. A engenhoca foi a chave de roda da conversa deles, mas, mais uma vez, Sócrates não percebeu.

Rumo ao fim do diálogo, ele aborda a nova tecnologia e a questão de se a língua escrita serve a algum propósito útil. Conta a história de um deus egípcio chamado Tot[17] que inventou muitas "artes", incluindo aritmética, geometria e astronomia. Mas sua maior descoberta foi a linguagem escrita. Tot mostrou sua invenção ao rei do Egito, prometendo que ela "tornaria os egípcios mais sábios" e "melhoraria a memória deles".

O rei não se impressionou. Pelo contrário, ele disse a Tot que a escrita faria com que as pessoas se esquecessem com maior facilidade. Uma vez que algo fosse gravado dessa maneira exterior, com o uso de letras, eles não sentiriam mais a necessidade de "lembrar por dentro, completamente por conta própria",[18] ou seja, pela mente deles. Pior, usariam a escrita para aparentar conhecimento, quando estariam na verdade meramente papagueando o que leram. "Eles seriam irritantes",[19] diz o rei, "obtendo a reputação do conhecimento sem o deter na realidade."

O BlackBerry de Hamlet   :)

Sócrates compartilha da visão fosca do rei sobre essa nova ferramenta, e ainda a amplia. A escrita é uma invenção perigosa, ele diz a Fedro, porque não permite que as ideias fluam livremente e mudem em tempo real, como fazem na mente durante a interação oral. Considerando a conversa como bate e volta, a língua escrita é uma via de mão única: uma vez que um pensamento foi escrito, está congelado e é impossível pô-lo à prova ou mudar sua posição. É um registro de ideias que já existem, em vez de uma forma para criar novas. Ele compara os textos escritos às pinturas, que "ficam lá como se estivessem vivas, mas, se alguém dirige a elas alguma pergunta, mantêm o mais solene silêncio".[20] Um trecho escrito "continua a significar exatamente a mesma coisa para sempre".[21] Está, para dizer em uma palavra, morto.

Os pensadores têm analisado e debatido essa passagem ao longo de eras, por que Sócrates teria entendido tão mal. Sua reação à escrita é típica da confusão e da ansiedade que as novas tecnologias costumam causar. Como os luditas de hoje, que acreditam que as tecnologias digitais são irremediavelmente inferiores aos aparelhos mais antigos e até perigosas, ele julgou a nova ferramenta exclusivamente pelas lentes da velha. Porque a escrita não funcionava da mesma maneira que a conversa, ele sentiu que não poderia ter muito valor e que apenas tornaria as pessoas mais idiotas. Para Sócrates, a escrita era útil apenas enquanto apoio para o diálogo oral, um tipo de roteiro, e é exatamente assim que Fedro e ele a usavam.

O que levou Sócrates a essa visão pessimista e estreita da escrita? Ele não conseguiu entender que novas tecnologias de conexão surgem para resolver problemas genuínos, e esses problemas normalmente têm algo a ver com a distância. Nas eras primitivas, o problema foi a distância *física*; as pessoas ficavam presas em seus próprios pensamentos sem uma forma eficaz para se expressar. A conversa resolveu esse problema, ao permitir que elas colocassem seus pensamentos em palavras que poderiam ser compartilhadas e compreendidas.

A comunicação oral foi um grande sucesso, mas deu lugar a um novo problema de distância *física*, enraizado no fato de que uma conversa só poderia acontecer em estreita proximidade com os outros. À medida que a civilização se expandia, tornava-se cada vez mais útil e importante que as pessoas se comunicassem a grandes distâncias. Por volta do século v a.C., mercadores e negociantes desempenhavam negócios que abrangiam mon-

A caminho do paraíso

tanhas, desertos e mares. Havia cidades-estado e impérios emergentes cujos líderes precisavam enviar mensagens para lugares isolados. Mensageiros humanos cobriram essa necessidade por muito tempo, levando a informação pela voz. Mas esse sistema tinha desvantagens, incluindo as limitações da memória. A língua escrita solucionou o problema da distância física, ao permitir que as palavras e as ideias viajassem para qualquer lugar e chegassem intactas, do jeito exato como foram gravadas originalmente. A escrita também solucionou o problema *temporal* do armazenamento, tornando possível que a informação permanecesse no longo prazo com maior confiabilidade do que jamais havia permanecido na mente humana.

Como Platão mostra em *Fedro*, essa inovação imensamente prática também tinha um benefício menos tangível, mas, em última análise, muito mais significativo. Ela permitiu que os indivíduos tomassem conhecimento de outras pessoas e suas ideias *a distância* de forma íntima e reflexiva. Um texto escrito em uma cidade agitada poderia "funcionar de novo" em qualquer lugar, até mesmo à margem de um riacho borbulhante. Imediatamente após Fedro tirar o pergaminho do manto, os dois homens mergulham o pé no riacho, que Fedro observa estar "adorável, puro e limpo"[22] – uma metáfora, talvez, para o que estava prestes a acontecer com o fluxo do pensamento deles. Ao pôr fim a um tipo de distância, a língua escrita criou outro, dando à mente um novo tipo de liberdade. Como resultado dessa liberdade, a escrita acabou sendo muito mais do que uma gravação estática de pensamentos antigos. Com o passar do tempo, iria se tornar o meio fantástico de troca e de desenvolvimento de ideias que é hoje.

Levando em consideração quem foi Sócrates, um filósofo cujo trabalho estava mergulhado no meio antigo, é compreensível que ele não tenha captado o valor do novo. Embebido na cultura da voz, ele jamais imaginou que alguém poderia sair sozinho com um texto escrito, lê-lo silenciosamente e a partir disso conquistar novas ideias. Suas dúvidas podem também ter se relacionado com o caráter físico da escrita. Ao acreditar que a mente era a fonte de todo significado, ele desconfiava do corpo e, de fato, de todo o mundo físico. Em uma passagem do diálogo em questão, ele se refere ao corpo depreciativamente como uma mera concha do intelecto, "essa coisa que carregamos".[23] Para ele, um texto escrito não passava de mais uma "coisa", um objeto idiota que pretendia fazer o mesmo que a mente, mas sem a capacidade para tanto.

O BlackBerry de Hamlet   :)

Platão tinha mais visão que seu professor quanto ao valor do distanciamento. Conforme a ação do diálogo mostra, ele entendia que há muito a ganhar quando alguém se retira fisicamente da multidão. Anos após a morte de Sócrates, quando Platão decidiu abrir sua própria escola, ele a fundou fora de Atenas, no mesmo tipo de campo onde o diálogo se passa. A Academia platônica se tornaria sinônimo do melhor do pensamento grego, além da prova de que de fato há algo divino no distanciamento.

Além disso, embora não haja registro do que Platão em pessoa pensava sobre a língua escrita, ele deixou muitas provas de que a tinha em mais alta conta do que Sócrates. Platão também adotou uma visão contrária a objetos físicos como fonte de conhecimento, mas isso não o impediu de pousar a pena no pergaminho e se tornar um escritor. Só podemos ler esse diálogo hoje em dia porque Platão o escreveu, usando a mesma ferramenta que Sócrates denunciou. Ele era aproximadamente quarenta anos mais novo que Sócrates e evidentemente mais aberto às possibilidades do novo mecanismo. Ao registrar em papel os medos sombrios de Sócrates sobre a escrita, ele estava de fato dizendo: "Desculpe, meu velho, mas isso é melhor do que você pensava".

Para os nossos objetivos, Platão estabelece em *Fedro* um princípio básico sobre o qual construir uma nova maneira de pensar sobre a conexão digital: em um mundo agitado, o caminho para a profundidade e para a completude começa com o distanciamento. A paisagem tecnológica é bastante mais complexa hoje, e ao longo dos séculos a distância ganhou novos significados. Mas a dinâmica básica não mudou: para guiar sua biga rumo a uma vida boa, é fundamental criar alguns espaços entre si e todas as outras bigas se chocando nesse mundo em desordem.

A tecnologia é imprevisível e os espaços costumam aparecer em lugares surpreendentes. Até aqui, os aparelhos digitais aumentaram a média geral da nossa correria, criando uma necessidade nova por distanciamento. É um problema que ainda aguarda solução, e vale a pena notar que, por volta de 2.400 anos atrás, as pessoas estavam apenas começando a perceber que poderiam usar a *sua* tecnologia mais nova para a finalidade oposta: reduzir ou amenizar a correria. Será que, agora na era digital, também vamos conseguir criar uma artimanha para fazer o que queremos?

Para que isso aconteça, é necessário ter mais consciência de como os aparelhos de hoje mudam nosso relacionamento com a multidão, o qual, por sua vez, afeta nossa correria e o estado da mente. A conexão humana é fluida e muda o tempo todo. Ao se encontrarem na cidade, Sócrates e Fedro estavam em uma situação de correria e de alta conectividade. Assim que escapam dali, eles se tornam menos conectados à multidão e mais conectados um ao outro – e o pergaminho ajuda a fazer com que tudo aconteça.

Conforme novas tecnologias são acrescentadas à mistura, as permutações e as sutilezas se multiplicam. Em Atenas, a cidade era sinônimo de multidão. Mas, hoje, andar por uma rua urbana movimentada pode ser uma forma de se *desconectar* da multidão, principalmente se acabamos de sair de um escritório cheio de telas. Enquanto caminhamos por essa rua, se o celular vibrar com uma ligação ou mensagem, nosso relacionamento com a multidão mudará mais uma vez.

Para compreender tudo isso é útil imaginar a conexão como um *continuum* pelo qual nos movemos o tempo todo. Ele está representado a seguir como uma linha reta entre dois polos, rotulados pelas letras gregas alfa e ômega. Alfa representa a conexão mínima, ou o eu em sua individualidade, enquanto ômega é a conexão máxima com a multidão.

Os polos não representam apenas o fato de estar na multidão ou de estar sozinho, mas os tipos de experiência associados a essas situações. Quando estamos sozinhos, nossos pensamentos e sentimentos se orientam para dentro e a experiência tende a ser relativamente calma e lenta. Em contraste, na multidão – seja física ou virtual – nossa orientação é mais exterior, simplesmente porque há mais acontecimentos, mais demanda pela nossa atenção. A vida na multidão é tipicamente mais agitada e rápida.

O BlackBerry de Hamlet   :)

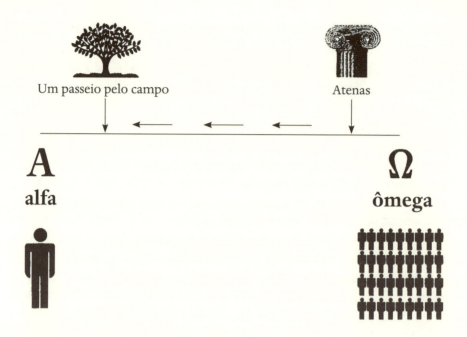

O restante do *continuum* representa a variedade de situações entre os extremos. Da esquerda para a direita, a solidão dá lugar à interação com os outros e a experiência se torna relativamente mais externa e corrida. Da direita para a esquerda, a multidão diminui e a experiência é relativamente menos corrida e mais interior. Quando Sócrates e Fedro saem da cidade, reduzem dramaticamente a intensidade de suas conexões, trocando o extremo ômega do *continuum* pelo alfa. O distanciamento faz toda a diferença.

Isso é apenas um recurso gráfico e nem sequer pode começar a representar toda a variedade da experiência humana. O temperamento de cada um é único, e todos temos nossas reações pessoais à multidão, assim como à solidão. Há introvertidos natos, assim como extrovertidos, e incontáveis variantes entre eles. Uma situação que parece opressivamente tumultuada e corrida para você pode não me atingir de maneira idêntica. Mesmo assim, há uma correlação aproximada entre quanto cada um está imerso na multidão e em que medida seus pensamentos estão corridos (ou não). E essa ideia é fundamental para entender o funcionamento da conexão humana.

Nos capítulos seguintes, conforme a história avança da era de Platão para o presente, ocasionalmente retomarei esse *continuum* como ponto de

A caminho do paraíso

referência. Embora os outros seis filósofos tenham vivido em eras e ambientes tecnológicos diferentes, a questão básica permaneceu a mesma: o indivíduo tentando tirar o melhor da vida em uma sociedade cada vez mais tumultuada e corrida. A meta filosófica – uma maneira prática e útil de pensar sobre a tecnologia de forma que ela satisfaça toda a amplidão de necessidades humanas, de dentro e de fora – também não muda. A ideia não é fugir da multidão e se tornar um eremita. Para a maioria de nós, a vida no alfa puro seria tão desagradável quanto no ômega puro. A ideia é encontrar um equilíbrio satisfatório.

Platão capta essa ideia no fim do diálogo, quando, após terem se refrescado e conversado por muito tempo, os dois homens decidem tomar o caminho de volta para a cidade. Sócrates sugere fazerem uma oração: "Adorado Pã e vós todos outros deuses que vagam por este lugar, deem-me a beleza na alma interior; e que o homem interior e o exterior sejam um só".[24]

6

O spa da mente

As ideias de Sêneca sobre o espaço interior

*"Obrigo minha mente a se concentrar e a não se distrair com eventos externos.
Se não houver tumulto interior, não haverá confusão externa."*

Não muito tempo atrás, comecei a usar meu computador de um jeito novo.
Tarde da noite, quando a louça já está lavada e já contei ao meu filho a história para dormir, me entoco no escritório por meia hora e assisto a vídeos
de música. Gosto de jazz do fim dos anos 1950 e começo dos 1960, um
período que podemos pensar que não é bem representado on-line. Mesmo
assim, há um tesouro de clipes antigos retirados de velhos shows de TV,
filmes e outras fontes, que fãs ardentes se deram o trabalho de encontrar e
fazer o upload. Procure "Coltrane" ou "Nina Simone" no famoso website
YouTube, e dentro de segundos você assistirá performances arrasadoras
que nem sabia que existiam até aquele momento, graças ao entusiasmo e
engenho de alguém identificado apenas como DavidB87523 ou NinaFreek.

Embora eu me propiciasse esses concertos particulares no que era tecnicamente hora de lazer, seu objetivo ia além de distração e diversão. Era
um jeito de limpar a cabeça ao fim de um dia de trabalho frenético, uma
versão pessoal do passeio fora dos muros de Atenas recontado por Platão.
Não importa que tipo de trabalho fazemos, é essencial se afastar de vez em
quando para recarregar as forças e ganhar perspectiva. Em um mundo sempre conectado, a necessidade desses espaços é mais urgente do que nunca,
ainda que eles sejam mais difíceis de encontrar.

Com o sinal sem fio quase onipresente, uma escapada física como a
grega é praticamente impossível. Então se torna necessário criar espaços
dentro da vida em rede. É por isso que algumas empresas e outras organi-

zações começaram a pedir, e em alguns casos mandar, que os funcionários *não* chequem o e-mail profissional durante o fim de semana. Só trabalho e nenhuma diversão fazem de qualquer indivíduo um bobão.

Quando se trabalha para si mesmo, é preciso ser seu próprio cão de guarda mental. Nada desperta mais minha percepção de liberdade interior ou me deixa próximo da possessão "divina" descrita por Sócrates do que uma grande performance de jazz. E agora havia uma forma completamente nova de desfrutar dessa experiência, na mesma tela em que trabalho e organizo as demais esferas da vida. Parecia o alívio ideal para o trabalho duro, uma resposta digital para um dilema digital. A não ser por um problema: eu estava usando a *mesma tela* onde tantas outras coisas estavam acontecendo no meu mundo e no de todo mundo. Enquanto devia agradecer à multidão pelos vídeos, também precisava brigar com a multidão enquanto assistia a eles. E isso se tornou um desafio.

Já pude apreciar um bom jazz em muitas situações diferentes, incluindo apresentações ao vivo em bares, salas de concerto e festivais ao ar livre; ouço gravações em casa, no carro, no meu iPod e, às vezes, vejo apresentações na televisão ou no cinema. Então eu tenho um arquivo considerável de experiências com o qual comparar essas performances exibidas na tela do computador. Sem dúvida elas me trouxeram prazer e às vezes me deixaram de boca aberta. Assistir Miles Davis tocando traz percepções diferentes de simplesmente ouvi-lo; meus olhos podem confirmar que *era* só um homem, não um deus, que produziu aqueles sons.

Ainda assim, as sessões de vídeo deixavam a desejar, em comparação ao passeio fora dos muros da cidade que eu esperava, porque elas eram ligadas diretamente à rede digital, com seu zumbido de distrações sem fim. E isso tornou muito mais difícil colocar qualquer distância real entre mim e a multidão. Em vez de vagar até o riacho, eu estava na cidade mais movimentada já construída, a cidade digital.

Uma noite, por exemplo, eu assistia a um clipe do Newport Jazz Festival de 1958. Dinah Washington cantava "All of me" e estava pegando fogo, era arrepiante. *All of me. Why not to take aaaaaaaaaall of me?* Mas o vídeo é apenas uma parte da experiência de websites como o YouTube, que são planejados para promover sua abordagem participativa, dirigida para o usuário. Ao usar o website, somos constantemente lembrados de estarmos no meio de milhões de outros, cuja presença afeta tudo o que vemos e ouvimos.

O BlackBerry de Hamlet   :)

A página me informou que aquele vídeo tinha sido visto mais de 100.000 vezes e classificado por 203 pessoas com uma média impressionante de cinco estrelas. Havia dúzias de comentários, muitos dos quais eram seguidos de várias respostas. Um dos comentários dizia: "a cantora é minha prima de segundo grau que eu nunca conheci, mas não me canso da sua música". Eu podia sentir todo tipo de pessoa pairando em volta dos limites da tela, tagarelando e me convidando para participar. Para me ajudar, havia botões para compartilhar o clipe, torná-lo um favorito, marcá-lo, adicioná-lo às minhas playlists. Havia quem gostasse, quem não gostasse e um convite para postar outro vídeo similar. E havia links diretos para as redes sociais mais populares, onde eu poderia alertar meus amigos para essa descoberta.

À direita da caixa onde o vídeo era exibido, havia um anúncio, parte do qual inesperadamente – puxa! – se expandiu quando passei meu mouse por cima. Em um banner no topo da tela havia um aviso de que o YouTube logo estaria "aos poucos deixando de fornecer suporte" para o meu browser e que eu deveria atualizá-lo para um "mais moderno" agora.

A tecnologia digital é configurada para encorajar os negócios, mas, até aí, nós também somos. Enquanto assistia Dinah soltando a voz, meu indicador direito, treinado por anos de escavação pelas camadas de tarefas e estímulos em busca de algo novo em intervalos de poucos minutos, repousava em cima do botão do mouse. Já havia outras páginas da Web e aplicações abertas embaixo e ao lado da do vídeo. Embora eu não estivesse lá por nenhuma dessas coisas – aquilo deveria ser o meu próprio clube de jazz a altas horas, um lugar onde sentar e fazer uma única coisa deliciosa –, a mente é adepta de racionalizar a curiosidade dos olhos. A curiosidade não é uma virtude? Por que *não* checar a minha caixa de entrada? O que os meus amigos estarão fazendo agora na rede social x? O que aconteceu no mundo desde a última vez que vi as notícias no website y?

Não resisti ao último desses impulsos. "Água-viva gigante afunda pesqueiro japonês", dizia a primeira manchete a surgir, com uma foto colorida do monstro assustador. Espantoso! "Um morre e vários ficam feridos após disparos no Oregon Office Park", "Aumenta ameaça de colisão de satélites". Essas eram as notícias na barra lateral, as quais, embora perturbadoras, não haviam entrado na lista das matérias mais lidas, naturalmente conferida por mim de cima a baixo.

O spa da mente

Agora que minha atenção estava perdida, não havia volta. Cliquei em um dos meus provedores de e-mail, que trouxe outro menu de manchetes, incluindo, pelo menos, uma coisa positiva: "Sequestro da mãe de ex-jogador da liga de basquete chega ao fim". Eu nem sabia que ela tinha sido sequestrada.

Nenhuma dessas viagens paralelas servia a uma causa útil. Não havia razão para que eu jogasse a praga de uma água-viva gigante do Pacífico no meu ensopado cognitivo-emocional; não naquele momento. Eu estava apenas cedendo à força da minha própria mente ocupada e, por consequência, deteriorando a atividade do momento, a qual deveria deixá-la *menos* ocupada, menos cheia do mundo exterior e de todo mundo nele.

Gosto bastante de outros seres humanos. Amo a minha família e os meus amigos. Sinto que sou muito sortudo por viver em um pequeno vilarejo onde posso andar pela principal rua da cidade e trombar com meia dúzia de pessoas legais que eu conheço. Adoro saber que há bilhões de outras pessoas lá fora que eu não conheço, mas que um dia posso conhecer. Saber que agora podemos compartilhar nossos pensamentos e interesses uns com os outros com tamanha facilidade, sem nos encontrarmos pessoalmente, para mim significa um tremendo passo adiante para a humanidade. O fato de que eu posso digitar algumas palavras e, graças à bondade de um estranho, ser transportado no mesmo instante para um momento musical fabuloso de uma década em que eu nem sequer havia nascido é simplesmente fantástico.

Tendo sido transportado para aquele momento, no entanto, quero tirar o máximo dele. Quero experimentar o que me foi dado por aquele estranho amante do jazz da maneira como merece ser experimentado. Quero estar *nos* momentos que a música e as imagens estão criando, para conhecê-los em toda a sua riqueza. Para que isso aconteça, preciso sair da multidão digital e dos apelos que ela faz à minha consciência. Não sair completamente, pois assim seria incapaz de aproveitar Dinah; só ficar longe o suficiente para que não sinta o clique-clique-clique cafeinado da mente. Mas, da forma como a vida na tela funciona, isso é extremamente difícil.

Em algum lugar ao fundo, Dinah ainda estava lá. *Come on, baby, come on, Daddy, and get ALL of meeee!* Ela soava incrível como nunca, mas a maior parte de *mim* tinha ido embora. Eu tinha quebrado o feitiço, virado as costas para uma fonte de prazer intenso e de libertação, sem perceber completamente nem saber por que estava fazendo isso. Não era essa a experiência

O BlackBerry de Hamlet :)

de jazz que eu tinha em mente e tanto havia apreciado no passado. Aquilo era *jazzus interruptus*, uma pantomima pouco convincente da coisa de verdade. Em vez de me livrar do estado mental confuso e insatisfatório, no qual meu dia de trabalho tinha me deixado, eu o intensifiquei. Esse esforço para libertar meu eu interior de seus fardos tinha me deixado em uma cadeia sem grades, o estado mental da tela, incansável e pendendo para o exterior – o qual, estranhamente, nos acompanha muito tempo depois de nos afastarmos da tela. Algumas noites, eu juro, esse estado me seguiu não só até a cama, mas para dentro dos meus sonhos.

Em certo aspecto, eu estava mantendo aqueles vídeos em um patamar injusto. O YouTube não tem a intenção de ser uma alameda tranquila. Se eu realmente quisesse uma imersão pura na música, *sans distractions*, poderia ter dado seis passos até a sala de estar e ligado o velho aparelho de som estéreo. No entanto, a finalidade desse exercício era tirar vantagem de uma coisa potencialmente maravilhosa sobre a *nova* tecnologia, um caminho pelo qual a fonte-chave da minha correria também serviria como antídoto.

Essa é uma questão cada vez mais importante, já que a área digital cada vez mais se torna o destino para *tudo* o que fazemos. Trabalho, família, amizades, pensamento, leitura – tanto da vida está migrando para essas máquinas, com seus universos em constante expansão de informação e de tarefas em potencial. As empresas de tecnologia elogiam os muitos esplendores de conexão das ferramentas digitais como sua principal vantagem: com quanto mais pessoas e informações conseguirmos nos conectar e quanto mais rápida e intensa for a experiência, melhor. Mas, depois de um tempo, todos esses saltos entre uma coisa e outra causam um dano terrível à nossa vida interior, pois reprimem exatamente aquilo que fomos buscar na tela: felicidade.

Meu experimento fracassado de jazz foi apenas um pequeno exemplo desse paradoxo, uma decepção pequena para mim e sem consequências para mais ninguém. Mas sua pequenez é o que o torna tão significativo. Se não posso usar esse meio novo para abrir um espaço pequeno entre mim e a multidão, bastante tempo depois que o dia de trabalho terminou, em uma hora quando tudo é quietude e refúgio, como alguém vai fazer isso enquanto se ocupa das necessidades verdadeiramente urgentes do trabalho, do relacionamento e de outros aspectos importantes da vida? O esforço que eu estava fazendo para abrir algum espaço para os meus pensamentos é emblemático de uma luta muito maior contra implicações decisivas.

O spa da mente

O eu interior arrasado e superconectado trabalha todo dia nos escritórios do mundo. Dirige empresas, universidades e nações. Cria filhos e os educa na escola. Tenta compor sinfonias e escrever romances. Tenta combater a fome e a pobreza, acabar com as guerras, encontrar a cura para doenças. E faz tudo isso navegando simultaneamente na multidão digital onipresente.

Se a distância é tão valiosa quanto Platão sugere, onde diabos vamos encontrá-la?

Isso poderia dar a impressão de ser um dilema completamente novo, uma consequência lamentável das tecnologias mais recentes. Sem dúvida *parece* um fenômeno recente. Na verdade, não é nada novo. Enquanto o mundo se tornava constantemente mais conectado ao longo dos séculos, a distância física que Sócrates e Fedro aproveitaram perdeu sua força para aliviar o eu sobrecarregado. Mesmo em sociedades antigas, as pessoas consideravam difícil escapar da correria. Os fardos e as distrações da cidade encontravam um jeito de segui-los para qualquer lugar que fossem. A mente de 2.000 anos atrás também se sentiu perseguida, encurralada, sem lugar onde se esconder. E lá atrás, tanto quanto agora, havia necessidade de soluções criativas.

Um dos primeiros pensadores a reconhecer isso foi um filósofo romano, Lúcio Anneo Sêneca. Ele nasceu por volta da mesma época que Cristo, na cidade espanhola de Córdoba, um posto avançado importante do Império Romano, onde seu pai era um oficial imperial.[1] Foi enviado muito cedo para ser educado em Roma e seguiu carreira no governo. Por volta dos 35 anos era senador e depois se tornou um dos principais conselheiros de Nero durante os primeiros oito anos deste no poder. Nero era apenas um adolescente quando assumiu o trono, e Sêneca acabou efetivamente governando o império durante esses anos, angariando tanto poder que um historiador do século xx o chamou de "verdadeiro mestre do mundo".[2] Acadêmicos consideram esse período entre os melhores do império, e Sêneca é bastante creditado por tal sucesso.

Mas foi como filósofo que Sêneca fez suas contribuições mais duradouras. Ele deixou um corpo considerável de escritos, no qual debate acerca de o que constitui uma vida boa e feliz e como encontrá-la. Ele era um homem ocupado, escrevendo do auge da vida, e sabia como ir direto ao assunto e dizer as coisas memoravelmente. Escrevendo sobre riqueza e pobreza, por exemplo, ele diz: "Pobre não é aquele que tem pouco, mas o que

O BlackBerry de Hamlet   :)

anseia por mais".[3] Ele acreditava que a função primária da filosofia deveria ser dar conselhos práticos às pessoas, para que elas vivessem melhor. Seus ensaios e cartas costumam parecer ter sido escritos não 2.000 anos atrás, mas semana passada. Esse é especialmente o caso quando ele fala sobre o problema da vida em um mundo tumultuado e da dificuldade de encontrar espaço para a mente. Dominar o mundo *exterior* é uma coisa, mas ele descobriu que é um truque ainda mais difícil dominar o *interior*, sobretudo se vivemos numa época em que os dois são um tanto estranhos. Nós vivemos em uma época assim; Sêneca também viveu.

Os romanos se apropriaram do conceito grego de civilização, que havia atingido o ápice em Atenas, e o expandiram em dimensões dramáticas. O Império Romano se estendia do norte da África até a Bretanha, indo até mais ao leste da Europa. Eles conceberam várias formas engenhosas para unificar esse vasto território, a fim de mantê-lo sob controle e torná-lo mais eficiente, o que incluía um sistema excelente de vias, um enorme contingente do exército e de funcionários a serviço da administração, em grande número mas muito disciplinados, e um sistema de correios extenso. Além de fazer Roma funcionar, tudo isso tinha o efeito de encolher as distâncias entre as pessoas.

Roma representou um tipo novo de conexão, que oferecia – especialmente para as classes privilegiadas – benefícios enormes, enquanto ao mesmo tempo cobrava seu preço, muitas vezes alto. Ao tornar o mundo menor, o império aumentou a correria e os fardos cotidianos do indivíduo. A vida na cidade de Roma era em ritmo acelerado, tumultuada, barulhenta. Uma alma exausta sem dúvida tendia a escapar dali, como os ricos frequentemente faziam, retirando-se para as propriedades suntuosas que construíam no campo. Mas, mesmo lá fora, não abandonavam Roma de verdade. No Império Romano, aonde quer que as pessoas fossem encontrariam lembretes – as vias, os aquedutos e fortalezas, os legionários e mensageiros – de que ainda estavam *dentro* de um sistema político, social e cultural que, de várias maneiras sutis e não sutis, pedia muito em termos de tempo, energia e autonomia pessoal.

Ampliando ainda mais a correria estava a comunicação escrita, uma tecnologia que decolou nos quatrocentos anos desde Platão. Escrever transformou a vida no mundo mediterrâneo e foi um fator crucial para o sucesso de Roma. O maquinário legal e administrativo que sustentava a união do império

O spa da mente

dependia de leis, editos, registros e comunicados, todos por escrito. A era da papelada havia chegado (embora nessa época fosse "papirada"). Escrever também constava amplamente da vida cotidiana dos romanos letrados, como Sêneca. Entregas postais eram eventos importantes, monitorados com tanta urgência quanto os e-mails hoje. Sêneca escreve uma vez sobre seus vizinhos correndo "de todas as direções"[4] para encontrar o último navio postal vindo do Egito. Os livros agora eram centrais para a educação, e o letramento, tanto em grego quanto em latim, se tornara essencial para qualquer romano que buscasse alcançar uma posição alta na sociedade. Em um mundo cada vez mais guiado e definido pela língua escrita, havia uma quantidade muito maior de informação para processar e absorver.

Em suma, o romano ocupado estava constantemente navegando nas multidões – não apenas nas físicas, que enchiam as ruas e os anfiteatros, mas a multidão virtual do grande império e os fluxos de informação que ela produzia. Sêneca passou a maior parte da vida no centro pulsante disso tudo. Embora ele tenha crescido na multidão, também lutou contra as exigências dela e tinha total consciência de que, se não tomasse cuidado, ela controlaria sua vida. O melhor registro dos pensamentos dele sobre esse assunto é uma série de 124 cartas para um velho amigo chamado Lucílio, um funcionário público de carreira, profundamente interessado em filosofia, e que aparentemente via Sêneca como professor e modelo.

Na juventude, Sêneca abraçou o estoicismo, uma escola grega de pensamento que enfatizava a autodependência e a vida simples. Hoje a palavra "estoico" tem um toque severo e sem alegria, mas a filosofia em si é positiva, especialmente nas mãos de Sêneca, otimista incorrigível. Sua correspondência com Lucílio, conhecida como *Epistulae Morales* ou "cartas morais", cobre uma variedade incrivelmente extensa de tópicos, desde os mundanos (um vírus que ele acabara de contrair) até os transcendentais (por que a morte não deve nos assustar), às vezes na mesma frase. Um de seus temas mais frequentes é o perigo de deixar que os outros – não só amigos e colegas, mas as massas – exerçam influência demais no nosso pensamento. Quanto mais conectada uma sociedade fica, mais fácil é se tornar uma criatura da conexão. A vida interior do sujeito se torna cada vez mais contingente, definida pelo que os outros dizem e fazem. "Você me pede para dizer o que deveria ser considerado especialmente importante evitar",[5] começa uma carta. "Minha resposta é esta: uma multidão aglome-

O BlackBerry de Hamlet   :)

rada. É algo no qual não se pode confiar sem riscos [...] nunca voltei para casa com a mesma personalidade moral com a qual saí; uma coisa ou outra se perturba onde eu havia atingido paz interior."

Para se esquivar da multidão, os estoicos acreditavam, era essencial cultivar autossuficiência interior, e Sêneca retoma esse conceito o tempo todo. Aprender a estar satisfeito consigo mesmo, a confiar nos seus instintos e nas suas ideias. Aqueles que atingem essa autonomia, ele argumenta, estão mais preparados para desfrutar e para tirar o melhor de sua vida exterior. Eles prosperam na multidão porque não são dependentes dela.

Isso era difícil em uma sociedade que impunha tantas demandas ao indivíduo como Roma fazia. As pessoas do círculo de Sêneca estavam terrivelmente ocupadas, sempre correndo com o que ele chamou de "energia incansável do espírito fatigado".[6] Ele dedicou atenção especial a dois aspectos dessa falta de descanso. Uma era a incessante necessidade de viajar, como se a felicidade sempre estivesse em uma cidade ou estância longínqua. Quem vivia assim estava, na verdade, apenas fugindo de si mesmo e das preocupações, Sêneca disse. E eles estavam destinados ao fracasso porque a mente estressada carrega seus fardos para toda parte. "Toda essa pressa de ir de um lugar para outro não vai trazer nenhum alívio, pois viaja-se na companhia das próprias emoções, com os problemas o perseguindo pelo caminho todo."[7]

Ele percebeu que quem vivia transtornado e perturbado percorria grandes distâncias para *continuar* daquele jeito, mesmo de férias. "O indivíduo que passa seu tempo indo a um lugar após o outro na caça por paz e tranquilidade, em todo lugar que estiver encontrará algo que o impeça de relaxar."[8] Em outras palavras, por volta do primeiro século da nossa era, o estado mental da correria, induzido pela multidão, tinha se tornado móvel e, mesmo então, era difícil se livrar dele. Hoje perguntamos: "Esse hotel tem conexão sem fio?"

A segunda variedade de alarido para o inconsciente vinha de como as pessoas consumiam *informação*. Devido à explosão da escrita, o império estava inundado de textos. O acervo da famosa biblioteca de Alexandria agora chegava às centenas de milhares, mas não era necessário ir ao Egito para ler. Um livreiro romano, com uma ampla equipe de escribas treinados em ditado, podia produzir em série, e com grande velocidade, cópias de livros populares.[9] Além disso, havia o tráfego de correspondências, a papelada que impulsionava tanto o governo quanto o comércio, além de outros tipos de comunicação

O spa da mente

oral. A elite, os romanos letrados, estava descobrindo o grande paradoxo da informação: quanto mais disponível, mais difícil é saber mesmo das coisas. Era impossível processar aquilo tudo de uma forma reflexiva. Então havia uma tendência a tangenciar, passar os olhos pela superfície, procurar atalhos.

Sêneca observou que as pessoas começaram a ler do mesmo jeito como viajavam, correndo de um livro para o outro. Algumas pessoas nunca se deram tempo para desenvolver intimidade com o pensamento de um único grande escritor, uma prática que ele descobriu ser útil para o desenvolvimento de sua própria mente e de suas crenças. Havia mais a ser ganho em conhecer profundamente um grande pensador, ele acreditava, do que em conhecer dúzias deles superficialmente. No entanto, escreveu, os leitores "pulam de um para o outro, fazendo visitas-relâmpago a todos".[10] Ler dessa forma é como qualquer coisa feita com pressa:

> Não é assimilada pelo corpo e não faz bem a ninguém a comida que, logo após ter sido ingerida, é regurgitada [...] uma planta que é mudada de lugar o tempo todo nunca cresce forte. Nada é tão útil que apenas por uma rápida passagem possa ter um mínimo de serventia. Livros demais só servem para atravancar o caminho.[11]

Ele também poderia ter escrito neste século, quando é difícil imaginar qualquer coisa que *não* seja "apenas de passagem", e muito da vida começa a parecer uma planta que nunca cria raízes.

Há duas maneiras básicas de lidar com o problema. Uma é se render à loucura, permitir que a multidão o leve pela coleira e que sua experiência se torne cada vez mais vazia. Sêneca conta a história de um homem rico chamado Sabino, que não lia muito mas estava desesperado para *dar a impressão* de que lia.[12] A um alto custo, comprou por volta de doze escravos e fez com que eles decorassem as obras de escritores famosos. Um deveria aprender Homero de cor; outro, Hesíodo; e assim por diante. Durante os jantares, ele manteria os escravos "junto de si para que pudesse se virar para eles o tempo todo em busca de citações daqueles poetas", as quais ele então recitaria para os convidados como que por obra própria. Hoje esse tipo de sabedoria falsa é muito mais fácil de se conseguir. Usando as telas para pesquisar no Google, todo o brilhantismo do mundo está na ponta dos nossos dedos. E enquanto ele permanece lá, em vez de ir para a nossa mente, em que somos diferentes de Sabino?

O BlackBerry de Hamlet   :)

A outra opção é dar um passo para trás, reconhecer que estamos ocupados demais e reduzir o ritmo. "Mensure sua vida: simplesmente não há muito espaço",[13] Sêneca aconselha Lucílio. Embora muito do que nos mantém agitados seja inevitável – as demandas do trabalho e outras obrigações inflexíveis –, uma boa parte é puro alvoroço sem fundamento. *Por que* conferir a caixa de entrada de e-mails dez vezes em um sábado, quando uma só é suficiente? Ao eliminar o desperdício de tempo e se concentrar no que promove objetivos superiores, Sêneca argumentava, é possível formar e enriquecer a própria experiência. Mesmo naquela época, isso não era uma revelação nova. É o bom senso por trás da ideia de Sócrates de que cada um segura as rédeas da própria biga interior, decidindo quando e como fazer uso de suas energias. Como Winifred Gallagher escreve em seu livro recente, *Rapt – Attention and the Focused Life* [Extasiado: a atenção e a vida com foco]: "O segredo é tratar sua mente como se fosse um jardim particular e tomar o maior cuidado possível com o que plantamos e permitimos que cresça nele".[14]

"Após vários pensamentos diferentes", Sêneca diz a Lucílio, "escolha um para ser digerido meticulosamente em um dia. É o que eu mesmo faço; dos muitos fragmentos que leio, tomo posse de um."[15]

A questão é como aplicar esse conceito a um mundo tão tumultuado com informações e estímulos como é o nosso. Escolher uma experiência na qual queira se concentrar é uma coisa, é diferente de desligar todas as outras coisas ao redor. O que fazer quando nem Dinah Washington prende sua atenção?

Em uma das cartas, Sêneca desenvolve essa técnica com mais detalhes. "Não consigo acreditar que o silêncio seja tão necessário quanto se costuma pensar para uma pessoa que se tranca para estudar",[16] começa, destacando que escreve em uma sala exatamente acima de um banho público ou spa. Havia essas instalações em toda cidade romana e elas desempenhavam papel proeminente na vida cotidiana. Os romanos iam aos banhos não apenas para se lavar, mas para receber massagens, fazer exercícios e outros trabalhos corporais, assim como para socializar ou apenas relaxar. Aqueles eram os avós dos spas de hoje e, como eles, nem sempre eram os oásis que gostamos de imaginar. "Imagine o pandemônio em volta de mim",[17] escreve Sêneca, descrevendo com grandes detalhes os sons que subiam, os grunhidos e arquejos dos levantadores de peso, as batidas de mão nos ombros de alguém sendo massageado, os gritos roucos das pessoas pulando na piscina,

O spa da mente

"espirrando água para todos os lados". Como se não fosse o suficiente, os sons da rua também se amontoavam, de vendedores de bebidas, salsichas e outras guloseimas, até "das carroças passando na rua, do carpinteiro que trabalha no quarteirão, de um homem serrando alguma coisa no bairro, e desse camarada afinando flautas e cornetas na fonte, fazendo barulho em vez de música".[18]

Uma cena maluca, mas ele diz a Lucílio que não o incomoda em nada. "Juro que não sinto mais esse rugido de barulho do que o som de ondas ou de uma cascata."[19] Como isso pode acontecer? Ele explica que se treinou para ser indiferente. "Forço minha mente a mergulhar em si mesma e não permitir que coisas externas a distraiam. Pode haver um verdadeiro circo lá fora, desde que não haja comoção interna."

Ele faz com que isso soe fácil, como se houvesse um botão que pudesse ser ligado e desligado na mente. A mente, ele escreve em outra carta, deveria "poder providenciar seu próprio isolamento mesmo em momentos tumultuados".[20] Talvez, mas ao atingir o que ele chama de "distanciamento interior",[21] também conta com o auxílio crucial de uma ferramenta: a carta que está escrevendo para Lucílio. Ele não toca no assunto, mas, sem dúvida, o ato de escrever o ajudou a se concentrar nos pensamentos. A carta é o *objeto* da jornada para dentro, e funciona maravilhosamente bem, levando ao destino desejado. Essa carta é uma de suas mais vivas e interessantes, o que não seria caso ele houvesse sido distraído pela algazarra do ambiente. De fato, por volta do fim da missiva, ele revela que a escreveu como um experimento, um esforço consciente para superar o estrépito.

O extraordinário é que, para diminuir a correria, ele se vale de uma tecnologia que desempenha papel fundamental em deixar os romanos mais atarefados – a língua escrita. Para um homem que viveu defendendo uma filosofia de simplicidade e autonomia interior, escrever uma carta era o recurso perfeito para o problema de uma sala barulhenta. Primeiro, simplificou a multidão ao reduzi-la a uma única pessoa. Do gigantesco amontoado de indivíduos que era Roma, ele escolheu um como foco exclusivo dos seus interesses. Lucílio é o equivalente humano do único pensamento que ele escolhia por dia para dedicar atenção especial. Segundo, ao abafar as distrações do mundo exterior, escrever a carta permitiu que ele se voltasse para o interior e reivindicasse sua autonomia.

O BlackBerry de Hamlet :)

Assim, a língua escrita teve capacidade para fazer o que Sócrates disse que ela jamais faria: libertar a mente para que pudesse dar o melhor de si. Atingiu essa capacidade ao permitir uma experiência pessoal e reflexiva. O que Sêneca descreve lembra o estado de "fluxo" que o psicólogo moderno Mihaly Csikszentmihalyi identificou como o melhor da experiência humana.[22] Na essência, fluxo é o que acontece quando uma pessoa está tão absorvida por uma atividade que faz com que o mundo pareça sumir. A atividade pode ser tão simples quanto montar um quebra-cabeça ou tão complexa quanto pilotar um avião, desde que produza o que ele chama de "envolvimento profundo mas sem esforço, que remove da consciência as preocupações e frustrações do dia a dia". No fluxo, não há noção de tempo ou distração, apenas imersão completa no momento. De acordo com Csikszentmihalyi, esse estado feliz é alcançado pelo aprendizado do "controle da experiência interior" e pelo alcance de "ordem na consciência". As atividades que induzem a esse estado tendem a trazer um sentimento de limitação; muitas delas são tarefas direcionadas por uma meta e têm uma chance razoável de ser terminadas. Não há qualquer satisfação em montar um quebra-cabeça se as peças não se encaixam ou em atirar bolas numa tabela sem aro.

Escrever uma carta contemplou todos esses critérios do fluxo. Em uma sociedade em que a distância física havia deixado de ser uma escapatória eficaz da multidão, Sêneca se sentou com uma página em branco e escapou de outro jeito – ele descobriu a distância *interior*.

A língua escrita nem sempre proporciona esse milagre, é claro. Como um livro folheado com pressa, uma carta escrita de qualquer jeito, sem muita reflexão, estaria mais para uma visita rápida e provavelmente não seria de muita ajuda. Ao lermos as cartas de Sêneca, fica óbvio que ele se entregou completamente à escrita delas. É por isso que elas foram úteis para tantos leitores e sobreviveram por tanto tempo. Mais de 1.500 anos após sua morte, a rainha Elizabeth I costumava começar o dia com o conselho dele para acalmar a mente.[23] Ela traduziu Sêneca do latim para o inglês muitas vezes, envolvendo-se, portanto, na mesma atividade que tinha ajudado o pensador na sala em cima do banho público: a escrita.

Poderia funcionar para nós? A meta das minhas sessões virtuais de jazz também era voltar a tecnologia do presente contra si mesma. Não tive muito sucesso, mas talvez tenha sido porque não usei a abordagem de

O spa da mente

Sêneca. Ou seja, não encarei minha situação como o problema *filosófico* que era. Como homem ocupado em uma sociedade ocupada, Sêneca muitas vezes se encontrava preso no extremo do *continuum* da conexão, o lugar ultratumultuado que eu chamei de ômega. Então ele desenvolveu algumas técnicas práticas, apoiado na filosofia estoica, para voltar ao alfa. Escolher uma ideia por dia e pensar nela com mais profundidade. Treinar a mente para ignorar o caos por intermédio da arte da concentração. Podem não ser reflexões espantosas, mas o fato é que nunca tinham me ocorrido. Sêneca tinha mais consciência e refletiu mais sobre seus problemas de sobrecarga do que eu sobre os meus.

Voltei para a tela e tentei mais uma vez, com o mesmo vídeo. Dessa vez, antes mesmo de sentar, contemplei minha própria sede pela interioridade e o que poderia ser mudado para me ajudar a alcançá-la. Cuidei para que não houvesse nenhum outro aplicativo aberto na tela. Quando abri o vídeo no YouTube, procurei imediatamente um jeito de bloquear os comentários dos usuários e todos os outros alarmes e apitos vindos da multidão, que foram o começo das divagações da minha mente.

Havia duas opções. Uma era um botão que me permitiria ver o vídeo em uma outra janela, enquanto mantinha a janela original (com todos os alarmes e apitos) aberta e parcialmente visível; a outra era maximizar o vídeo para que ficasse do tamanho da tela. A última estava mais afinada com o meu objetivo – maximizar uma única coisa e minimizar o resto –, então optei por ela. Assim que fiz isso, lembrei por que raramente uso aquele botão: há um preço tecnológico por ampliar um vídeo; na busca por isolamento físico, perdi nitidez e resolução. Embora não quisesse ver meus vídeos daquele jeito para o resto da vida, podia conviver com aquilo para experimentar.

Já que dessa vez eu estava tentando mesmo me concentrar, imaginei que seria inevitável me sair melhor. De fato, fiquei com Dinah até o fim, sem desvios. Quando a música acabou, fechei o browser, me levantei, desliguei a lâmpada e abandonei a tela. Ao andar pela casa, tentei descobrir se me sentia diferente. Consciência não pode ser medida com a mesma precisão que a temperatura do corpo, e é difícil comparar estados mentais ao longo do tempo. A música e as imagens haviam sido ótimas, sem dúvida, e senti que aproveitei mais por não ter saído em disparada para todos os lados. Mesmo assim, não poderia dizer honestamente que tudo havia transcorrido, nas palavras de Sêneca "sem comoção interior".

O BlackBerry de Hamlet :)

Embora a exibição em tela inteira tenha sido muito menos corrida e com isso eu tenha me impedido qualquer desvio, dessa vez alguma outra coisa se colocou no caminho. Simplesmente porque a experiência continuava a se dar em uma tela digitalmente conectada – as luzes esverdeadas do modem e do roteador brilhavam à minha esquerda o tempo inteiro –, minha mente estava em modo de conexão desde o momento em que entrei no escritório. É quase pavloviano: vejo a tela, sei que ela está conectada, e meus pensamentos mudam de frequência. Associo a ferramenta à exterioridade de tal forma que é difícil até pensar nela como ferramenta da interioridade. E, como o exercício não era nada além de pensar, aquilo foi um problema.

De certa maneira, portanto, a questão estava na minha cabeça. Mas o fato é que a tecnologia por si só não ajuda muito; Sêneca teve sorte por ter à mão uma ferramenta excepcionalmente boa em induzir concentração. As máquinas de hoje poderiam fazer um pouco mais para nos ajudar. Tendo feito a escolha filosófica por uma vida mais interior, teria gostado de um aparelho que permitisse concentração em uma meta valiosa e oferecesse caminhos fáceis para alcançá-la. As várias formas de correria que me vi forçado a excluir da experiência foram manifestações da propensão maximalista dos aparelhos digitais. Nossas telas foram projetadas para nos manter ocupados e conectados o máximo possível, ligados infinitamente no modo de multidão. E elas fazem com que mudar de postura seja muito difícil. Já existem dispositivos que permitem que alguém remova da experiência on-line algumas das distrações mais irritantes,[24] mas são meros opcionais e não mudaram a tendência fundamental.

Era tarde quando terminei meu experimento e fiz uma coisa que não costumo fazer na hora de dormir. Levei um rádio portátil para a cama e o liguei em um programa de jazz de Boston que eu costumava ouvir na cozinha todo começo de noite. De algum modo, o fato de que era uma estação *local*, chegando não por uma conexão digital, mas por ondas de rádio, foi importante. Ficar deitado lá, no escuro, ouvindo rádio local, foi uma forma de completar o que eu havia começado com o vídeo – colocar alguma distância entre mim e este mundo vasto, ocupado, conectado.

7

Espelhinhos

Gutenberg e o negócio da interioridade

*"Mesmo antes que os livros estivessem prontos,
já havia consumidores querendo comprá-los."*

Quando um dos dispositivos mais aguardados da última década, o Apple iPhone 3G, chegou às lojas do mundo todo alguns verões atrás, foi saudado como um prodígio. Não era apenas um telefone, mas um elegante computador de bolso que fazia tudo: dispunha de browser para navegação na internet, câmera, player de vídeos e músicas, além de muitas outras coisas. Também prometia mais velocidade que a do iPhone original, permitindo ao usuário executar mais tarefas em menos tempo. "Melhor do que nunca", exortava a resenha de uma revista, "a cobertura 3G permite que se faça uma ligação telefônica e se surfe na rede ao mesmo tempo".[1] Em outras palavras, de acordo com a filosofia predominante em voga para a vida digital – quanto mais conectados estivermos ao maior número de pessoas e de informações, melhor –, era o aparelho dos nossos sonhos. E desencadeou um daqueles frenesis de uma avalanche de consumidores, algo que se tornaria um tipo de cerimônia global, com conotações quase religiosas.

"Filas para o que os fiéis chamam de 'telefone Jesus' começaram a se formar no começo de sexta-feira do lado de fora das lojas da Apple, do Vale do Silício a Hong Kong", noticiou o *Mercury News* do norte da Califórnia, "com almas intrépidas trazendo sacos de dormir, laptops e o desejo de se unir aos companheiros seguidores do iPhone".[2] Em uma loja de Tóquio, a fila chegou a 1 quilômetro de comprimento, e o clima era de puro pandemônio. "A entrada da loja foi sitiada por repórteres e equipes de filmagem", de acordo com um jornal, "enquanto helicópteros sobrevoavam o local e um

O BlackBerry de Hamlet   :)

display de LED fazia contagem regressiva para a venda do telefone."[3] O primeiro cliente da fila, um certo Hiroyuki Sano, havia viajado 350 quilômetros e acampado do lado de fora da loja durante três dias. Quando ele saiu com seu prêmio, um bando de paparazzi tecnológicos o perseguiram em busca de um comentário. "Estou muito feliz", disse Sano finalmente e quase sem fôlego, de acordo com as matérias.

E por que não estaria? Ele estava segurando a nata da tecnologia portátil. Sempre ficamos felizes quando adquirimos um aparelho de conexão novo em folha porque pensamos em todas as coisas interessantes, úteis e divertidas que ele fará por nós. E em como será melhor que o aparelho anterior, que era legal, mas não satisfazia *muito bem* as nossas necessidades. O modelo novo é a resposta, e vale a pena enfrentar a multidão por ele.

Quando o levamos para casa e começamos a usá-lo, no entanto, surge um problema: continuamos em uma multidão, a multidão das telas, que é tão maluca quanto aquela de Tóquio. A mesmíssima coisa que torna essas tecnologias tão populares, a capacidade de nos manter em contato mais próximo e frequente com o restante do planeta, é o que as torna um fardo tão grande. Elas são melhores em nos deixar mais ocupados. O ponto forte e o ponto fraco delas são o mesmo. Somos tão perseguidos por nossas telas como o pobre sr. Sano foi pelos paparazzi, com a diferença de que nós convidamos esse bando para nos perseguir. Nós o carregamos no bolso e respondemos a cada uma das suas demandas.

Se ter uma vida interior é tão importante quanto ter uma exterior, criamos uma encruzilhada tecnológica para nós mesmos. Os aparelhos que compramos e usamos todo dia são projetados, construídos e vendidos sob a premissa de que estar sempre na multidão é um bem genuíno. E isso se mostra uma péssima ideia. Não faz sentido viver dessa forma fragmentada, sempre disponível. Em vez de manter a multidão sempre mais próxima, nossas máquinas deveriam nos ajudar a encontrar alguma distância quando precisássemos.

Com base nas experiências recentes, é difícil imaginar quando isso pode acontecer. Em certo sentido, estamos à mercê das grandes empresas do ramo da tecnologia, as quais tiram lucros enormes de ferramentas que procuram aumentar a intensidade da conexão, empurrando-nos cada vez mais para a extremidade ômega do *spectrum*. E parece não haver nenhum bom argumento empresarial para que uma nova abordagem seja adotada. Por que mudar, quando as pessoas estão fazendo filas em todos os lugares para comprar seus produtos?

Mas essas filas apontam as verdadeiras fontes do problema: nós mesmos. Os comerciantes de tecnologia não forçam ninguém a comprar suas máquinas. Nós aderimos à ideia de que os melhores dispositivos são os que permitem conexão máxima e endossamos essa ideia com a carteira. Na verdade, estamos projetando nosso futuro tecnológico, batalhando para tornar a vida ainda mais corrida e difícil do que é agora.

Estamos presos à multidão para sempre?

Não, se o passado servir de guia. Novos dispositivos de conexão sempre favoreceram a exterioridade. Em primeiro lugar, é para isso que eles surgem, para ajudar as pessoas a alcançar o exterior. Novas tecnologias formam novas multidões. E, quanto mais fazem isso, com mais avidez são adotadas. No entanto, como tendem a aumentar a exposição do indivíduo à multidão e elevar o nível de correria, forçam a mente e o espírito. Assim, torna-se essencial encontrar áreas de escape. Como foi mostrado nos dois capítulos anteriores, os pensadores de vanguarda do mundo antigo descobriram formas inteligentes para fazer exatamente isso. Na Atenas antiga, a distância física foi o "clique" para dois amigos que fugiram da cidade levando um pergaminho. Na Roma frenética, Sêneca encontrou a distância interior no ato de escrever uma carta. Em ambos os casos, a tecnologia de conexão que estava tornando o mundo menor, a língua escrita baseada em um alfabeto, desempenhou um papel importante. Uma ferramenta de exterioridade poderia promover interioridade também.

No entanto, havia um aspecto da língua escrita que permanecia altamente externo e voltado para a multidão: a leitura. Na Grécia antiga, em Roma e durante a maior parte da Idade Média, ler não era a atividade reservada que conhecemos hoje. Por mais de mil anos, a maioria das leituras era feita *em voz alta*, assim como Fedro leu o pergaminho para Sócrates. As pessoas se sentavam em bibliotecas e monastérios com livros abertos diante de si e liam em voz alta. O tipo de atividade de leitura que hoje tomamos como certo – sentar em silêncio com um livro, os olhos passando pelas linhas – era raro. A leitura silenciosa era tão rara que, quando alguém se dedicava a isso, os outros tomavam como um evento curioso ou até mesmo excêntrico.

Santo Agostinho, que viveu na Itália no fim do século IV d.C., assinala em suas *Confissões* que o bispo de Milão (hoje conhecido como Santo

O BlackBerry de Hamlet :)

Ambrósio) tinha um hábito incomum: "Quando ele lia, seus olhos perscrutavam a página e seu coração buscava o significado, mas sua voz permanecia em silêncio e sua língua, parada".[4] Ler dessa forma era, de acordo com Agostinho, o jeito que o bispo tinha para "refrescar" a mente. Essa história, contada em detalhes por Alberto Manguel em seu livro de 1996, *Uma história da leitura*, é tida como o caso mais antigo na história do Ocidente de uma pessoa que tem o costume de ler para si mesma, sem falar.

Ler era, como Manguel diz, uma "habilidade oral".[5] Também era uma habilidade social e, como tal, normalmente acontecia na companhia dos outros. Ao invés de ler em privacidade, as pessoas se reuniam para ler em grupos. Havia várias razões para isso. Muitas pessoas não sabiam ler, e a cultura oral sobreviveu à gênese da escrita; e havia a crença de que a expressão falada era a forma mais elevada de comunicação. A leitura coletiva também era fruto da economia. Os livros eram feitos à mão e, para a maioria das pessoas, incluindo muitas que sabiam ler, absurdamente caros. Após a queda de Roma, a Igreja foi produtora e proprietária da maior parte das informações escritas na Europa. A não ser que alguém fosse muito rico e pudesse bancar a própria biblioteca, era apenas nas missas e em outras reuniões religiosas que a maioria das pessoas entrava em contato com os belos tomos trabalhados à mão produzidos laboriosamente pelos escribas da Igreja. Em suma, ler ainda não havia se tornado a experiência pessoal e interior que é hoje.

Ao longo da era medieval, isso começou a mudar. Algumas pessoas que tiveram acesso aos livros começaram a ler em silêncio e em particular. E descobriram como isso era diferente de ler em voz alta entre os outros. Ler em particular sem vocalizar as palavras era embarcar em uma viagem interior sem compartilhá-la com ninguém ou sujeitá-la à influência e ao controle exterior. A mente não era apenas "refrescada", como Agostinho havia notado, mas libertada. A leitura em particular permitia que alguém se apropriasse do texto de uma nova maneira. E, ao tomar posse, os leitores poderiam vagar *fora* dos domínios do texto, gerando novas ideias e conceitos para si. Sem dúvida, esse tipo de pensamento podia acontecer enquanto os livros eram lidos em voz alta, mas a leitura individual era mais propícia a ele por ser uma experiência interior por excelência. Para os pioneiros dessa prática, muitos deles monges acadêmicos, foi uma revelação e, sem dúvida, um estímulo. Era um caminho completamente novo para desfrutar da distância interior que Sêneca havia sentido enquanto escrevia uma carta.

Ainda assim, mesmo que a leitura interior tenha sido abraçada por poucos privilegiados, para a maioria os livros continuavam fora de alcance. Ao longo do começo do século xv, ler continuava a ser a experiência que sempre havia sido: voltada para a multidão. E não havia razão para pensar que isso mudaria um dia. Primeiro, havia restrições tecnológicas sérias a tornar os livros mais acessíveis. Eles eram feitos de materiais dispendiosos (pele de animal, papel, tinta) e por artesãos habilidosos que não podiam trabalhar tão rápido. Segundo, as camadas mais poderosas da sociedade, a Igreja e a aristocracia, não estavam ansiosas para promover acesso amplo aos livros e à experiência interior que eles ofereciam. A Igreja, em particular, entendia que a leitura poderia ser a rota para pensamentos não ortodoxos e heréticos, portanto, uma ameaça. Foi por volta da mesma época que a leitura em silêncio se tornou a norma entre pessoas de educação elevada, em torno do ano 1000, que os primeiros hereges foram queimados na fogueira. Já havia causadores de problema suficientes. Por que ensinar o rebanho a pensar por si mesmo?

A ideia de que essas restrições poderiam ser superadas e de que a leitura interior poderia, de alguma maneira, se tornar amplamente disponível para todo tipo de pessoa era tão improvável quanto parece hoje a perspectiva de que os aparelhos digitais possam *nos* ajudar a sair da multidão. Impossível! Mesmo assim, estava prestes a acontecer. E a forma como aconteceu demonstra não apenas que as tecnologias podem ser repensadas de maneiras surpreendentes, mas também que quem soluciona esse enigma em especial pode colher recompensas enormes.

Em 1432, a cidade alemã de Aachen foi palco de um evento que exemplificou como a vida medieval costumava ser tumultuada. Aachen, sede de uma das maiores catedrais da Europa, era um dos maiores destinos das peregrinações cristãs – como a retratada nos *Contos da Cantuária* de Geoffrey Chaucer.[6] Os peregrinos iam para Aachen porque sua catedral suntuosa guardava algumas das relíquias mais sagradas de toda a cristandade, inclusive o cueiro de Jesus criança, os mantos da Virgem Maria e o pano usado para enrolar a cabeça decepada de João Batista. Acreditava-se muito que esses objetos tinham poderes miraculosos e eles atraíam multidões tão imensas que, no fim dos anos 1300, oficiais da Igreja deliberaram que o

O BlackBerry de Hamlet   :)

acesso precisaria ser limitado. Desde então as relíquias seriam mostradas ao público apenas uma vez a cada sete anos e apenas durante duas semanas.

Durante esses eventos, Aachen era inundada de peregrinos. E assim se deu em 1432, com milhares convergindo para a cidade, de perto e de longe, a pé, a cavalo, de jumento, em carroças, vagões e qualquer outro meio que pudessem encontrar. Como os peregrinos de Chaucer, formavam um grupo heterogêneo, representando uma vasta gama de classes e circunstâncias. Mas, ao alcançar a catedral, fundiam-se em uma única multidão, uma massa pulsante, barulhenta e suada de humanidade, todos tentando alcançar a mesma meta, as relíquias sagradas. Certo ano, a pressão de todos aqueles corpos fez com que uma construção ruísse, o acidente deixou dezessete mortos e uma centena de feridos.

O que exatamente eles procuravam? A tradição sustenta que as relíquias emitiam raios invisíveis imbuídos de poder divino capaz de curar doenças e conceder outras graças. A forma mais garantida de obter essas bênçãos era tocar os objetos. Isso antes havia sido fácil de fazer, mas, uma vez que a multidão de peregrinos crescera ao longo dos anos, tornou-se impossível prover acesso físico a todo mundo – gente demais, tempo de menos. No entanto, acreditava-se que ficar na direção dos raios e ser atingido por eles era tão válido quanto tocar os objetos. Assim, durante as peregrinações as relíquias eram transferidas para uma plataforma erguida do lado de fora da catedral, onde os clérigos as seguravam a distância, uma de cada vez, para ampliar o alcance dos raios.

Um aparelho especial havia sido criado para que ninguém ficasse de fora: um pequeno espelho convexo projetado para capturar e absorver os tais raios. Os espelhos eram talhados em metal, muitas vezes embelezados com figuras decorativas e às vezes usados como distintivos. De acordo com o historiador John Man, o peregrino comprava um desses objetos de algum vendedor local, encontrava um ponto estratégico sem obstáculos – alguns escalavam os muros da cidade – e segurava o espelho apontando-o às relíquias "como se fosse um terceiro olho".[7] Como se acreditava que os espelhos retinham a energia sagrada, poderiam ser usados até muito tempo depois para curar os cegos, os doentes e qualquer um que precisasse da ajuda divina. "Você podia voltar para casa com a segurança e a certeza feliz de carregar na algibeira a essência do miraculoso", escreve Man.[8]

Os espelhos eram uma versão portátil das relíquias, com uma capacidade de armazenamento excelente e, para aqueles que acreditavam em seu

Espelhinhos

poder, desempenhavam um serviço de valor. Durante a peregrinação de 1432, eram tão populares que os artesãos locais que os faziam sob monopólio associado não conseguiam suprir a demanda. Então foi decidido que para as próximas peregrinações seria aceito o trabalho de artífices de outras cidades, que poderiam comercializar seus produtos também. Como as reuniões podiam arrastar mais de 100.000 pessoas, era uma oportunidade de negócio com potencial evidente. Uma nova provisão de espelhos poderia, como diz outro historiador, "promover, sem dúvida, vendas imediatas entre a multidão".[9]

Um dos que aderiram foi Johannes Gutenberg, um empreiteiro ambicioso de Estrasburgo que teve uma ideia original. Até então, os espelhos eram feitos à mão, uma tarefa que consumia tempo. Gutenberg acreditava que existia uma forma de produzi-los em massa com a tecnologia da época, as prensas que foram usadas por séculos para fazer vinho e azeite. Em vez de extrair líquido de uma fruta, a prensa seria usada para moldar espelhos em uma peça de metal, de modo que cada peça forneceria muitos espelhos. Se a ideia funcionasse, Gutenberg faria espelhos a uma velocidade com a qual nenhum artesão poderia competir e a um preço muito mais baixo – uma clássica estratégia de economia de escala.

Ele tinha certa bagagem para empreender a tarefa, tendo sido criado entre ferreiros e fabricantes de moedas, e encontrou três patrocinadores. Desenvolveram uma parceria para produzir espelhos para a peregrinação seguinte. O plano era vender 32.000 unidades, com Gutenberg recebendo 50 por cento do lucro, enquanto os outros três dividiriam a metade restante. Aparentemente os espelhos foram fabricados e vendidos, mas não restaram registros de quantos foram ou se Gutenberg obteve lucro com a aventura.

Para os nossos propósitos, no entanto, o que importa é o problema fundamental que ele estava tentando resolver e aonde isso o levou em seguida. Gutenberg viu que podia fazer dinheiro ajudando as pessoas da sua época a lidar com o desafio das multidões. Os peregrinos chegaram a Aachen *en masse* e formaram de bom grado uma multidão para obter as bênçãos das relíquias. Era uma viagem exterior, porém a meta era interior: absorver de corpo e alma as emanações espirituais das relíquias e levar aquilo de volta para casa. A multidão constituía um obstáculo de dois jeitos diferentes: era um obstáculo físico bloqueando o acesso corporal às relíquias, e era um obstáculo virtual ou real, no qual o mero número de pessoas tornava

O BlackBerry de Hamlet :)

impossível aos artesãos locais fornecer espelhos o suficiente para superar o impedimento físico pela "conexão" através do ar.

A horda do lado de fora da catedral de Aachen era diferente da multidão digital que encontraríamos depois em incontáveis aspectos. Mas as duas multidões são parecidas em um aspecto importante: nós, também, estamos fazendo viagens externas em busca de metas internas, usando nossos "telefones Jesus" para captar sinais invisíveis. E a multidão está se colocando no *nosso* caminho também. Por que compramos um aparelho novo, para começo de conversa? Seria simplesmente para nos projetarmos exteriormente no mundo, apenas para estarmos conectados? Não, nós nos conectamos para fazer bem nosso trabalho, para nos comunicarmos com os amigos, para aprender e explorar. Por intermédio de uma tela, seguimos essas metas externamente, navegando na multidão digital. No entanto, no fim do dia, o que importa é o que levamos para casa. O que interessa é a qualidade da experiência de vida, que por sua vez depende de quanto o aparelho nos ajuda a desempenhar as tarefas externas *colhendo recompensas interiores.*

O seu tempo diante da tela o ajuda a pensar e a trabalhar melhor? Estreita os laços com seus amigos? Ajuda a encontrar aquele distanciamento e aquele espaço tão necessários? Suas explorações enriquecem sua compreensão do mundo? Você sai em estado de espírito melhor do que quando entrou? Essas questões são todas internas. E, quanto mais tempo gasto na multidão digital, mais difícil respondê-las afirmativamente. A vida interior não se torna mais profunda e feliz, mas mais vazia e desagradável.

Gutenberg foi um homem de negócios e da tecnologia, mas suas invenções tinham implicações filosóficas profundas. No caso dos espelhos, a produção em massa permitiria a mais peregrinos ter uma conexão pessoal com as relíquias de *dentro* da multidão. No meio de todo o barulho e de toda confusão, eles poderiam alcançar o exterior – na verdade, transpôr a multidão – para cumprir sua meta e levar o resultado de volta para o interior. Estranhamente, hoje estamos indo no caminho contrário, "atualizando" nossas engenhocas digitais de maneiras que tornam a vida mais tumultuada ao invés de menos, tornando muito mais difícil abrir espaços entre si e o mundo frenético. Em seu pior lado, a tela digital se torna o oposto do espelhinho, um talismã da energia ruim, uma maldição portátil.

Embora os espelhos sejam apenas uma metáfora para a dificuldade de hoje, levaram Gutenberg a algo muito maior e de relevância mais

Espelhinhos

direta para o presente. Em sua aventura seguinte, ele se valeu dos mesmos princípios tecnológicos – prensa, produção em massa – e os aplicou à comunicação escrita, a qual, como vimos, tinha seu próprio problema com a multidão. Assim como não havia espelhos suficientes para satisfazer a demanda popular, não havia livros o suficiente para circular. Como resultado, a maioria dos europeus não tinha acesso à experiência interior que a leitura proporcionava. Gutenberg repensou a tecnologia da produção de livros, desenvolvendo uma prensa tipográfica com tipos móveis que possibilitariam que os livros fossem feitos com maior velocidade e menor custo do que à mão. Com seu primeiro texto impresso, a Bíblia com 42 linhas por página, ele deu ao mundo algo completamente novo: um livro feito à máquina, com um texto uniforme que poderia ser reproduzido com eficiência sem precedentes. Com o passar do tempo, isso permitiria que um número muito maior de pessoas lesse sozinho do jeito íntimo que estimula a interioridade.

Foi um sucesso imediato, arrasador. Em 1455, algumas páginas da primeira tiragem de Bíblias de Gutenberg foram exibidas em uma feira em Frankfurt. Um homem que as viu, chamado Enea Silvio Picolomini (mais tarde papa Pio ii), escreveu uma carta para um clérigo de alta hierarquia, contando que aquele novo tipo de livro era espantosamente fácil de usar, aparentemente sem falhas.[10] Mas ele não tinha muita esperança quanto a conseguir um, porque eles já eram um *hit*. "Tentarei, dentro do possível, comprar uma cópia dessas Bíblias para o senhor e mandar entregar", ele escreveu. "Mas temo que não seja possível, tanto por causa da distância quanto porque, dizem, mesmo antes que os livros estejam prontos, já há consumidores querendo comprá-los."

Nem todo mundo estava empolgado com a criação de Gutenberg. Assim como hoje, havia pessimistas e desconfiados que viam a nova tecnologia como uma chaga para a civilização. Em seu último livro, *A questão dos livros – presente, passado e futuro*, Robert Darnton cita uma carta escrita em 1471 pelo acadêmico italiano chamado Nicolò Perotti.[11] Embora inicialmente tivesse visto o livro impresso como algo bom, com apenas uma década e meia de era da imprensa Perotti concluiu que aquilo era uma ameaça:

Vejo que as coisas aconteceram de modo muito diferente do que eu esperava. Pois, agora que qualquer um é livre para imprimir o que quiser, as pessoas negligenciam o

O BlackBerry de Hamlet   :)

tempo todo o que há de melhor e, em vez disso, escrevem, por pura diversão, o que seria melhor legar ao esquecimento ou, melhor ainda, *apagar* de todos os livros. E, mesmo quando escrevem alguma coisa que valha a pena, eles tudo distorcem e corrompem a tal ponto que seria muito melhor passar sem tais livros, em vez de ter mil cópias espalhando falsidades pelo mundo inteiro.

Como todas as grandes inovações, a imprensa se espalhou rapidamente. Em 1480 já havia prensas em funcionamento em mais de 120 cidades e vilas europeias. Por volta de 1500, essa primeira onda de impressores havia produzido uma estimativa de 30.000 títulos diferentes e milhões de exemplares. Após séculos em que a leitura havia sido principalmente uma atividade exterior, voltada para a multidão, a ideia de um livro que o leitor pudesse ler sozinho, de uma maneira completamente interior, revelou-se poderosa ao extremo. Gutenberg descobriu uma fome que era maior e mais profunda do que qualquer um poderia prever.

O desejo de aperfeiçoar e ampliar essa experiência produziu ainda mais inovações. Os primeiros livros impressos seguiam a forma dos manuscritos, o que significa que eram grandes (ideais para apresentações e leituras para grandes plateias), bonitos e ainda consideravelmente caros para produzir. Mas os impressores logo perceberam que havia necessidade de livros menores e mais baratos, que se encaixassem melhor às leituras individuais cotidianas. Por volta do início dos anos 1500, havia livros em formato de bolso com novos modelos, mais agradáveis ao olho, acompanhados de outras inovações para facilitar a vida do leitor.

Os efeitos dessa mudança de ares na comunicação escrita não foram sentidos apenas nas leituras privadas. Em 1517, um monge alemão com algumas ideias teológicas não ortodoxas cravou, na porta de uma igreja em Wittenberg, suas objeções a várias políticas e práticas da Igreja e desencadeou a Reforma Protestante. Martinho Lutero havia adquirido tais visões por meio de suas próprias leituras e estudos da Bíblia, e, com o tempo, a tecnologia da imprensa permitiu que a mensagem dele alcançasse um grande público leitor que, por sua vez, leria aquele dramático desafio à autoridade eclesiástica e decidiria de que lado ficar. A invenção de Gutenberg desempenharia assim papel crucial em acabar com o monopólio de poder da Igreja e nas mudanças políticas e sociais subsequentes, que ajudariam a moldar o mundo moderno. Os valores de liberdade e igualdade a que damos tanto valor hoje se enraizaram graças à difusão da leitura e à força que ela conferiu aos indivíduos para pensar por si mesmos.

Claro, o livro impresso tem muitos outros pontos positivos que o tornaram uma ferramenta tão útil e ajudam a explicar por que ele sobreviveu à era do computador até agora. "Ficou provado que é um equipamento maravilhoso", Darnton escreve,

> ótimo para embalar informações, conveniente para folhear, confortável para levar para a cama, excelente para armazenamento e espantosamente resistente aos danos. Não precisa ser atualizado ou baixado, acessado, plugado em circuitos ou extraído da rede. Seu *design* é um colírio para os olhos. Sua forma faz com que segurá-lo seja um prazer.[12]

Alguma dessas coisas faz de Gutenberg um filósofo? Não, no sentido convencional. Sabe-se pouco sobre o homem e não há provas de que ele tenha conscientemente desencadeado a democratização da leitura. Ele era acima de tudo um homem de negócios ou, como John Man diz, "um pioneiro do capitalismo"[13] que reconheceu que era possível ganhar dinheiro produzindo Bíblias em massa. Contudo, foi necessário uma mente filosófica para se afastar dos desafios da multidão na Europa do fim da Idade Média e trazer não uma, mas duas soluções diferentes. Se Gutenberg tivesse pensado apenas na produção em massa de espelhos, não saberíamos o nome dele hoje. Se ele tivesse pensado apenas na imprensa, saberíamos o seu nome, mas teríamos menos motivos para supor que ele procurava o tempo todo soluções para o enigma do eu em um mundo tumultuado. Como ele teve as duas ideias e trabalhou em ambas tão obstinadamente – gastou vários anos nas duas empreitadas, recorrendo pelo caminho a muito dinheiro emprestado –, é bastante provável que não estivesse perseguindo apenas o lucro, mas uma visão genuína.

E seu trabalho se traduz em ideias das quais extraímos ensinamentos até hoje, quando a publicidade promove a vida "sempre conectada" e influentes críticos de tecnologia louvam os novos aparelhos não apenas por eles ampliarem nosso alcance, mas também nossa disponibilidade, trazendo a multidão para mais perto em diversas esferas da vida.

Quando meu infalível notebook detecta um sinal de internet sem fio, me diz que eu estou "Conectado!" e o ponto de exclamação não deixa dúvida quanto ao que isso significa: Boa notícia! Estou na multidão! Quando não há sinal disponível, um x vermelho aparece sobre o ícone da conexão sem fio

O BlackBerry de Hamlet   :)

no canto inferior direito da tela. Agora não há nenhum ponto de exclamação com o qual ficar feliz. A multidão se foi. Por anos, reagi ao x vermelho com frustração e impaciência, às vezes soltando uma maldição entre os dentes e com uma mão espalmada na superfície sólida mais próxima. Eu podia sentir a pulsação na minha nuca enquanto minha pressão sanguínea subia. Eu era um maximalista dos bons e não havia nada pior do que perder a multidão.

Eu estava enganado. Percebo isso agora, e não sou o único. É evidente que uma vida o tempo todo voltada para o exterior é improdutiva, infeliz e pouco saudável em muitos aspectos. Se nunca sairmos da multidão, a mágica nunca vai acontecer. Precisamos de distanciamento e espaço, e precisamos constantemente. Mesmo assim, prosseguimos, indiferentes. Nos últimos tempos, houve um esforço para fazer da leitura, a experiência interna por excelência, mais exterior. Alguns leitores de e-books permitem que a atenção seja dividida para lá e para cá entre o texto e o restante do universo digital – o livro conectado. Entusiastas dessa abordagem preveem que no futuro toda leitura será feita em público. Ou seja, estaremos navegando nos links, comentários e mensagens em tempo real de pessoas distantes mesmo enquanto tentamos ler, digamos, um ótimo romance. De certa maneira, poderia ser um retorno à era pré-Gutenberg, quando a multidão olhava torto para os leitores solitários e silenciosos.

É muito bom ter amplo acesso à informação; é por isso que as bibliotecas sempre foram tão valiosas, e quanto maiores, melhor. Para pesquisas, a era do Google é uma maravilha. Mas é diferente *acessar* a informação e *experimentá-la*. A evolução da leitura envolveu descartar a multidão por um motivo: não era o melhor jeito de ler. Alguém gostaria de ficar em uma biblioteca onde todos os livros em todas as prateleiras reverberassem suas informações e todos os leitores em todas as mesas falassem ao mesmo tempo? Correndo entre atrações digitais é impossível se aprofundar de verdade, mergulhar na leitura a ponto de fazer a multidão sumir, uma experiência que o poeta William Sttaford captou com beleza nestes versos:

"Ao fechar o livro, descobri que tinha deixado minha cabeça
lá dentro".[14]

O objetivo das novas tecnologias de leitura, como parece o tempo todo, é *evitar* a profundidade, justamente porque esse estado é algo que a multi-

Espelhinhos

dão não pode influenciar ou controlar e, portanto, consiste em uma violação à regra de ouro da existência digital: nunca ficar sozinho. A leitura e o pensamento individual e profundo começaram a parecer subversivos. Uma década atrás, o espaço digital foi saudado pelas incontáveis oportunidades que abria para a expressão individual. A questão agora é saber se é possível ser individual de fato – atrevido, original, único –, se nunca nos afastamos da multidão. Quando pensamos e escrevemos do lado de dentro da correria, cercados por inúmeras outras vozes, o resultado é, na maioria das vezes, sem originalidade, coisa de segunda categoria.

Os maiores dons que alguém pode oferecer ao mundo externo jazem na sua interioridade. Para alcançá-los, é preciso ir nessa direção.

Não sou tecnólogo, portanto não posso dizer com precisão como as tendências da tecnologia atual podem ser alteradas. Mas o primeiro passo poderia ser adotar uma abordagem filosófica diferente, uma que reconhecesse que, em um mundo corrido, tumultuado, menos é mais; que para algumas das tarefas mais importantes e gratificantes da vida, introjetar-se não é apenas bom, é essencial. Talvez um aparelho digital do futuro, ao ser ligado, devesse me perguntar em que medida eu quero estar conectado no momento, e ante minha resposta me oferecesse várias opções, de alfa (menos tumultuado, mais concentrado) até ômega (mais tumultuado, menos concentrado). Se eu escolhesse alfa, então ele deveria dizer "escolha uma tarefa" e não me permitir fazer outras ao mesmo tempo. Uma ideia simplista, talvez, mas simplicidade é aquilo de que mais precisamos.

Vamos encontrar uma saída. Os seres humanos são muito habilidosos em conceber novas formas de escapar da multidão. O passado recente oferece vários exemplos. O Walkman Sony, o progenitor dos players de hoje, fez com que a experiência da música, antes exterior, se tornasse interna e pessoal, além de portátil. Aparelhos de gravação de vídeo como o TiVo libertaram a experiência da televisão da restrição do tempo. De repente, as pessoas puderam deixar de assistir seu programa favorito no mesmo horário em que todo mundo assiste, ou puderam se livrar daqueles traços quase sempre irritantes inerentes à vida em multidão, os comerciais. Quanto mais tais inovações servem às necessidades do eu perturbado, criando distanciamento e espaço onde não havia, melhor são recompensados. O nome de Gutenberg é sinônimo da tecnologia do passado, mas, como filósofo dos negócios, aponta direto para o futuro. No longo prazo, o grande lucro está na interioridade.

8

O BlackBerry de Hamlet

Shakespeare se volta para a beleza das ferramentas antigas

*"Não se preocupe", o elegante aparelho de Hamlet murmurou,
"você não precisa saber tudo. Apenas as poucas coisas que realmente importam."*

Vários anos atrás, comprei alguns Moleskines, aqueles cadernos simples, despretensiosos, que haviam se tornado populares na última década. Por sorte, meu olhar caiu sobre o mostruário do balcão central da livraria do meu bairro. Especialmente o modelo "diário simples", do tipo caderneta, aproximadamente do tamanho de um passaporte, com capa de cartão castanho que lembra sacos de pão, estava me chamando. Por impulso, peguei um pacote com três e pus na minha cesta.

Tinha consciência do fenômeno Moleskine há anos, desde que um amigo jornalista que viaja pelo globo me mostrou o dele, um dos modelos clássicos maiores, com capa preta áspera e uma faixa de elástico para mantê-lo fechado. As páginas estavam repletas da caligrafia dele e, aqui e ali, desenhos incríveis de gatos, pessoas e outras coisas. Os desenhos foram uma surpresa. Conheço esse cara desde que éramos adolescentes e nunca havia percebido que ele tinha inclinações artísticas, quanto menos talento.

Ele se esquivou dos meus elogios e se concentrou no caderno em si, sem o qual disse não poder viver. Após o fabricante original francês ter encerrado a produção, no fim dos anos 1980, seja lá onde fosse que suas viagens o levassem ele varria as lojas e os bazares em busca do que havia sobrado. Aquele estoque não ia durar muito tempo, ele sabia, e estava se preparando para o pior quando, como que do nada, em 1998 uma empresa italiana comprou a marca Moleskine e retomou a produção. Ele contava essa história como se a humanidade finalmente houvesse descoberto a chave para a felicidade e de agora em diante fosse só alegria.

Assim que saí da papelaria, abri o pacote e peguei um deles. Embora fino, parecia firme e consistente. O cartão era um pouco áspero e levemente quente. Coloquei-o no meu bolso traseiro da direita e desde então sempre tenho um ali. Tiro a caderneta do bolso pelo menos algumas vezes por dia para anotar ideias que me vêm à mente quando estou longe do computador. De vez em quando, repasso as anotações, escolho as que valem a pena guardar e as transcrevo em arquivos digitais. Também uso a caderneta para listas de supermercado, mapas improvisados e outras tarefas utilitárias, mas esses rabiscos vão nas últimas páginas – um método que Moleskine parecia ter em mente, já que as últimas páginas são feitas para serem arrancadas com maior facilidade. Quando as anotações importantes da frente encontram as triviais do fundo, é hora de comprar uma caderneta nova.

Na superfície, nada disso tem muito sentido. Neste mundo incessantemente conectado, pode-se sentir um tanto maluco brincando com um maço costurado dessa ferramenta deselegante e sabidamente prestes a ser obsoleta chamada papel. Há tantas maneiras mais modernas e eficientes de registrar ideias e inspirações. Para anotações como as minhas, que de qualquer modo serão direcionadas para uma meta maior, seria muito mais lógico ir direto ao digital, usando uma tela portátil. Por que se dar o trabalho de escrever à mão primeiro? Um amigo dita as ideias de que quer se lembrar em um smartphone e as manda como arquivos de áudio para certo serviço de transcrição. Os arquivos são rapidamente devolvidos por e-mail como texto e, ele garante, com pouquíssimos erros. Ele ama e divulga esse sistema. Quando uso minha caderneta na presença dele, ele sorri como alguém sorriria ao ver na rua um Ford T. *Olha que graça!*

Mesmo assim, às vezes sinto como se *eu* estivesse no topo da moda e ele, preso ao passado. Há apenas dez anos, os Moleskines eram uma raridade. Hoje os vejo por toda parte. Quando uso o meu em público, alguém por perto sempre diz "Você também?" ou "Esses cadernos não são o máximo?" Para puxar conversa com estranhos, é quase tão bom quanto bebês e cachorros.

Acredito nisso de verdade, mas durante muito tempo não sabia por quê. Qual seria a graça dessa ferramenta aparentemente anacrônica que a fez parecer essencial ao meu bem-estar? Por que os Moleskines e por

O BlackBerry de Hamlet   :)

que agora? O ressurgimento deles coincidiu exatamente com o ápice da conexão digital e algo me dizia que os dois fatos estavam relacionados. Mas como? Seria apenas nostalgia, uma tentativa de escapar da baderna do presente para a simplicidade de um passado idealizado? Talvez a atração pelo papel não fosse muito diferente da ânsia retrógrada que leva algumas pessoas a comprar carros antigos. Eu queria acreditar que havia algo a mais naquilo.

Ao procurar por diversos lugares, encontrei a resposta na Inglaterra do Renascimento, com alguma ajuda da mente mais criativa da história da sociedade, William Shakespeare. No fim do século XVI e no começo do XVII, Londres, onde Shakespeare passou todos os seus anos produtivos e montou suas peças, era um lugar agitado, caótico. Ele e seus contemporâneos acordavam todo dia para encarar um mundo tão frenético e confuso quanto o nosso, guardadas as devidas proporções, e descobriram maneiras surpreendentes e inventivas de superar as adversidades. Foi a partir de uma dessas técnicas de superação que consegui perceber por que, quatrocentos anos depois, era perfeitamente compreensível que eu me encontrasse rabiscando em cadernos antigos e me sentindo ótimo por causa disso.

Uma das primeiras peças escritas por Shakespeare, *Henrique IV, parte II*, é sobre um grupo de camponeses iletrados que sitia Londres em revolta contra os ricos e poderosos. Tendo aprisionado um nobre importante, o líder rebelde o acusa de vários crimes, dentre os quais permitir o funcionamento de prensas tipográficas e divulgar o conhecimento da língua escrita: "Tu provocaste o uso das prensas e [...] construíste um moinho para produzir papel. Paira contra ti o fato de teres homens ao teu redor que costumam falar empregando substantivos e verbos e palavras abomináveis que nenhum ouvido cristão pode suportar ouvir".[1]

Longe de considerar a invenção de Gutenberg como uma força libertária, esses rebeldes a viam como uma ferramenta da opressão. Há boas razões para tanto. Quando Shakespeare escreveu essa peça, por volta de 1590, ele era um jovem recém-chegado a Londres de sua cidade provinciana, Stratford-upon-Avon. Por volta dessa época, Londres era uma metrópole tentacular, a terceira maior cidade da Europa, com uma população de quase 200.000 pessoas. Conforme escreve Stephen Greenblatt, na biografia *Como Shakespeare se tornou Shakespeare*, ele deve ter ficado atordoado com a

O BlackBerry de Hamlet

multidão de Londres – a concentração sem precedentes de corpos se acotovelando por ruas estreitas, indo e voltando pela grande ponte, se apertando nas tavernas, nas igrejas e nos teatros [...] com o barulho das pessoas, com o cheiro do hálito delas, com o vandalismo e com a predisposição à violência.

Havia ali um sentimento latente de perigo, não apenas por causa da criminalidade, mas também pela ameaça constante da peste e de outros riscos característicos da vida urbana do período. Também se tratava de um tempo e de um lugar politicamente instável. Desde o rompimento do rei Henrique VIII com a Igreja Católica no começo do mesmo século, a Inglaterra se tornara uma panela de pressão em termos de tensão política, com trocas constantes de poder entre os protestantes e os católicos, de acordo com quem assumia o trono. Quando Shakespeare chegou a Londres, a rainha protestante Elizabeth I já governava há muitos anos, sempre de olho nos dissidentes e espiões católicos. Cabeças eram cortadas o tempo todo, em alguns casos apenas para figurarem em uma exposição horrível nos pórticos da Ponte de Londres. Em *O príncipe e o mendigo*, seu romance sobre a Londres do século XVI, Mark Twain descreve essa prática e destaca que "as cabeças de homens renomados, lívidas e em decomposição, empaladas em lanças de ferro"[2] eram expostas na ponte como "exemplo" para os passantes. Tome cuidado, era a mensagem, ou você pode acabar assim.

Nessa atmosfera delicada, fazia mais sentido a ideia de uma peça sobre uma turba violenta que tenta derrubar os poderes vigentes. Mas ainda não explicava a hostilidade dos rebeldes especificamente contra a invenção de Gutenberg, um elemento de enredo que não poderia vir da revolta histórica em que a peça se baseia, a qual se deu no século XIV, antes que a imprensa existisse. Foi Shakespeare quem acrescentou esse detalhe à história. Como Gutenberg, ele deixou para trás algumas pistas sobre sua vida e o pensamento que guiou sua obra. No entanto, sabemos que ele viveu em um mundo de mudanças rápidas, para as quais a principal força motriz era a tecnologia. A impressão de textos estava trazendo incontáveis transformações à sociedade e, assim como o que ocorre hoje com a tecnologia digital, algumas das mudanças eram uma fonte de ansiedade e tensão.

A imprensa aumentou drasticamente a produção de livros. Havia uma estimativa de 8 milhões de cópias impressas no ano 1500 e muitos mais por volta do tempo de Shakespeare. Em muitos aspectos, era um desenvol-

O BlackBerry de Hamlet   :)

vimento extremamente positivo. Conforme mais pessoas aprendiam a ler e ganhavam acesso aos livros, as oportunidades de crescimento e avanço individual se multiplicavam, o que a longo prazo só poderia ser bom para o mundo. Não há melhor exemplo disso do que o próprio Shakespeare, que nasceu em uma comunidade onde poucos sabiam ler e que seria chamado de o poeta "da condição humana".[3]

Mas pode levar muito tempo para que uma sociedade se adapte a uma nova e poderosa tecnologia e aprenda seus melhores usos. E, apesar de todos os efeitos benéficos da imprensa, ela representou desafios. Embora hoje saibamos que a imprensa desempenhou um papel fundamental na ascensão do individualismo e da democracia, ela chegou a ser usada, como todo meio eficiente de comunicação, como ferramenta de controle político e social. Embora os livros estivessem mais acessíveis do que nunca, continuavam caros e o letramento estava longe de ser universal. À medida que a capacidade de ler ganhou maior importância, a diferença entre aqueles que eram e os que não eram alfabetizados era sentida constantemente na vida cotidiana, às vezes de maneira perturbadora. Por exemplo, a lei inglesa da época diferenciava os acusados letrados dos iletrados. Em certos casos, os criminosos que sabiam ler eram julgados nas cortes eclesiásticas, que não impunham pena de morte.[4] Enquanto isso, os iletrados compareciam diante das cortes do governo, onde a morte era um castigo frequente. Em outras palavras, as pessoas eram enforcadas como resultado direto de não saber ler.

Nesse contexto, como Greenblatt observa, é possível perceber como um dramaturgo extremamente familiar com ambos os mundos, o letrado e o iletrado, poderia imaginar uma gangue de arruaceiros iletrados querendo destruir as prensas. A impressão significou poder, e quem não era letrado tinha motivo para se melindrar.

De um modo mais amplo, essa tecnologia simplesmente aumentou quanto havia para saber e processar. Mais ou menos 1.500 anos depois da reclamação de Sêneca sobre o fardo de todos aqueles "livros", a síndrome da mente assoberbada estava de volta ainda mais intensa. Mais uma vez, houve uma expansão colossal na quantidade de informação disponível, sem se encaixar com o aumento da capacidade humana de absorvê-la. Além dos livros, a Europa estava inundada de panfletos, cartazes de anúncios, documentos comerciais e públicos – a burocracia se espalhara para

O BlackBerry de Hamlet

todos os cantos durante esse período –, bem como muitos outros tipos de material impresso. Os primeiros jornais estavam prestes a ser lançados. Havia muito com o que lidar e todo mundo, mesmo os iletrados, sentia os efeitos disso. Naquela época, assim como agora, era perturbador saber que tudo está lá fora. Como a estudiosa da Era Moderna Ann Blair mostrou, quem viveu no Renascimento passou por algo muito parecido com a sobrecarga que sentimos hoje.[5]

O que eles fizeram para lidar com isso? Encontramos a resposta para essa pergunta na década seguinte da carreira de Shakespeare, em uma de suas peças mais conhecidas e ressoantes, *A tragédia de Hamlet, o príncipe da Dinamarca*. Há um momento em *Hamlet* que dialoga com nosso dilema tecnológico e ajuda a explicar a curiosa persistência de cadernetas de papel em um mundo digital. No Ato I, Hamlet encontra o fantasma de seu pai, que, a essa altura, todos acreditam ter sido morto por uma picada de cobra. O fantasma tem notícias inusitadas: não foi morto por uma cobra, mas envenenado pelo seu irmão, o tio de Hamlet, Cláudio, o rei atual. O fantasma roga que Hamlet vingue esse "assassinato mais imundo" e dirige a ele uma despedida assustadora: "Adeus, adeus, Hamlet. Lembre-se de mim".

A reação de Hamlet a isso tudo é um pouco surpreendente. Em vez de se concentrar na assombrosa mensagem do fantasma, ele reflete sobre sua própria condição mental, especialmente sobre sua memória:

"Lembrar-me de ti?
Ah, tu, pobre fantasma, enquanto a memória tiver lugar
Neste globo transtornado."

O "globo" transtornado do qual ele fala é sua cabeça – o ator no papel de Hamlet deveria segurar a sua própria durante a performance dessas falas. Sim, é o que ele está dizendo, é claro que vou me lembrar de você, porque em algum lugar nesse cérebro caótico e descontrolado ainda tenho memória. Shakespeare parece também estar fazendo um trocadilho com a palavra "globo". Por um lado, ele sugere que o mundo está transtornado, e, por outro, que a plateia assistindo à peça no Globe Theatre provavelmente estava com problemas de atenção. O distúrbio do déficit de atenção aparentemente já estava em voga muito antes que lhe déssemos esse nome deselegante.

Hamlet continua:

O BlackBerry de Hamlet   :)

"Sim, da tábua da minha mente
Apagarei todos os registros triviais, vãos,
Todas as máximas de livros, todas as formalidades,
todas as pressões passadas,
Que a juventude e a observação guardaram lá,
E o teu mandamento deverá viver sozinho
Dentro do livro e do tomo do meu cérebro
Sem se misturar com questões ordinárias."

O que ele está dizendo é basicamente "vou limpar toda a bagunça mental que me deixa tão distraído, a fim de que a única coisa que ocupe espaço na minha cabeça seja você, senhor Fantasma, e esse crime ignóbil". Perceba que por duas vezes nos versos anteriores Shakespeare fez com que Hamlet mencionasse livros, mas com um significado diferente em cada caso. Na terceira linha, os livros (e as "máximas", ou clichês, que eles contêm) fazem parte do detrito e das "pressões" que ele precisa excluir da cabeça para pensar com clareza. Então, apenas alguns versos depois, ele compara o cérebro com um livro, um livro muito atraente e dedicado a uma única e importante questão, portanto absolutamente livre de qualquer questiúncula sem valor ("questões ordinárias"). Na verdade, ele está dizendo que está determinado a curar sua própria sobrecarga mental jogando fora o equivalente a vários livros a fim de abrir espaço para o único livro que realmente importa, sua mente.

Shakespeare tinha um interesse profundo por livros, como se esperaria de um homem cuja vida foi moldada por eles, e sempre aparecem em seu trabalho. Há outra passagem em *Hamlet* na qual os diretores de cena pedem que o príncipe entre lendo um livro. Pela passagem transcrita, fica claro que o dramaturgo tinha uma compreensão detalhada da amplidão de efeitos que os livros podem ter sobre uma pessoa. Um livro pode ser um obstáculo imenso para limpar a mente, ou pode ser uma ajuda tremenda – tudo depende de como é usado.

Mas por que, no meio de toda essa conversa sobre livros, Shakespeare também menciona uma tábua? No primeiro verso da passagem, Hamlet compara a memória a uma tábua que ele irá apagar. Ao contrário do que a plateia moderna supõe a princípio, na época de Shakespeare a palavra "tábua" remetia a um suporte de escrita. Como as imagens registradas ali podem ser apagadas, a imagem é coerente. Na verdade, quando Shakespeare usou a palavra "tábua" nesses versos, ele se referia a um aparato da tecnologia. Muitos versos abaixo, a palavra reaparece:

"Minhas tábuas – sábio é o que escrevo
Que alguém possa sorrir e sorrir e ser um bandido.
Pelo menos tenho certeza de que isso acontece na Dinamarca."

Aqui Hamlet se admira que o rei Cláudio consiga andar por aí com um sorriso no rosto, mesmo sendo um assassino frio. Ele se dá conta de que esse é um pensamento que merece ser lembrado, um pensamento que é sábio registrar. Se você já assistiu a alguma montagem da peça, deve ter visto o ator no papel de Hamlet rabiscar uma anotação nesse momento. No entanto, você provavelmente não percebeu que o objeto do qual ele se vale para seu propósito é aquele ao que ele se referia quando disse "minhas tábuas", assim como na passagem anterior sobre descartar a bagunça mental.

O que *são* essas tábuas, afinal?

Elas eram um aparelho inovador que surgiu na Europa no fim do século XV. Também conhecidos como tábuas de escrita ou livros-tábuas, eram almanaques ou cadernetas de bolso que vinham com páginas em branco feitas de papel especialmente revestido ou de pergaminho. Essas páginas podiam ser preenchidas com uma espécie de caneta de metal e apagadas com uma esponja, de modo a serem reutilizadas. Essas tábuas eram uma versão nova e melhorada de uma tecnologia – as tábuas de cera – que já existia havia séculos. No lugar da cera, as superfícies tinham um material parecido com gesso que as tornava muito mais duráveis. Tornaram-se enormemente populares durante a época de Shakespeare, como resposta à correria implacável da vida. Um londrino ou parisiense aflito poderia levar um desses a qualquer lugar para registrar informações úteis e pensamentos rápidos, talvez para checar itens em uma lista de coisas a fazer.

Não sabemos se Shakespeare possuía uma tábua, mas, já que ele se deu o trabalho de inserir uma em *Hamlet* e como elas eram muito populares naquele tempo, não é absurdo imaginar que a possuísse. Ela teria sido útil para um homem que não apenas escrevia peças com frequência (e colecionava palavras e frases para usar nelas), mas também atuava (interpretou o fantasma em *Hamlet*), dirigia um negócio do qual era um dos proprietários (o Globe) e investia em bens reais nas horas vagas; tudo isso enquanto

O BlackBerry de Hamlet   :)

tentava manter contato com a família e os amigos distantes – a mulher e os filhos permaneceram em Stratford, nunca foram morar com ele em Londres. Esqueça os sonetos, os supostos casos amorosos e sabe-se lá o que mais. Ele tinha muito em jogo e, para qualquer um nessa situação, essa tecnologia era uma bênção. Era uma forma portátil e conveniente de administrar os detalhes intermináveis de uma vida ativa, o equivalente daquele período a nossos BlackBerrys e iPhones.

De acordo com um artigo acadêmico publicado em 2004 no *Shakesperian Quarterly*, entre os vários usos das tábuas estavam:

> coletar poemas, epigramas valiosos e palavras novas; registrar sermões, procedimentos legais ou debates parlamentares; anotar conversas, receitas, remédios e piadas; manter balanços financeiros; relembrar endereços e compromissos; e coletar anotações sobre costumes estrangeiros quando em viagem.[6]

Os usuários falavam com animação sobre suas tábuas e juravam não conseguir viver sem elas.[7] Michel de Montaigne, o grande ensaísta francês que foi mais ou menos contemporâneo de Shakespeare, disse ser impossível para ele manter uma conversa elaborada com outra pessoa "a não ser que tenha comigo minhas tábuas de escrever" para fazer anotações. "Sim, sem dúvida nunca saio sem tábuas", diz um personagem em uma peça do começo do século XVII escrita por Edward Sharpham. As tábuas migraram para o Novo Mundo e deram certo lá também. Thomas Jefferson tinha uma, e elas continuaram populares no século XIX.

Após ter desempenhado um papel central na vida das pessoas durante centenas de anos e ajudado algumas das mentes mais brilhantes da história a organizar o tempo e os pensamentos, é notável que essa ferramenta tenha sido quase completamente esquecida. Na verdade, o fiel aparelho portátil de Hamlet nos traz algumas mensagens.

Uma das hipóteses mais defendidas pela cultura moderna é que, quando uma tecnologia nova surge, automaticamente torna obsoletas as antigas que faziam basicamente a mesma coisa. O caso clássico é a charrete. Quando a sociedade trocou as carruagens e afins pelos automóveis, no começo do século XX, praticamente deixou de haver necessidade de charretes, e elas desapareceram.

O BlackBerry de Hamlet

No entanto, nem sempre foi assim. Tecnologias mais antigas costumam sobreviver à introdução das mais novas, quando é o caso de desempenharem tarefas úteis de uma maneira que os novos aparelhos não podem fazer.

O melhor exemplo é a porta com dobradiças. Veja um filme de ficção científica e preste atenção. Você vai perceber que casas, escritórios e naves espaciais do "futuro" quase sempre têm portas de correr. Desde a década de 1920, os cineastas acreditam que no futuro não haverá mais portas com dobradiças. Por quê? Porque dobradiças são algo careta e desconfortável. Portas de correr economizam muito espaço. Não há por que continuarmos a usar essa tecnologia antiquada, literalmente cheia de rangidos, quando portas de correr fazem muito mais sentido, tão elegantes, lógicas e, claro, futuristas. Dessa forma, no pensamento popular as dobradiças estão sempre à beira da extinção.

Mesmo assim, como você sem dúvida percebeu, as portas de dobradiças continuam conosco. Por quê? Porque, embora as portas de correr sejam esteticamente atraentes, na verdade elas apenas deslizam para lá e para cá, o que é meio chato. As portas com dobradiças são mais interessantes exatamente por causa da forma como ocupam espaço e se movimentam nele. É possível sair de detrás de uma porta dessas e surpreender alguém. É possível bater muito alto uma porta com dobradiças para extravasar a raiva ou fechá-la com muito cuidado para não acordar uma criança. Uma porta com dobradiças é uma ferramenta expressiva. Ela responde ao nosso corpo de uma forma que as portas de correr não respondem.

"O tempo deu à dobradiça uma complexidade social rica que quem prevê seu fim iminente falha em perceber",[8] escreve Paul Duguid, acadêmico que usou a dobradiça para demonstrar que as tecnologias novas nem sempre subjugam ou substituem as antigas.*

Em alguns casos, uma tecnologia mais velha não sobrevive apenas ao fazer o que sempre fez bem, mas também ao adquirir um papel completamente novo. Quando a televisão chegou, nos anos 1950, muitos esperavam que o rádio desaparecesse. Por que alguém iria querer uma caixa velha que produz apenas sons, quando podia ter uma nova com som *e* imagem? Na verdade, a televisão substituiu o rádio como veículo dominante para notí-

---

* Há sociedades, como a japonesa, nas quais as portas de correr são populares há tempos. (N. do A.)

O BlackBerry de Hamlet   :)

cias e entretenimento, assim como ponto de reunião na casa. Mas o rádio assumiu novas funções. No carro, por exemplo, onde os motoristas não se encontram em condições de assistir a projeções de vídeo, o rádio é uma escolha natural. Hoje, no nosso mundo congestionado por informações, muitos gostam do rádio justamente porque produz apenas som – nada de textos, imagens ou vídeos – e assim alivia a sobrecarga de mídias.

O que isso tem a ver com Shakespeare? Comparei a tábua de Hamlet com os smartphones que carregamos por aí hoje em dia porque, como este último, aquela era uma ferramenta nova que ajudava as pessoas a administrarem melhor sua vida corrida. No entanto, o novo aparelho foi produzido a partir de duas tecnologias muito antigas. Já mencionei uma, a velha tábua de cera. A outra tecnologia, muito mais antiga, é a escrita. Lembre-se: aquela era uma época em que a comunicação escrita estava em declínio. Após séculos de textos manuscritos, Gutenberg providenciara uma tecnologia muito mais eficiente. As pessoas reconheceram imediatamente o valor da sua invenção e a imprensa decolou. De acordo com a escola de pensamento das portas de correr, na época de Shakespeare a escrita deveria ter sido relegada a um papel muito menor na sociedade e na vida cotidiana.

Na verdade, aconteceu o contrário. Embora os manuscritos produzidos à mão de fato tenham caído em um declínio longo e duradouro, para além do mundinho dos escribas profissionais a chegada das prensas despertou uma tremenda expansão da escrita. Mesmo que a nova tecnologia revolucionária de Gutenberg estivesse ganhando terreno – e, de algum modo, *porque* ela estava ganhando terreno – a velha tecnologia ganhou uma vida nova. Havia algumas razões para isso. Primeiro, conforme a matéria impressa se tornou amplamente disponível, a simples ideia de se envolver com a expressão escrita de repente se tornou cogitável para mais pessoas. Antes, colocar as próprias ideias em palavras em uma página era território dos ricos e poderosos. Com os textos impressos rodando por todo lugar, essa atividade refinada pareceu menos exclusiva e intimidante, e mais atraente. Pessoas comuns queriam e muitas vezes precisavam participar dessa nova conversa. Como muitas não tinham acesso a uma prensa, escrever de próprio punho era a melhor maneira de participar. Muitos que não sabiam ler nem escrever de repente ganharam uma motivação para aprender.

"O advento da imprensa foi antes um incentivo radical à escrita, e não um indício de declínio dos textos manuscritos",[9] escrevem Peter Stallybrass,

O BlackBerry de Hamlet

Michael Mendle e Heather Wolfe, estudiosos pioneiros desse fenômeno. Como resultado, todo tipo de tecnologias novas importantes para escrever à mão apareceu depois da imprensa, como lápis de grafite e canetas-tinteiro. A imprensa simplesmente fez mais pessoas desejarem escrever.

A segunda razão para a escrita ter se tornado tão popular foi o fato de ela ter se mostrado uma forma muito útil para navegar pelo furacão de informações trazido pela imprensa – para viver em um mundo louco sem ficar louco. Novos métodos de taquigrafia foram inventados para anotar palavras com maior eficiência. O estilo caligráfico chamado de *"round hand"*, precursor da escrita cursiva atual, foi criado durante esse período, pela mesma razão.

Mas o maior exemplo de como a capacidade de escrever diminuiu os fardos da mente pós-Gutenberg é a ferramenta que Shakespeare deu para Hamlet. Lá estava um antídoto fantástico para a nova correria, um aparelho portátil e fácil de operar que permitia ao usuário impor ordem ao mundo ruidoso à sua volta. Hamlet não era o único com uma vida tumultuada e difícil de conduzir. Imagine Shakespeare voltando para casa depois de um dia cansativo no Globe e talvez de alguns afazeres tumultuados pela cidade. Em algum momento da noite, talvez logo antes de dormir, ele sacava suas tábuas e revia tudo o que escrevera desde a manhã. A cena: ele tira a caneta do prático encaixe na encadernação do objeto e circula as anotações que gostaria de manter, enquanto traça um x nas dispensáveis. Transcreve cada uma das anotações boas para o dispositivo apropriado, o qual pode ser um diário, um livro comum para citações e fragmentos linguísticos, ou um livro de contabilidade. Quando termina, pega uma esponja (ou um dedo úmido) e apaga a superfície das tábuas, de modo que estejam prontas para o dia seguinte. E sem bateria para recarregar!

A facilidade de apagar as tábuas era crucial para o seu sucesso. Em uma época em que tantas palavras eram gravadas permanentemente na página impressa – mais do que a mente de qualquer um poderia aguentar –, essa ferramenta ia exatamente na direção oposta. Ao comando de seu dono, fazia as palavras irem embora, desaparecerem, pararem de pesar na alma. "Não se preocupe", o aparelho elegante de Hamlet suspirava, "você não precisa saber *tudo*. Só as poucas coisas que importam."

Na verdade, era uma forma de repelir as pessoas e informações que se aproximavam ou muitas vezes pareciam se aproximar. Com um desses no

O BlackBerry de Hamlet   :)

seu bolso, o cidadão tinha o controle. Era possível selecionar o que levar para casa – sendo a casa a residência ou a mente. Tratava-se de uma mãe de aluguel para a mente, uma representação visível e tangível do que se passava dentro do "globo", e uma forma de melhorar seu desempenho. É basicamente isso que Hamlet tem a intenção de fazer quando compara a própria mente a uma tábua que está apagando para que possa se concentrar no Tópico A. Ele está limpando a bagunça interna. Começando do zero.

Tive a oportunidade de ver algumas tábuas genuínas dessa época na Folger Shakespeare Library, em Washington D.C. Uma delas, feita em Londres alguns anos após a estreia de *Hamlet*, ainda trazia intactas as instruções para o usuário ("Para limpar as tábuas usadas, use um pequeno pedaço de esponja"[10]). Quase conseguia visualizá-las expostas na gôndola central de uma livraria atual. Como essas tábuas de quatrocentos anos, meus Moleskines se fiam em ferramentas antigas, a escrita e o papel, que são consideradas quase obsoletas por um mundo de teclas e de telas brilhantes. No entanto, ambas são fundamentais para justificar como essa ferramenta humilde me dá a sensação de ordem e de controle mental.

Ao contrário das minhas telas, que me empurram palavras, imagens e sons o tempo todo, meus cadernos de papel não projetam nenhuma informação. As páginas são vazias. Elas me convidam a enchê-las de informação e, quando faço isso, é com informação da minha escolha e com escrita da minha própria mão. Cruzando meu alpendre um dia, por exemplo, lembrei-me de um fato histórico obscuro sobre Madagascar que tinha ouvido no dia anterior e percebi que aquilo poderia ser útil em um projeto pendente que eu tinha. Saquei da caderneta e registrei o fato sobre Madagascar. Tendo sobrevivido ao processo seletivo da minha consciência, a ideia ganhou um espaço no papel, e o simples ato de escrevê-la fez com que tomasse mais corpo nos meus pensamentos. Quando se acostuma a bater em teclas o dia inteiro, dar forma a algumas letras pode ser, por contraste, exótico e memorável.

As telas digitais são ferramentas seletivas também, mas seu uso é mais reativo, uma questão de aparar arestas e filtrar. Como o caderno de papel não está conectado, não acarreta a necessidade de ficar na defensiva. A seleção é autônoma e inteiramente direcionada para si mesmo. Eu sou a ferramenta de busca, o algoritmo e o filtro. (O que não significa que pareça um trabalho duro. Às vezes, só faço rabiscos.) Como as tábuas, meus cadernos são um empurrão contra o fardo físico de uma nova tecnologia dominante.

O BlackBerry de Hamlet

No entanto, há uma diferença importante. No século XVI, quando a informação se empilhava *fisicamente* em todos os lugares, foi a habilidade de apagar alguma coisa que trouxe a sensação de poder e controle. Por outro lado, a informação digital que pesa sobre nós hoje existe em um veículo não físico, e isso é uma parte do problema. Sabemos que está lá fora e temos palavras para representar e quantificar. Um exabyte, por exemplo é um quintilhão de megabytes. Mas isso não significa muito para mim. Onde *estão* todos esses dados, exatamente? Estão em todos os lugares e em lugar nenhum ao mesmo tempo. Somos criaturas físicas que percebem e conhecem o mundo por intermédio do corpo, e mesmo assim passamos a maior parte do nosso tempo em um universo de informação sem materialidade. Ele não vive conosco, nós apenas o observamos por uma tela de duas dimensões. Em um nível muito profundo da consciência, isso é árduo e esgotante.

É um problema complexo que meu caderno encara com simplicidade total. Meu primeiro Moleskine foi adquirido em grande parte por sua atração tátil. Eu queria senti-lo na mão e folhear suas páginas cor de creme. Queria interagir com ele de um jeito que jamais poderia interagir com as telas. Mas o chamariz não é apenas sensorial, também tem a ver com *presença* física.

No pensamento convencional sobre tecnologia hoje, o fato de que o papel é uma mídia de três dimensões – que é feita de átomos em vez de bits e, portanto, ocupa espaço – é considerado seu ponto mais fraco. Como você e eu, ele tem corpo e está preso ao mundo físico. Meu caderno não pode voar daqui até a China em segundos da maneira como as informações digitais podem. No entanto, assim como a força dos aparelhos digitais (sua habilidade de aproximar a multidão) é também sua fraqueza, o ponto fraco do papel também pode significar força.

Entre os pesquisadores que estudam como os humanos interagem com a tecnologia, há uma teoria conhecida como "interação incorporada",[11] que diz que as ferramentas de três dimensões são mais agradáveis para a mente de algum modo importante. Isso é intuitivo. Pense em uma tela com uma dúzia de documentos diferentes abertos, todos dispostos uns sobre os outros, e na dor que seria tentar organizá-los e lidar com todos de uma vez, usando apenas o teclado e o mouse. Algumas vezes dá vontade de alcançá-los e pegá-los, mas isso é impossível. Ao ler e escrever na telas, gastamos uma grande quantidade de energia mental apenas com a navegação. A tangibilidade do papel

O BlackBerry de Hamlet   :)

permite que as mãos e os dedos deem conta da maior parte dos problemas de navegação, liberando o cérebro para pensar. Porque um caderno, já que tem materialidade, combina com nosso corpo muito mais naturalmente. Em uma época em que os filmes e outras experiências de tela estão lutando por efeitos 3-D, o papel está, de certa maneira, na vanguarda.

Nessa era de alta velocidade, outro ponto positivo é que meu caderno não está conectado à energia elétrica. Ele diminui à velocidade da informação, permite que ela tenha fôlego. O processo de escrever e pensar na tela tem uma leveza maravilhosa, uma sensação de mudança e desvanescimento constantes. Mas às vezes é preciso pôr os pés no chão. Como o panfleto que vem com cada Moleskine diz, é uma forma de "capturar a realidade em movimento". Posso tirar ideias não só da minha mente, mas também da dimensão digital etérea e dar presença e estabilidade material a elas. *Sim, você existe, você merece esse mundo.* Não importa que a melhor das minhas anotações vai acabar no meu disco rígido. A questão é que, antes que isso aconteça, enquanto as ideias ainda estão cozinhando, passo tempo com uma ferramenta que desperta o que há de melhor na minha mente. Pode ser uma ferramenta velha, mas, como uma porta de dobradiças, ela é capaz de fazer coisas que os aparelhos novos não conseguem.

O que os meus cadernos e as tábuas de Hamlet compartilham é o seguinte: ambos são uma forma de colocar sob controle um mundo de informações e estímulos confusos e descontrolados. Na época de Shakespeare, era a bagunça da cidade movimentada e as pressões da cultura impressa emergente. Hoje, são a infinidade de e-mails, os telefones celulares que não param de tocar, e o simples peso de toda essa parafernália digital sem materialidade. De qualquer modo, a questão é a conectividade sufocante e a necessidade humana fundamental de trazer de volta para essa equação um pouco de desconexão.

Várias e várias vezes ao longo da história surgem novas tecnologias que atraem nossa tendência maximalista. Ao mesmo tempo, de maneira silenciosa mas constante, há uma necessidade de encontrar equilíbrio. As melhores soluções funcionam como um tipo de ponte para o futuro tecnológico, uma que garanta que vamos chegar lá com nossa sanidade intacta.

Stephen Greenblatt escreve que um dos grandes diferenciais de *Hamlet* é sua "representação intensa da interioridade".[12] Shakespeare havia encontrado uma nova maneira de capturar o pensamento real, o que de fato acontece na mente de um sujeito enquanto ele luta contra um problema. A interioridade de Hamlet é a essência da força da peça e, quando ele saca suas tábuas, é para dentro que está mirando. Tendo recebido um baque do mundo exterior (do qual o fantasma, sendo uma criatura de outro mundo, é uma representação perfeita), é para a interioridade que ele precisa ir. É o que ele diz quando fala sobre organizar "esse globo perturbado" se livrando de todos os outros livros, deixando apenas "o livro [...] do meu cérebro". Quando ele termina de expressar seus pensamentos sobre seu abominável tio, ele deixa seu aparelho de lado, dizendo, com nova determinação: "Então, tio, aí está você. Agora à minha palavra"; em outros termos, de volta à tarefa em questão, sua promessa de buscar vingança.

Hamlet acaba tendo alguns problemas atendo-se a essa tarefa, é claro, e as coisas não acabam bem para ele. Quem sabe, se ele usasse suas tábuas com mais frequência – elas não aparecem de novo em toda a peça –, talvez tudo tivesse tomado um rumo diferente.

9

A invenção da vida

Benjamin Franklin e os rituais positivos

*"Toda nova ferramenta requer alguma prática
antes que nos tornemos peritos no seu uso."*

Uma ideia para melhorar a vida digital que pareceu promissora desde o início foi a "sexta sem e-mails". Empresas e outras organizações testaram-na em diversas versões, antes que ela chamasse atenção quando, há alguns anos, muitos estudos e matérias da mídia citaram-na como uma possível solução para o problema de funcionários distraídos e ineficientes. Alguma coisa precisava ser feita diante das centenas de bilhões de dólares em perda de produtividade.

A ideia era atraente justamente por ser simples: um dia por semana, todos dentro da empresa não abririam seu correio eletrônico. Isso poderia diminuir a carga mental, restaurar o foco e estimular a interação pessoal. Era de certa maneira uma repetição da "sexta casual", que se tornou popular nos ambientes de trabalho no fim dos anos 1990 e conseguiu mudar atitudes arraigadas em relação a um aspecto do comportamento no trabalho: a maneira como as pessoas se vestiam. Se funcionara para as roupas, por que não funcionaria para a tela do computador? Depois de uns poucos meses desse ritual semanal de afastamento da caixa de e-mails, o comportamento se tornaria uma segunda natureza. Os funcionários seriam capazes de relaxar sempre que precisassem de uma pausa, e não só às sextas. Problema resolvido.

No entanto, não foi isso o que aconteceu. Embora existam relatos esparsos de implementação bem-sucedida, a ideia não foi amplamente aceita ou adotada. Ao contrário, são muitas as histórias de franca resistência às regras ou de desobediência secreta. A pausa tinha o objetivo de ajudá-los, mas não foi assim que os empregados a viram.

A invenção da vida

"Depois de um dia sem e-mail, alguns funcionários se sentiam como fumantes em abstinência de nicotina",[1] relatava o *Wall Street Journal*. Numa empresa tecnológica da Califórnia, menos de quinze minutos depois de implementada a medida, um funcionário que costumava enviar centenas de e-mails por dia não aguentou mais e teve uma recaída. "É como o excesso de velocidade", ele contou ao jornal. "Você sabe que é proibido por lei, mas, no calor da luta, você mira e atira."

A imagem diz muito, e reflete como a tecnologia digital transformou o local de trabalho numa zona de guerra para a mente. O que os funcionários que aderiram ao boicote estão dizendo é que não têm outra opção a não ser se manter em suas trincheiras. Afinal, apesar de a diretoria ter instituído um dia sem e-mail, nem por isso os e-mails pararam de chegar. Portanto, quem fica longe da tela do computador um dia inteiro se atrasa no trabalho, o que todo mundo detesta. Além disso, para muitas funções o e-mail é realmente o meio de comunicação mais fácil e eficiente.

De modo geral, é assim que as pessoas vivem hoje, no trabalho e em qualquer outro lugar: sempre conectadas. E, uma vez diante da tela, é difícil sair. É essa inércia digital a responsável, pelo menos em parte, pela perpétua confusão mental – e os maus hábitos funcionais – que os empregadores estão combatendo.

Muitos de nós já tivemos de repetir três vezes a mesma pergunta a um atendente do serviço de assistência ao cliente ou fomos deixados de lado por um vendedor totalmente absorto em seu laptop. Pensamos: "Essa empresa deve ser louca para empregar alguém tão sem foco". Mas hoje isso é normal. Alunos sentam-se em classes repletas de telas e ouvem, distraídos, professores igualmente distraídos. Motoristas desobedecem ao sinal fechado e avançam em faixas de pedestres, matando a si mesmos e aos outros unicamente por tentar ler mais uma mensagem de texto. Levamos a confusão da zona de guerra para casa e, mantendo um olho na tela, garantimos que ela nunca se apague.

Existe uma inevitabilidade compulsiva nesse ciclo e, para os pessimistas, um medo de que ele nunca se rompa. Para muitas pessoas de meia-idade, esses nativos digitais (indivíduos de cerca de 30 anos, que já cresceram diante de telas) são de fato uma nova espécie humana, inerentemente incapazes de manter uma conversa ou engendrar um pensamento. *Homo*

O BlackBerry de Hamlet :)

distractus. "Esse é o futuro", lamentam. "Temos que nos acostumar com isso", dizem, dando uma olhada no celular.

O derrotismo só pode piorar o problema. O esforço dos empregadores para impor alguma sanidade ao uso do e-mail nos lembra de que, no contexto atual, *todas* as tecnologias digitais ainda são muito novas e estamos apenas começando a compreendê-las.

Não temos dúvida de que é fácil usar os instrumentos mais antigos, embora a maioria deles tenha passado por longos períodos de adaptação. Quando o telefone chegou, no fim do século XIX, era encarado como um aparelho passivo, destinado apenas a neles podermos ouvir. Na Europa, o serviço de telefonia foi inicialmente comercializado como uma maneira de ouvir óperas e outros espetáculos ao vivo sem precisar estar presente. Os telefones, naturalmente, acabaram se tornando um instrumento de comunicação direta, mas a maneira como o usamos continuou evoluindo com o tempo. Durante grande parte do século XX, assim que o telefone tocava as pessoas costumavam parar o que estavam fazendo para atendê-lo – éramos escravos da campainha. Nos filmes antigos, o espectador reconhecia que um homem de negócios ou outro personagem de alto escalão era um sujeito bastante ocupado quando aparecia falando em dois ou mais telefones ao mesmo tempo. Há décadas, quando a secretária eletrônica e o correio de voz surgiram, representaram um grande avanço na vida cotidiana. E ainda estávamos aprendendo a viver com os telefones. Ultimamente, a falta de bom senso e de boas maneiras que caracterizou os primeiros anos do telefone celular – quando as pessoas atendiam ao telefone no meio de uma peça na Broadway – parece estar desaparecendo, sinal de que estamos resolvendo pelo menos alguns problemas.

Mas o aprendizado nunca termina. Com cada novo instrumento, surgem três categorias de questões. Primeiro, a questão puramente *funcional*: O que esse aparelho pode fazer por nós? Qual a melhor maneira de usá-lo? Em segundo lugar, a questão *comportamental*: Preciso mudar alguns velhos comportamentos ou adquirir outros? São todas questões exteriores, mas, sob a superfície, há uma terceira categoria que muitas vezes é ignorada: a dimensão *humana* da tecnologia. Como esse aparelho me afeta e influencia minha experiência? Ele altera minha maneira de pensar e de sentir? Muda o ritmo do meu dia? A vida parece estar passando mais rápido (ou mais devagar) por causa desse aparelho? Ele está afetando meu trabalho? Minha vida familiar? Em caso afirmativo, são efeitos positivos ou negativos?

A invenção da vida

Essas questões humanas são as que mais importam, e é quando os problemas surgem nesse campo que realmente começamos a questionar a maneira como usamos uma tecnologia e procuramos novas abordagens. Na verdade, grandes empresas só começaram a se preocupar com a sobrecarga digital quando perceberam que isso lhes custava dinheiro. Mas a razão que a fez se destacar como uma questão fundamental foi inteiramente humana: a *mente* dos funcionários estava em desequilíbrio. Ignorar o interior é procurar problemas.

Se os rituais de restrição de e-mails têm como foco central a mente, por que eles não funcionaram? Na verdade, regimes desse tipo *são* uma ideia sólida, baseada na antiga crença de que os rituais formam bons costumes, que por sua vez são o fundamento de uma vida produtiva e feliz. Aristóteles já disse isso há mais de 2.000 anos: "Somos o que fazemos repetidamente. A excelência, portanto, não é um ato, mas um hábito". Porém, a simples adoção de um ritual – realizar determinado ato em certo tempo e/ou de certa maneira – não basta. A força transformadora do ritual está naquilo que ele representa *para a pessoa que o pratica*. Para mudar um comportamento arraigado, o indivíduo deve acreditar que precisa mudar. Não é uma questão de *como*, mas de *por quê*. A mudança interior depende da convicção interior.

Ninguém lançou mais luz sobre essa questão do que Benjamim Franklin, que corporificava todas as qualidades que a sexta-feira sem e--mails e outros regimes procuram estimular. Franklin foi um exemplo de clareza mental e produtividade, apesar de uma vida atribulada e de tantas responsabilidades e projetos. Era um admirador dos rituais, os quais utilizava para combater suas piores tendências e manter sua vida atarefada sob controle. Atribuía suas muitas conquistas nos negócios, no governo, na ciência e em outros campos, e a felicidade que desfrutou ao longo da vida, a um ritual que desenvolveu desde muito jovem.

O esforço atual para afastar os funcionários do vício da tela quase sempre presume que é possível eliminar tendências e traços negativos impondo rituais de cima para baixo: "Se todo mundo aqui na Acme Widget parar de mandar e receber e-mails às sextas-feiras, acabaremos nos livrando do vício do correio eletrônico". Franklin adotou uma abordagem diferente: identificou não só os traços negativos de caráter que queria mudar, mas as razões interiores positivas pelas quais queria mudá-los. Só assim começou a modificar seu comportamento por meio de um ritual que ele mesmo criou. A convicção veio primeiro e fez toda a diferença.

O BlackBerry de Hamlet   :)

No verão de 1726, Franklin, então com 22 anos, voltou à sua cidade natal, Filadélfia, depois de passar os últimos anos em Londres trabalhando numa empresa gráfica. A tecnologia de Gutenberg tinha então quase trezentos anos, e a confusão e a tensão de classes que ela criara na época de Shakespeare há muito tinham passado. A alfabetização estava longe de ser universal, mas já era mais difundida. Apesar de ter sido criado num ambiente modesto – seu pai era um vendedor de sebo, fabricante de velas e sabão –, Franklin cresceu lendo avidamente e ingressou por conta própria no comércio gráfico.

A época de Franklin também era muito diferente das que discutimos nos capítulos anteriores, uma vez que não foi um período em que a mente e a sociedade foram sacudidas por uma nova tecnologia de comunicação. No século XVIII, as pessoas e as ideias se moviam pelo tempo e pelo espaço por meios estabelecidos: as pessoas, a pé, a cavalo, em carruagens e navios; as ideias, por intermédio de mensageiros e serviços postais, mas também através da mídia impressa, que incluía jornais, panfletos e livros. Os principais cientistas da época, Franklin inclusive, lançavam as bases para as espetaculares tecnologias que viriam no futuro.

Se por um lado a tecnologia não aproximava as pessoas, por outro foi uma época muito movimentada em outros aspectos. A vida de Franklin coincidiu com o Iluminismo, um período de grande ebulição cultural e intelectual, que enfatizou o poder da razão humana para a descoberta de verdades existenciais, em vez de confiar na religião e na sabedoria dos antigos. Grandes pensadores como Isaac Newton, Voltaire, Thomas Paine e Adam Smith exploraram novas e ousadas ideias na ciência, na filosofia, na política, na economia e em outros campos do conhecimento. Em consequência dessa nova maneira de pensar surgiriam duas revoluções: a americana e a francesa. Ainda jovem, Franklin se lançou apaixonadamente nas esferas onde esses vibrantes debates ocorriam e ali permaneceu, passando o resto da vida essencialmente em público. Gregário por natureza, ele se sentia atraído para o povo e odiava afastar-se dele – era, nesse sentido, um homem de seu tempo. "Um dos fundamentais sentimentos do Iluminismo foi a afinidade sociável [...] entre companheiros humanos",[2] escreve seu biógrafo, Walter Isaacson, "e Franklin foi um exemplo dessa visão de mundo."

Isso é o que torna sua história valiosa hoje. Mesmo sem o empurrãozinho da nova tecnologia, ele teve o desejo persistente de se conectar, uma

146

A invenção da vida

vontade de certa forma semelhante à que nos leva volta e meia à tela do computador, com a sensação que isso nos proporciona. Ele estava constantemente engajado em fazer do século XVIII o equivalente de uma rede social. Um dos pseudônimos que Franklin usou em seus primeiros anos como jornalista, "Intrometido", o definia com perfeição.

Na longa viagem de volta de Londres, porém, ele teve tempo para algumas reflexões filosóficas e chegou a duas conclusões que iriam reverberar por toda a sua vida. Para passar o tempo a bordo, jogava cartas com os companheiros de viagem. Depois de algumas semanas, descobriu-se que um deles estava trapaceando. Como punição, o grupo decidiu que ele pagasse uma multa de duas garrafas de conhaque. Quando ele se recusou a pagar, eles o "excomungaram", como escreveu Franklin, todos "recusando-se a jogar, comer, beber ou conversar com ele". O vilão rapidamente pagou a dívida, por razões que Franklin entendia bem e explicou em seu diário de bordo:

> O homem é um ser social, e [...] uma das piores punições é ser excluído da sociedade. Li uma abundância de belos textos sobre o tema da solidão e sei que é uma bravata, na boca daqueles que fingem ser sábios, que eles nunca se sentem menos solitários do que quando estão sós. Vejo na solidão um agradável alívio de uma mente agitada; mas, enquanto essas pessoas contemplativas se obrigam a estar sempre sós, tendo a pensar que elas rapidamente descobrirão que são insuportáveis para si mesmas.[3]

Em outras palavras, "dai-me a multidão de cada dia". Franklin justificava seu anseio de incessante conexão. Na mesma viagem, porém, ele fez outra descoberta que ia na direção contrária. Percebeu que sua vida, da maneira como ele a levava até então, era terrivelmente desorganizada e desequilibrada. Ele não sabia lidar com dinheiro nem com relacionamentos, e sua carreira não fora dirigida para onde ele queria que ela fosse. E ele sabia qual era o problema: estava correndo em muitas direções. "Nunca tracei um plano para minha vida", ele escreveu, e, em vez de um todo coerente, "ela era uma confusa miscelânea de diferentes cenários".[4] O resultado daquele *continuum* de conectividade não estava lhe trazendo felicidade nem sucesso. Como muitos de nós, ele era vítima de seu excesso de atividade.

Em uma época em que novas e ousadas ideias sobre liberdade estavam no ar, Franklin percebeu que, para alguém ser verdadeiramente livre,

O BlackBerry de Hamlet   :)

precisava vencer não só os opressores externos, mas os internos – os hábitos que nos impedem de conquistar tudo o que seria possível. Já era tempo de juntar seu ser disperso, e para isso ele criou um ritual. Percebeu que seu principal problema era não ter aprendido a controlar seus impulsos. Sua movimentada vida exterior lhe oferecia muitas tentações, às quais ele cedia mais do que seria saudável: seu impulso sexual, por exemplo, frequentemente o metia em enrascadas. Outros tinham uma religião a guiar seu comportamento, mas Franklin era um cético que não pertencia a nenhuma igreja. Era, entretanto, um grande admirador da filosofia, à qual recorreu para resolver seu dilema.

Escreveu então dois diálogos ficcionais,[5] inspirados nos de Platão, nos quais um rapaz chamado Horácio, que não conseguia resistir a seus impulsos, discute com o amigo Filócles, que é guiado pela razão. Horácio diz que devemos obedecer sempre aos nossos impulsos, porque eles são naturais. Negar-nos o que desejamos instintivamente é absurdo e errado.

Filócles rebate que é Horácio que está errado. A renúncia é o caminho para um prazer maior do que o que se pode obter apenas obedecendo aos desejos.

Aquilo soa estranho para o epicurista Horácio, que pede ao amigo que lhe explique melhor suas palavras.

Filócles diz que se trata apenas de se recusar a fazer alguma coisa que sabemos que é "incompatível com nossa saúde, nosso destino ou nossas circunstâncias no mundo; ou, em outras palavras, que nos custaria mais do que vale".

Muito melhor, ele sugere, é controlar e administrar os impulsos, praticando o que ele chama de "renúncia filosófica" – resistir a certos impulsos porque sabemos que ganharemos mais numa visão mais ampla. A palavra pertinente nesse caso é "filosófico". Franklin estava dizendo que, para renunciar a certa faina, é preciso racionalizar isso primeiro. É preciso entender que há mais a ganhar resistindo ao impulso do que cedendo a ele. Quando se acredita verdadeiramente nisso, tudo fica mais fácil. O que parecia um modo de vida triste e moralista – negar-se o prazer – de repente se torna uma atitude positiva e até hedonista.

Essa abordagem pragmática atraía Franklin, que era com certeza um homem prático. Ele publicou os diálogos no jornal que acabara de fundar e então se sentou e concebeu um ambicioso plano de aperfeiçoamento para si mesmo. Em vez de apenas renunciar aos maus hábitos, praticaria a

A invenção da vida

renúncia filosófica. Perscrutou seu interior e imaginou quais seriam os bons hábitos que, se adquiridos, anulariam os maus e tornariam sua vida muito melhor. Escreveu então treze virtudes desejáveis, junto com diretrizes comportamentais para alcançar cada uma delas:

1. **Temperança**. Comer sem ficar sonolento. Beber sem ficar embriagado.
2. **Silêncio**. Falar apenas o que possa beneficiar os outros ou a si mesmo. Evitar a conversa insignificante.
3. **Ordem**. Fazer com que cada coisa tenha o seu lugar. Fazer com que cada parte de sua atividade tenha o seu tempo.
4. **Resolução**. Decidir realizar o que é preciso. Realizar incessantemente o que foi decidido.
5. **Frugalidade**. Dispender somente o necessário para o bem dos outros ou de si mesmo, ou seja: não desperdiçar.
6. **Zelo**. Não perder tempo. Estar sempre dedicado a algo útil. Cortar todas as ações desnecessárias.
7. **Sinceridade**. Não trapacear. Pensar sem malícia e com justiça, e, se falar, falar com honestidade.
8. **Justiça**. Não errar, cometendo injúrias ou omitindo algo que beneficie os outros e seja seu dever revelar.
9. **Moderação**. Evitar exageros. Abstenha-se de se ressentir das injúrias na mesma medida em que achar que alguém as mereça.
10. **Limpeza**. Não tolerar sujeira no corpo, nas roupas ou na casa.
11. **Tranquilidade**. Não se deixar perturbar por coisas sem importância ou acontecimentos comuns ou inevitáveis.
12. **Castidade**. Raramente usar o sexo, a não ser por razões de saúde ou procriação; e nunca para desonrar, enfraquecer ou ofender a paz e a reputação sua e dos outros.
13. **Humildade**. Imitar a Jesus e a Sócrates.

Ele precisava de um método para alcançar esses objetivos e acompanhar seu progresso. Assim, numa versão em papel amarelado das tábuas das quais Hamlet pretendia apagar todas as notícias ordinárias, ele elaborou uma série de tabelas, uma para cada virtude. Todos os dias, anotava como tinha se comportado. Se tivesse sido um dia ruim para, digamos, a frugalidade, fazia uma marca ao lado do objetivo.

O BlackBerry de Hamlet   :)

A esse ritual ele chamou de "o árduo e ousado projeto de chegar à perfeição moral". Como o título sugere, tratava-se de um projeto ridiculamente ambicioso. Um santo teria dificuldade de se manter fiel ao programa de Franklin, embora ele tivesse deixado uma certa margem de negociação para a castidade, abrindo exceção para o sexo praticado por razões "de saúde". Pouco depois, ele percebeu que tinha exagerado e afrouxou seus padrões, até que, alguns anos depois, deixou de atualizar as tabelas. Mas as carregou com ele pelo resto da vida, um lembrete tangível do que ainda era seu objetivo.

Mais para o fim da vida, em sua autobiografia, Franklin afirmou que o ritual o fizera ser o que era. "Esse pequeno artifício", como ele se referia ao ritual, tinha incutido nele os hábitos que foram responsáveis por tudo o que ele mais valorizava na vida, inclusive sua saúde, seu sucesso financeiro e suas extraordinárias conquistas. Franklin não teve apenas uma carreira brilhante, mas meia dúzia delas. Foi um hábil homem de negócios, um jornalista e escritor pioneiro, um prolífico cientista e inventor, um influente funcionário público e um pensador político cujas ideias contribuíram significativamente para o nascimento da democracia moderna. Só uma dessas realizações já seria impressionante. Ter conseguido todas elas, e se divertido ao longo do caminho, é um verdadeiro milagre. Apesar de ser um homem absurdamente ocupado, ele organizava seu tempo, seus talentos e suas energias em prol de seus objetivos. "As energias de Franklin se mantinham num equilíbrio flexível. [...] Ele se movia pelo mundo com um bem-humorado domínio de todas elas", escreve seu biógrafo, Carl van Doren.[6] E Franklin atribuía tudo isso a seu ritual, encorajando outros a "seguir o exemplo e colher os benefícios".[7]

Nos séculos seguintes, muitos consideraram o projeto puritano, hipócrita e cabotino. "Ele criou para si uma lista de virtudes, que trotavam dentro dele como um cavalo ansioso num padoque", escreveu o romancista D. H. Lawrence.[8] Mesmo que a ideia tivesse vindo de um puritano, seria intolerável. Mas, como Franklin *não era* um puritano – ele adorava os prazeres – e tinha muito senso de humor, é uma delícia ler seu relato hoje em dia. E também muito instrutivo. Num momento em que tantos lutam para controlar um impulso, a pergunta é: Por que nossos rituais não têm o mesmo sucesso?

Franklin entendia a natureza humana, e percebeu que, para que um ritual fosse bem sucedido, a pessoa tinha que se dedicar a ele. Mas uma

A invenção da vida

crença não pode ser imposta pelo mundo ou por um especialista em administração. Tem que vir de dentro. É disso que trata a "renúncia filosófica". Para mudar um hábito, a pessoa precisa acreditar que, mudando, vai ganhar mais do que ganharia apegando-se a velhos comportamentos. Franklin adotou esse princípio. As virtudes de sua lista são objetivos positivos, que, como ele havia concluído mediante introspecção, iriam lhe trazer mais felicidade do que poderia desfrutar sem elas.

Assim, em vez de definir seu primeiro objetivo como "não beba", uma declaração negativa que enfatizava o que ele estaria perdendo, ele preferiu chamá-la de "temperança". Por quê? Porque gostava de beber e precisava de um objetivo otimista que pudesse alcançar. Ter temperança não significa conseguir algo na marra; é apenas moderação, uma meta agradável e que vale a pena. Toda a lista enfatiza o positivo – instruções às quais está subordinado o que *não* se deve fazer –, para reforçar seu envolvimento. Ele pretendia corrigir sua tagarelice não apenas falando menos, mas buscando o silêncio, um objetivo fascinante. Em vez de apenas ignorar o trivial e insignificante, que podiam ser perturbadores, ele perseguia a tranquilidade. Quem não a deseja? Na verdade, ele sabia que, diante de cada item da lista, pensaria "Sim, *quero* fazer todas essas coisas, elas servem ao meu interesse".

É isso que falta nas "sextas-feiras sem e-mail". A medida implica a proibição de algo em que os funcionários estão viciados. Presume que as pessoas estão cansadas de usar seu correio eletrônico e ficariam felizes de ter um dia de folga. Na verdade, a questão é mais complicada. Amamos *e* odiamos usar e-mails. Eles nos animam *e* nos derrubam. Ao enfatizar apenas a proibição, a medida impõe uma penitência e não oferece nenhuma meta positiva. É o mesmo que propor uma "dieta sem sorvete e qualquer outra coisa gostosa". Quem vai querer segui-la?

Outro problema dos rituais nos ambientes de trabalho de hoje em dia é que eles tendem a ignorar a importância da convicção interior. Não basta dizer aos funcionários que seu apego às telas é ruim para eles e para a empresa, e que portanto devem aderir às novas regras. Essa é uma receita de fracasso. É preciso lhes dar uma maneira de encarar o problema na qual eles possam acreditar.

Uma consequência negativa do computador e de outros aparelhos digitais usados no local de trabalho, mas que ainda não é muito reconhecida, é que eles mantêm as pessoas constantemente focadas no exterior. Para fun-

O BlackBerry de Hamlet   :)

cionários que permanecem o dia todo numa baia, conectados a uma tela, isso passa uma mensagem infeliz. Implica que eles são apenas condutores de dados, sem nada de valioso a oferecer. Obviamente, para realizar seu trabalho com eficiência e contribuir para o sucesso da empresa, os funcionários precisam de informação sobre o que acontece no mundo. Mas, para transformar informações em ideias e iniciativas de real valor, eles precisam fazer valer seu talento e sua visão. Em vez de apenas pretender modificar o *comportamento* do funcionário proibindo o acesso a e-mails ou o uso de qualquer outra coisa, se as empresas se dedicassem a *pensar* no que causa o comportamento, estariam enviando uma mensagem poderosa: o que realmente importa é o potencial inexplorado do funcionário, e o objetivo do ritual é trabalhar para isso. *Passar algum tempo longe das telas trará à tona o melhor de cada um.*

E os rituais positivos que têm base numa crença interior, será que eles podem ajudar os funcionários que têm dependência digital? Há evidências de que sim. Uma das primeiras grandes empresas a perceber a ameaça que a sobrecarga representava à produtividade foi a Intel Corporation, a maior fabricante mundial dos chips semicondutores que impulsionam as modernas tecnologias. A Intel dedicou uma atenção incomum a esse problema, experimentando durante anos várias estratégias e técnicas, inclusive rituais.[9] A experiência dessa corporação foi objeto de uma recente pesquisa realizada pela empresa de tecnologia Basex, que analisou vários programas da Intel destinados a levar seus funcionários a manter certa distância da caixa de e-mails. Ela se concentrou em três programas experimentais de sete meses de duração destinados a administradores e engenheiros da Intel:

1. **Tempo de Silêncio.** Toda semana, por um período de quatro horas, a caixa de entrada do e-mail dos funcionários era desativada (eles podiam redigir ou ler e-mails, mas não recebê-los); o programa de mensagens instantâneas deveria indicar "não perturbe", as chamadas telefônicas eram remetidas à caixa postal, reuniões não eram agendadas e placas nas portas dos escritórios pediam privacidade.

2. **Dia sem E-mail.** Às sextas-feiras, sempre que possível, os funcionários concordaram em preferir a comunicação verbal ao e-mail. Não havia uma proibição expressa, mas um esforço de estimular a interação pessoal dentro do grupo. Eram permitidos os e-mails de fora da empresa,

A invenção da vida

mas os membros de um grupo de trabalho foram desencorajados a se comunicar por e-mail, a menos que isso fosse necessário.

3. **Acordo de Nível de Serviço.** O objetivo desta iniciativa de nome infeliz foi ampliar o tempo aceitável em que um e-mail devia ser respondido. Em vez de achar que deviam responder imediatamente a um e-mail interno, os funcionários podiam levar até 24 horas para responder. Esperava-se que com isso eles parassem de verificar a caixa de entrada constantemente e passassem a checá-la apenas duas ou três vezes por dia.

De todos os programas experimentais, o Tempo de Silêncio foi o que recebeu críticas mais positivas dos participantes e teve melhores resultados (maior concentração, mais tarefas concluídas no prazo, e assim por diante). Quando terminou, muitos disseram que gostariam de continuar o programa. Embora a pesquisa não tenha mencionado isso, qualquer pessoa que conhecesse a abordagem de Franklin não poderia deixar de perceber que o Tempo de Silêncio era uma das iniciativas de nome positivo que visava a uma meta atraente. (Um programa anterior da Intel que foi considerado um sucesso tinha um nome igualmente provocante: SeuTempo.) Embora os dois outros programas recentes tenham fracassado e sido suspensos, o Tempo de Silêncio foi estendido além do período experimental e, na época da pesquisa da Basex, estava sendo objeto de avaliação visando à sua implementação mais ampla na empresa.

Isso não significa que todo mundo gostou do Tempo de Silêncio ou que ele seja a solução. Ele foi mais bem aceito pelos administradores do que pelos engenheiros, e nem todos os participantes usaram o tempo de silêncio para uma reflexão mais profunda, como era a intenção. Também houve problemas com os participantes que, além de não obedecerem às regras, ainda tentaram impor sua decisão a outros que procuravam cumpri-las. A pesquisa observou que, para que programas desse tipo tenham sucesso, os funcionários "devem comunicar claramente sua disponibilidade e respeitar a dos outros". Isso nos lembra que, no escritório ou fora dele, a questão tem dois lados: (1) meu comportamento afeta *minha* qualidade de vida e (2) meu comportamento pode afetar *sua* qualidade de vida.

Muitos participantes do Tempo de Silêncio se queixaram de que a premissa subjacente ao programa, um período obrigatório de reflexão, não era

O BlackBerry de Hamlet   :)

realista, uma vez que as tarefas e necessidades das pessoas variavam muito. De fato, uma das queixas mais frequentes contra os limites de hábitos digitais é que, para alguns tipos de trabalho, como vendas e atendimento ao cliente, o e-mail e outros aplicativos realmente ajudavam na realização do trabalho, enquanto para outros, como os que trabalhavam em projetos e em estratégias, podiam atrapalhar. O melhor seria que os indivíduos pudessem conceber seus próprios rituais de acordo com cada situação específica. Como disse um participante do Tempo de Silêncio: "Deveríamos poder trabalhar no mínimo quatro horas por dia sem interrupção, e não deveria existir um programa compulsório. As pessoas precisam ser mais disciplinadas". Em outras palavras, o impulso deveria vir de dentro.

Ainda que positivos, os rituais interiores não resolveriam a causa fundamental da sobrecarga funcional decorrente do constante aumento de informações e do pouco tempo para lidar com elas. O e-mail é apenas uma peça do quebra-cabeça. Como escreveu Jonathan B. Spira, presidente da Basex: "A sobrecarga de informações é muito mais complexa do que o excesso de e-mails".[10] No entanto, se os funcionários controlarem seus hábitos digitais por estarem convencidos de que isso é uma boa ideia, é possível que a situação comece a melhorar. Em lugar das sextas sem e-mail, ler os escritos de Benjamin Franklin por algumas horas poderia ser mais útil.

"Todas as novas ferramentas requerem prática antes que nos tornemos peritos no seu uso", escreveu Franklin.[11] Sua descoberta sobre o funcionamento da eletricidade lançou as bases para a nossa era eletrônica. Dada sua alta tendência gregária, é fácil imaginar que, se vivesse hoje, Franklin seria um viciado em computador. E provavelmente criaria para si um ritual baseado na convicção de que, quanto menos tempo dedicado às telas, mais tempo sobraria para ocupações altamente desejáveis. Mais tempo para novas invenções, talvez, ou para sua velha atividade preferida, o sexo.

A natureza humana não mudou muito desde o século XVIII. Olhe para seu interior e enfatize o positivo. O ritual se criará sozinho.

10

A Zona Walden

Thoreau sobre como transformar o lar em um refúgio

"Eu tinha três cadeiras na minha casa; a primeira para a solidão, a segunda para a amizade e a terceira para a sociedade."

Li em algum lugar que as paredes da cozinha típica americana um dia serão construídas de telas digitais enormes. A reportagem considerava, em um tom animado, com uma certeza do tipo mundo-de-amanhã, que isso seria um acréscimo brilhante para qualquer lar moderno.

Os futuristas têm uma habilidade extraordinária de errar feio, mas havia razões para levar essa previsão a sério. Sem dúvida, é tecnologicamente possível. Telas que cobrem toda a parede são cada vez mais comuns em espaços públicos e alguns entusiastas se valem disso em casa há anos. Menos provável, no entanto, era a hipótese de que o público em geral fosse receber de braços abertos a oportunidade de ser banhado por informação digital do teto ao chão enquanto mastiga seu cereal. Mas, com base nos padrões de consumo da última década, incluindo os meus, isso não está tão distante assim.

Lembro a minha emoção quando ouvi pela primeira vez, anos atrás, que um mecanismo estava prestes a distribuir conexão sem fio à internet em banda larga *por toda a casa*. Isso foi uma ótima notícia para mim. Ainda morávamos na capital e tínhamos dois computadores de mesa conectados, um no meu escritório e outro no da Martha. Então, se por alguma razão quiséssemos trabalhar em um laptop, digamos, na cozinha, teríamos que usar um cabo de extensão, um procedimento inconveniente. Cômodos sem um plugue de extensão eram áreas "mortas", a não ser que usássemos um cabo de metros.

O BlackBerry de Hamlet :)

Como seria legal ter conexão digital em qualquer lugar da casa sem fazer esforço. Seja lá onde o impulso me atingisse, eu poderia simplesmente "surfar na rede", como costumávamos dizer, uma frase que evocava perfeitamente a aventura e a liberdade pessoal oferecida pela mídia em desenvolvimento. Pegue uma onda digital, isso é sentar no topo do mundo. Vi a mim mesmo surfando alegremente pela Amazon.com de uma espreguiçadeira no quintal. Quando os roteadores sem fio chegaram, corri para comprar um, e na mesma hora nos tornamos uma família conectada de ponta a ponta.

A tal tela envolvendo a cozinha levaria simplesmente o mesmo princípio a outro patamar. É claro que dentro de nossas casas, se dispusermos de conexão sem fio e de banda larga, podemos nos conectar de qualquer cômodo. Mas algumas telas de laptops e de smartphones são tão pequenas que a experiência em rede tem seu âmbito inerentemente limitado. E, para o maximalista digital, as limitações são inimigas. Por exemplo, se acesso a rede sem fio na mesa da cozinha, como às vezes faço com meu laptop, o mundo material costuma intervir. Se um dos nossos gatos aparece no meu campo de visão periférico, é provável que eu o pegue e faça carinho enquanto disparo palavras sem sentido como se falasse com um bebê, perdendo o fluxo do pensamento digital. Telas cobrindo toda a parede diminuiriam o efeito do gato. A esfera digital dominaria completamente a sala e a minha atenção. Não vejo essa perspectiva com bons olhos, mas algumas pessoas parecem ver.

Além disso, conforme o pensamento futurista, há algo incrivelmente elegante e *a la* Jetsons em ter as paredes da cozinha com conexão à rede. Em vez de olhar para o reino eletrônico por meio de uma janelinha, estaríamos vivendo e nos movendo *dentro* dele o tempo todo. As fontes de texto do e-mail poderiam ter tamanho garrafal e as pessoas, ao ficar em tamanho real nos vídeos, pareceriam estar bem ali do nosso lado. Imagine o conforto. Caso você de repente precisasse de uma receita, ou ficasse curioso a respeito das atualizações dos números da bolsa na Ásia, ou se perguntasse se os caras do RH responderam à sua última mensagem, ou só quisesse acenar para o vovô, seria tão fácil quanto alcançar a manteiga, seria só encostar em um ponto da parede ou dizer algumas palavras (as paredes terão ouvidos inteligentes) e pronto. Por que parar na cozinha? De acordo com algumas previsões, a casa inteira um dia será um ambiente de telas, cada superfície

A Zona Walden

completamente digitalizada e amarrada ao mundo. E quando esse dia finalmente chegar, todos seremos muito...

Muito o quê? Como seria viver em um mundo inteiramente digital? Não sabemos. E nos importamos com o fato de não sabermos? Dedicamos a essa questão qualquer pensamento em meio ao blá-blá-blá diário sobre a tecnologia, a atualização displicente com o que há de novo e de mais conectado? Pensamos na tecnologia o tempo todo, mas não em como ela molda a experiência cotidiana. Então, com a nossa permissão tácita, tudo está se tornando uma "plataforma" digital, até nosso lar e, por extensão, as pessoas dentro dele.

"Casa" significa um monte de coisas. Na acepção mais básica é apenas um lugar onde se vive. É também a estrutura física, a construção dentro da qual se vive. Por fim, "casa" se refere ao ambiente criado no interior dessa estrutura, um mundo-longe-do-mundo que oferece abrigo, segurança e felicidade: a isso chamamos de "lar".

É essa ideia de casa como santuário, como lar, que está ausente da maioria dos pensamentos e das decisões em relação à tecnologia. Uma cozinha com telas gigantes nas paredes sem dúvida ofereceria conveniência, mas o ambiente doméstico não é apenas mais um dispositivo utilitário. Como todos os aparelhos de conexão ao longo da história, as telas carregam consigo, para onde quer que vão, a multidão e a correria que vêm com ela. Isso, por sua vez, tem um efeito poderoso na nossa forma de pensar e sentir. O lar é tradicionalmente um abrigo *contra* a multidão, dentro do qual os seres humanos experimentam a vida de uma maneira diferente daquela experimentada do lado de fora. Para o indivíduo, o lar sempre ofereceu privacidade, tranquilidade, solidão. Para os que vivem em casais, famílias ou outros grupos, o lar também permitiu um tipo de coletividade íntima que é possível apenas mediante o isolamento compartilhado.

A multidão nos leva para longe do que é reflexivo, particular e verdadeiramente pessoal. Em casa podemos ser mais humanos.

A conectividade digital de alta velocidade, sem interrupções, já diluiu esses aspectos vitais da vida doméstica. Quanto mais conectada nossa casa se tornava na última década, menos fornecia o sentimento de paz e de alimento da alma que costumo associar com "lar". O que tinha sido um refúgio feliz da multidão está se tornando um canal para ela. As paredes são membranas através das quais uma maré de pessoas e de informações flui

O BlackBerry de Hamlet   :)

sem parar, para dentro e para fora. Não são apenas os amigos, interesses e obrigações de trabalho on-line, mas também as notícias, a cultura popular e o frenesi sem fim do mercado. Estamos nadando em massacres e tragédias, afundando em celebridades, tendências, modismos, sensações, manias. Tudo isso nos prende e, nesse processo, faz com que as experiências e interações aqui-e-agora – que deveriam ser o âmago da vida doméstica – fiquem reduzidas à música de fundo.

Não vi como isso aconteceu. O rádio e a televisão tiveram seu papel de trazer o público para dentro dos lares ao longo de gerações, e o telefone era havia muito tempo uma ligação para o mundo como um todo. Devo ter presumido, de alguma forma inconsciente, que a conexão digital constante seria mais do mesmo. No longo prazo, pode ser. Talvez seja apenas o caráter de novidade que faça a experiência interativa na tela parecer tão mais intensa do que a tecnologia anterior podia oferecer. Apenas algumas gerações atrás, a televisão era vista como uma invasão do espaço sagrado do lar e uma ameaça especial às crianças. Esses perigos ainda são reais hoje em dia, mas, ao longo dos anos, também se tornou claro que, se usada adequadamente, a televisão pode ser uma ferramenta útil, assim como um ponto de reunião, uma lareira alternativa. É isso o que a televisão é na nossa casa, onde controlamos o uso e o aproveitamos muito. Então devemos estar no começo de um período de adaptação, e algum dia vai parecer bobo que alguém tenha cogitado questionar a sabedoria envolvida naquele instrumento de felicidade universalmente adorado, a cozinha de paredes digitais.

Mas não é possível viver no futuro. Na realidade que é o presente, esses aparelhos têm um efeito hipnótico sobre nós e estão alterando a natureza e o significado da nossa vida doméstica. Uma das rotas mais confiáveis para a interioridade e para a profundidade se tornou uma experiência cada vez mais exterior. Como é possível relaxar e recarregar as energias quando *o mundo inteiro* vive conosco?

Já estamos em um ponto bastante avançado dessa estrada, e a questão é se ainda é possível fazer alguma coisa a respeito. Será que essa mudança drástica projetada para a casa ainda pode ser emendada ou modificada de modo que ela ainda permaneça uma casa em todos os sentidos da palavra?

Acho que sim, e a melhor maneira de entender como é voltar às origens do mundo conectado de hoje, um século e meio atrás, e ao menos prová-

A Zona Walden

vel de todos os filósofos digitais, Henry David Thoreau. Da maneira como sua história costuma ser contada, Thoreau pareceria a última pessoa com qualquer coisa útil para dizer sobre administrar a vida doméstica em um mundo digital. Ele é mais conhecido por ter trocado a civilização pela casa de um cômodo que construiu na floresta da região de Concord, Massachusetts, onde viveu uma vida modesta e próximo da natureza. *Walden*, seu relato dessa experiência, é uma recusa ostensiva da sociedade e dos meios ardilosos pelos quais ela nos deforma e rouba a riqueza da vida. Ao construir seu argumento, Thoreau menciona bastante a tecnologia, em especial duas invenções novas que estavam transformando o mundo, a estrada de ferro e o telégrafo.

Em um tempo de expansão das conexões, Thoreau se "desconectou". Ele era o artista da grande escapada e escapar parecia ser sua mensagem. Se você quer recuperar sua vida, dê o fora! Ou, como ele diz em *Walden*: "Fui para a floresta porque queria deliberadamente viver, encarar apenas os fatos essenciais da vida, ver se eu não poderia aprender o que ela tinha a ensinar, e não descobrir, quando estivesse para morrer, que não vivi [...] eu queria viver a fundo e sugar todo o tutano da vida".[1]

O problema essencial não mudou, nem a meta. Quem não quer viver a vida mais profunda e completamente possível? Para a alma sobreconectada que queira se submeter à mensagem de Thoreau, no entanto, o x da questão é o método. Na prática, pouquíssimas pessoas têm a liberdade para escapar da sociedade – emprego, família e outras obrigações – e se entocar numa floresta. Em todo caso, poucos de nós querem a solidão absoluta que Thoreau parece defender, quando escreve "amo estar sozinho; nunca encontrei uma companhia tão acompanhável como a solidão".[2]

É rara a pessoa cujo ideal de lar é uma cabana para uma pessoa em uma vizinhança sem vizinhos. Parte do que sempre foi especial e revigorante no conceito típico de lar é que possibilita a solidão *dentro* do contexto de um ambiente social maior. É uma trégua intermitente, um espaço para dentro do qual nos retiramos brevemente em intervalos regulares, para ressurgir revigorados mais tarde.

Hoje há outro fator que torna a abordagem de Thoureau não apenas sem atrativos, mas completamente sem sentido. Mesmo se quiséssemos fugir fisicamente da sociedade, em um mundo digital não há para onde ir. Com conexão portátil onipresente, é impossível usar a geografia para esca-

159

O BlackBerry de Hamlet   :)

par do que se chama sociedade, porque ela está em todo lugar. Se você tem uma tela digital de qualquer tipo – e quem não tem hoje em dia? –, você não deixou a sociedade de maneira nenhuma.

Mas rejeitar Thoreau por esses motivos é não entender o propósito de *Walden* e sua relevância para o nosso tempo. Na verdade, ele não estava tentando escapar da civilização e o que ele criou na lagoa de Walden não passava nem perto da solidão completa. Por falar em tecnologia onipresente, é verdade que o mundo era muito menos conectado na metade do século xix do que é hoje. No entanto, Thoreau viveu durante uma grande mudança tecnológica, o advento da comunicação instantânea, que prenunciou a que utilizamos hoje. A floresta não tinha conexão sem fio naquela época, mas, pela primeira vez na história, o mundo estava se *conectando* e os fios levavam informações ao redor do planeta com velocidades inimagináveis. Thoreau viu as enormes implicações humanas dessa mudança e desenvolveu o experimento de Walden, de modo que sua façanha serviu não apenas para o seu próprio tempo, mas para o futuro tecnológico que antecipou.

Em um mundo onde se torna cada vez mais difícil escapar da multidão, ainda é possível construir um refúgio, um lugar para se interiorizar e reivindicar tudo o que uma vida muito corrida toma? Thoreau diz que sim e oferece uma ideia prática para que isso aconteça. *Walden* pode funcionar como um guia filosófico para os desafios complexos da vida doméstica do século xxi, incluindo a questão da cozinha com paredes de telas para conexão. Em um mundo digital, o caminho mais rápido de ir para "casa" é seguir Thoreau.

Primeiro, no entanto, é preciso corrigir algumas impressões equivocadas, começando pela ideia de que Thoreau estava tentando fugir da sociedade. A lagoa de Walden não era exatamente a Antártica. Fica a apenas 2 quilômetros de Concord, onde Thoreau se criou e passou quase toda sua vida depois da faculdade. Para ele, o mundo de Concord *era* a sociedade no sentido imediato, e quando ele fala, em *Walden*, sobre a vida atormentada dos seus contemporâneos – "a massa de humanos leva vidas de tranquilo desespero"[3] –, estava pensando especialmente em seus amigos e vizinhos. Ele se refere muito a eles, coletiva e individualmente; são sua fonte prin-

A Zona Walden

cipal de exemplos da vida real, a prova para seu diagnóstico da doença da sociedade. Apesar de frases envolvendo as "incômodas outras pessoas" que costumava disparar, ele via todas elas enquanto estava em Walden. Para um recluso famoso, tinha uma vida social excepcionalmente ativa, a qual é descrita em um capítulo chamado "Visitantes". Embora a cabana fosse de apenas 3 metros por 5, ele chegou a abrigar ali trinta pessoas de uma vez – o que dificilmente seria a vida de um eremita.

Além do mais, quando o jovem Henry, de 27 anos, se mudou para Walden no verão de 1845, a ferrovia, que era a sociedade em movimento, chegou junto com ele. Trilhos novos em folha haviam acabado de ser instalados para conectar Concord a Boston e ao resto do mundo, e passava justamente ao lado da lagoa.[4] O filósofo podia ver e ouvir os trens quando estava em casa. A ferrovia não era apenas um símbolo visível e audível da civilização, era um lembrete dinâmico de como a tecnologia estava diminuindo as distâncias em meados do século xix. No termos de hoje, seria como construir seu retiro rústico numa mata ao lado da pista de um aeroporto internacional. Se realmente quisesse fugir da sociedade, Thoreau poderia ter feito muito melhor. Ele gostava de fazer viagens por terras inóspitas da Nova Inglaterra e sem dúvida conhecia lugares muito mais ermos.

Ele foi para Walden porque foi onde a oportunidade se apresentou. O proprietário da terra era Ralph Waldo Emerson, o filósofo de Concord, mentor e amigo de Thoreau, e a locação era prática em mais de um sentido. Ele estaria muito ocupado em sua empreitada, escrevendo, plantando vegetais para alimento e renda, trabalhando em outras atividades para se sustentar e cuidando da casa. Por motivos lógicos, seria muito mais fácil fazer tudo perto da cidade, onde ele conhecia todo mundo e onde havia lojas, correios e outras vantagens.

Além dessas considerações práticas, o fato de Walden ser tão perto de Concord foi um elemento fundamental da aventura, crucial para seu significado e valor. Ele havia passado a maior parte daquele ano vivendo em Staten Island, onde havia sido infeliz. Ele havia "entendido que seu coração estava de fato em Concord",[5] escreve seu biógrafo, Robert D. Richardson Jr., e o resto de sua vida seria baseado firmemente lá. Aquele era o lar dele, em outras palavras, e tanto em *Walden* como nos outros projetos de escrita ele explorava conscientemente o significado dessa palavra: o que é um lar, na verdade? Que tipo de lar nos faz felizes?

O BlackBerry de Hamlet   :)

Walden não é apenas um tratado filosófico, é o relato detalhado da vida de um indivíduo em casa, desde os detalhes econômicos mais práticos – fornece quadros elaborados de despesas e rendas domésticas – até as experiências emocionais e espirituais que viver lá proporcionou. Não era meramente um abrigo, era um lugar para "viver com profundidade", como são os melhores lares. Thoreau teve momentos de felicidade intensa, até mesmo de êxtase, em sua casa, e tais momentos são centrais para a compreensão do livro.

A proximidade com a sociedade fez com que o projeto fosse relevante também para outros. Se ele *tivesse* fugido para um lugar realmente remoto, sua vida não teria qualquer semelhança com a vida da maioria das outras pessoas e elas seriam incapazes de emulá-la. "Seria vantajoso levar uma vida na fronteira do primitivo", ele havia registrado, "embora no meio de uma civilização externa."[6] Ou seja, ele conscientemente não fugiu do mundo corrido da sociedade, mas, em vez disso, levantou acampamento na sua periferia. "Dessa maneira", Richardson diz,

> ficou claro desde o começo que o que ele estava fazendo poderia ser feito em qualquer lugar, por qualquer um. Não requeria um retiro da sociedade. Ele próprio encarou isso como um passo adiante, uma liberação, um novo começo, ou, como ele diz no segundo capítulo de *Walden*, "um despertar para o que a vida tem de real e importante.[7]

Um despertar que os outros poderiam fazer acontecer em seus próprios lares, se quisessem.

Mas podemos aplicar *Walden* à nossa era? Thoreau podia estar perto da cidade, mas não estava em sua toca acompanhado do resto do planeta, como nós estamos por meio das telas. Levando em consideração que a tecnologia digital alterou tanto o cenário da vida moderna, e particularmente da vida doméstica, é sensato pensar que Thoreau poderia ter alguma coisa útil a nos dizer?

Tudo leva a crer que sim. Embora seja verdade que ele viveu em um ambiente muito diferente do atual quanto à informação, ele, seus amigos e vizinhos realmente *estavam* vivendo perto do restante do planeta de uma nova maneira. Antes, a informação viajava na velocidade máxima do meio de transporte físico mais rápido, que era o trem. Com a chegada do telégrafo na década de 1840, as mensagens de repente podiam passar de um lugar para o outro instantaneamente. Oceanos, desertos e cordilheiras deixaram

A Zona Walden

de ser obstáculos. Só foi preciso um fio. A ideia de que agora teoricamente se tornara possível manter-se em contato incessante com tudo e com todos na Terra era ao mesmo tempo emocionante e perturbadora. Um americano da Costa Leste na geração de Thoreau não estava apenas cada vez mais conectado com o vasto mundo, estava também cada vez mais imerso nele e precisava lidar com essa imersão. O que ler? Com o que se preocupar?

Foi uma mudança sutil mas significativa na natureza da vida interior, e todo mundo se debatia com esse fato. "Um cabo muito fino se tornou a estrada do pensamento",[8] observava o *New York Times* em um editorial publicado em 14 de setembro de 1852.

> As mensagens se seguem em uma rápida sucessão. A alegria se espalha na trilha da tristeza. A chegada de um navio, as notícias de uma revolução ou de uma batalha, o preço da carne de porco, o estado do mercado estrangeiro e do interno, missivas de amor, o progresso das cortes, o avanço ou o recuo de uma doença, o resultado das eleições e uma enormidade de detalhes sociais, políticos e comerciais, um atrás dos outros ao longo de cabos finos e desprovidos de consciência.[9]

Com uma pequena atualização linguística, poderia ser a descrição momento a momento da aleatoriedade oferecida hoje por qualquer tela digital. Simplesmente havia muito mais informação pressionando todo mundo, e nem mesmo o lar era um porto seguro. Em *The Victorian Internet* [A internet vitoriana], uma história do telégrafo, Tom Standage cita W. E. Dodge, um proeminente negociante nova-iorquino da era do telégrafo, descrevendo os apuros de um chefe de família enfrentando a sobrecarga de informação:

> O comerciante, após um dia de trabalho duro e de agitação, chega em casa atrasado para o jantar, tentando esquecer os negócios em volta do círculo familiar, quando é interrompido por um telegrama de Londres, orientando, por exemplo, a compra de 20.000 barris de farinha em San Francisco, e o pobre coitado precisa terminar seu jantar o mais rápido possível para mandar uma mensagem à Califórnia. O negociante de hoje tem de se manter em ritmo constantemente acelerado.

Em outras palavras, o telégrado era o último agente do "tranquilo desespero" que Thoreau viu ao seu redor e sentiu na pele. As ferramentas que haviam sido feitas para aliviar fardos estavam impondo outros, excluindo

O BlackBerry de Hamlet   :)

as pessoas das experiências mais significativas da vida, até mesmo do jantar em família. "Mas, veja!, os homens se tornaram ferramentas de suas ferramentas",[10] ele escreveu e, embora não estivesse se referindo especificamente ao telégrafo, deixou claro em outra passagem de *Walden* que o cabo fino poderia transformar as pessoas em ferramentas. As novas tecnologias, ele disse, costumam ser apenas "belos brinquedos, que nos tiram a atenção de questões sérias. [...] Estamos muito apressados para construir um telégrafo magnético do Maine até o Texas; mas pode ser que o Maine e o Texas não tenham nada importante para comunicar".[11] Em outras ocasiões, ele escreveu sobre o telégrafo de forma lírica e esperançosa, insinuando ter entendido o fascínio da tecnologia e talvez seu potencial de fazer o bem. "Quando me posicionei embaixo do fio do novo telégrafo, ouvi sua vibração vindo de cima como uma harpa",[12] anotou em seu diário. "Aquele é som de uma vida gloriosa distante."

Naturalista como era, costuma-se presumir que Thoreau detestava a tecnologia. Na verdade, ele era um usuário sofisticado, e, às vezes, um projetista das tecnologias. Nunca fez muito dinheiro escrevendo e se sustentava com o trabalho em duas áreas que fazem uso intenso de ferramentas: como agrimensor e no negócio de manufatura de lápis, pertencente à sua família. Em determinado ponto, ele desenvolveu o projeto ambicioso de reprojetar o lápis da marca Thoreau, a fim de que o produto se saísse melhor em um mercado competitivo. Ele trabalhou duro, conduzindo pesquisas extensas para entender por que alguns lápis europeus eram tão superiores às suas contrapartes americanas. Com base no que aprendeu, mudou os materiais, o *design* e o processo de manufatura dos lápis da empresa, desenvolvendo praticamente um produto novo. Seus esforços foram muito bem-sucedidos, resultando no "melhor lápis produzido na América"[13] naquela época, de acordo com o livro *The Pencil* [O lápis], de Henry Petroski, uma história dessa ferramenta.

Estudioso de tecnologia como era, Thoreau viu que, conforme os mais recentes aparelhos estendiam seu alcance para a vida dos indivíduos, acarretavam custos enormes. Os mesmos custos que estamos pagando hoje – correria extrema e uma consequente perda de profundidade. Quanto mais ligadas as pessoas se tornavam, mais provável era que enchessem a mente de lixo e de bobagens. E se construíssemos essa fabulosa rede de telégrafo global, ele se perguntava, e a usássemos apenas para continuar a fofocar sobre *celebridades*?

A Zona Walden

Estamos ansiosos para cavar sob o Atlântico e encurtar a distância até o Velho Mundo em algumas semanas; mas talvez as primeiras notícias que vão chegar aos ouvidos dos Estados Unidos darão conta de que a princesa Adelaide está com coqueluche. Afinal, o homem cujo cavalo trota a 2 quilômetros por minuto não leva as mensagens mais importantes.[14]

Ou seja, ele percebeu naquele instante que a comunicação tinha potencial para exacerbar o mesmo problema que ele havia ido resolver em Walden, a abordagem superficial e com baixo limite de atenção em relação à vida, o que afligia seus amigos, familiares e frequentemente a ele mesmo. Todos, ele escreve em certo ponto, viviam de emergência em emergência, consumidos pelo trabalho, sempre conferindo as últimas notícias. "Por que devemos viver com tanta pressa e desperdício de vida? [...] Temos a dança de São Vito e mal podemos manter a cabeça parada."[15] Dança de São Vito é um distúrbio nervoso cujos sintomas incluem movimentos convulsivos repentinos dos membros e do rosto. O nome vem de um fenômeno social misterioso observado pela primeira vez em Aachen, na Alemanha (a cidade dos espelhinhos), no século XIV, quando muitas pessoas irromperam ao mesmo tempo em convulsões selvagens de uma dança frenética, em alguns casos espumando pela boca. Agora a estranha dança havia atingido a mente.

Uma vez que a consciência se viciasse em correria e estímulos externos, Thoreau percebeu, seria difícil quebrar o hábito. Esqueça o telégrafo; até mesmo os correios poderiam se tornar um vício, como ele notou em um trecho:

O superficial atrai o superficial. Quando a vida deixa de ser interior e privada, a conversa se deteriora em mera fofoca. [...] Na proporção em que nossa vida interior fracassa, vamos cada vez mais, e cada vez mais desesperados, aos correios. Podem ter certeza: o pobre coitado que sai com o maior número de cartas, orgulhoso de sua enorme correspondência, não tem notícias de si mesmo há muito tempo.[16]

Esse é também o problema do *nosso* tempo, é claro. E é por isso que Thoreau foi para Walden. A missão: ver se, ao construir uma casa a uma distância considerável da sociedade – desconectada, embora ainda conectada de várias outras maneiras – e viver lá de forma reflexiva, seria possível voltar-se para o interior, reconquistando a profundidade e a alegria que foram dissolvidas no cotidiano.

O BlackBerry de Hamlet :)

Entre todos os que lutaram contra esse desafio na metade do século XIX, Thoreau estava excepcionalmente bem posicionado para encontrar uma resposta. Concord era o centro do transcendentalismo americano, um movimento filosófico que forneceu um rico fluxo de ideias valiosas. Os transcendentalistas acreditavam que a verdadeira iluminação não vem das outras pessoas ou de fontes externas como religiões, observação científica e livros; ao contrário, ela vem de dentro. As verdades mais profundas da existência estão disponíveis para qualquer um de nós, por meio da intuição e da reflexão.

Foi uma filosofia que falou diretamente a uma época, quando os trens e as linhas de telégrafo, assim como a industrialização e outras forças da modernidade, empurravam as pessoas exatamente no sentido oposto – o exterior. A multidão parecia extremamente importante e poderosa naqueles dias, assim como agora, e era difícil resistir à sua influência. Era como se não houvesse escolha a não ser se submeter. Os transcendentalistas acreditavam que resistir era crucial. Emerson, a figura de liderança do movimento, escreveu em seu grande ensaio "Autoconfiança" que, para ser feliz e produtivo de verdade, é preciso se afastar da multidão e ouvir "as vozes que ouvimos na solidão".[17] Em outro texto, Emerson descreveu um transcendentalista como alguém que acorda um dia e percebe: "minha vida é superficial, não tem nenhuma raiz no universo da profundidade".[18] E em seguida faz algo a respeito.

Guiado por essa filosofia, o projeto Walden era realmente um exercício prático de reengenharia. Nesse caso, o item que precisava ser reprojetado não era um lápis, mas a própria vida. O método de Thoreau era reduzir as camadas de complexidade que a vida exterior impõe – "simplificar, simplificar",[19] como ele escreveu –, e, ao fazer isso, recuperar a profundidade perdida. Conforme Bradley P. Dean, o estudioso da obra de Thoreau, afirma: "Ao simplificar nossa vida exterior, tornamo-nos mais livres e mais capazes de expandir e enriquecer nossa vida interior".[20]

O núcleo da iniciativa, servindo tanto como quartel-general quanto como objeto de estudo, foi a casinha de Thoreau e a vida que ele construiu ali. Foi uma experiência espartana, refletindo a crença na simplicidade. Mas havia outro tipo de simplicidade que importava ainda mais que a material: a simplicidade da mente. Embora a casa ficasse bem no meio da civilização, perto da cidade, com vista para a ferrovia e com acesso fácil para visitantes, ele a definiu como *região* da interioridade, e foi o que se tornou.

A Zona Walden

Na verdade, ele levantou paredes filosóficas invisíveis que diziam: nenhuma notícia, correria ou estímulo, e isso inclui os humanos, entra aqui sem a minha permissão. Havia visitantes, claro, e eles eram bem-vindos. "Gosto da sociedade tanto quanto a maioria e estou pronto para me prender como uma sanguessuga [...] a todo indivíduo genuíno que cruze meu caminho."[21] Mas eles vinham intermitentemente, e na maioria das vezes por uma boa razão. Na cidade, as pessoas apareceriam por qualquer motivo, mas ali, esclareceu Thoreau, "poucos vêm me ver por assuntos triviais. Quanto a isso, minhas companhias foram sendo peneiradas em razão da mera distância da cidade".[22] No entanto, a distância não era o único fator. O espaço fora designado para determinado propósito, e as pessoas ou sabiam disso ou descobriam. Quando elas abusavam da hospitalidade, Thoreau tomava providências: "Retomava meus afazeres, respondendo com distanciamento cada vez maior".[23] Assim, a multidão nunca dominava. Havia tempo e espaço para ficar sozinho, e com os outros – uma mistura humana saudável. "Eu tinha três cadeiras na minha casa; a primeira para a solidão, a segunda para a amizade e a terceira para a sociedade."[24]

Walden narra a experiência de construir uma boa casa adotando um conceito novo de lar e de vida doméstica. "É fácil demais", ele escreve, "embora muitas pessoas duvidem, estabelecer em nosso lar hábitos novos e melhores em lugar dos velhos."[25] Foi uma experiência bem-sucedida: Thoreau teve o despertar espiritual pelo qual esperava, e isso se reflete em cada página dos seus textos.

> É importante poder pintar um quadro específico, ou entalhar uma estátua e assim fazer alguns objetos bonitos; mas é muito mais glorioso entalhar e pintar a própria atmosfera e o meio pelo qual nós olhamos, o que podemos fazer moralmente. Fazer uma intervenção que aprimore a qualidade do dia, essa é a maior dentre as artes.[26]

Seus escritos produziram efeito similar ao descrito, em várias gerações ao redor do mundo, e, às vezes, na história. Entre incontáveis pessoas influenciadas por Thoreau estava Gandhi,[27] que o citou como grande inspiração para sua própria filosofia e para o movimento pela independência indiana.

E, como foi uma experiência conduzida em considerável proximidade da sociedade, no que Robert Richardson chama de "laboratório no quintal",[28] ela pode ser reproduzida em qualquer casa. *Walden* mostra que, mesmo no

O BlackBerry de Hamlet :)

meio de um mundo frenético, é possível criar uma zona onde a simplicidade e a interioridade reinem – um santuário que mantenha afastada a multidão. A necessidade é muito mais urgente agora. Thoreau conta que muitos de seus visitantes ficavam desconcertados com seu projeto, não entendiam o porquê. Hoje, um santuário afastado para aconchegar o coração e a mente não faria maior sentido. Por isso frequentamos spas e aulas de ioga, *saindo* de casa para obter o que nossa casa tinha o dom de nos oferecer.

Na arquitetura e no design persiste a consciência de valorizar o zoneamento doméstico, a fim de garantir que a casa atenda todas as necessidades dos que nela vivem. No fim da década de 1930, um livro influente chamado *The Human House* [A casa humana], de Dorothy J. Field, apresentou o argumento de que cada casa deveria ter zonas delimitadas: por graus de solidão e de intimidade, de privacidade e de atividade. Em outras palavras, uma casa deveria oferecer aos seus ocupantes a oportunidade de ir e vir através do *continuum* da conectividade. Com foco na residência familiar, Field escreveu que

> toda casa familiar satisfatória é delimitada em diferentes zonas. Numa casa que preencha esses requisitos, deve ser possível encontrar um cômodo que esteja sempre tranquilo, um cômodo onde sempre é possível fazer farra, barulho ou qualquer atividade sem se preocupar em fazer barulho ou incomodar alguém, e um cubículo onde se recolher.[29]

As ideias de Dorothy influenciaram Frank Lloyd Wright e outros pensadores.

Esse tipo de zoneamento já deveria ter retornado para fazer um renascimento na nossa era digital, e é surpreendente que isso ainda não tenha acontecido. Thoreau poderia ser o modelo. Nossa situação é diferente da dele, a multidão não está mais nas redondezas – está dentro de casa, em qualquer lugar onde haja uma tela. Portanto, nosso zoneamento precisa ser interior. Cada casa poderia ter pelo menos uma Zona Walden, um cômodo onde não são permitidas telas de qualquer tipo. As famílias que levam sua tranquilidade a sério, e têm espaço suficiente, poderiam designar um lugar assim para cada pessoa. Poderia haver uma prateleira ou um armário do lado de fora, para que, ao entrar, todos os smartphones e laptops fossem desligados e deixados ali de lado.

A tecnologia sem fio vai permanecer, é claro, e isso é um problema. Mas, assim como Thoreau, a questão da Zona Walden é usar uma ideia como restrição ao comportamento. Para que uma zona assim funcione, primeiro é necessário *acreditar* que seja uma boa ideia; uma vez que se acredita, é muito mais fácil resistir à tentação. A mente ergue uma parede invisível para bloquear o sinal invisível. A tecnologia também poderia ajudar. Talvez um empreendedor sagaz, com olhos voltados para o futuro e seguindo os passos de Thoreau, apareça com um aparelho que evite os sinais para conexão em uma área que o usuário predeterminar.

O oposto de uma Zona Walden poderia ser a zona da multidão, qualquer cômodo especificamente designado para a vida diante da tela. Escritórios domésticos seriam zonas automáticas da multidão para a maioria das pessoas. Já que na maioria das casas a cozinha é um lugar natural de reunião, ela seria uma boa candidata à zona da multidão. Em uma casa zoneada com cuidado, uma cozinha com telas na parede do teto ao chão começa a fazer sentido. A conectividade é muito mais atraente e recompensadora quando sabemos que há um lugar por perto para onde possamos escapar.

Outra opção é zonear a casa inteira, o que significa que toda a residência se tornaria uma Zona Walden durante alguns momentos do dia ou alguns dias da semana. Isso requer um comprometimento maior, já que significa renunciar completamente às telas durante períodos estipulados. A vantagem dessa abordagem é que cria um retiro genuíno, como a casa de Thoreau deve ter sido durante noites calmas de inverno, quando a cidade parecia estar a 1.000 quilômetros de distância. Minha família teve muito sucesso com um regime desse tipo, o que descreverei em detalhes na parte III.

A questão é não se retirar *do* mundo, mas *dentro* do mundo. É engraçado que Thoreau, dentre todas as pessoas, seja a fonte dessa sabedoria. Mas, lembre-se, Walden foi apenas uma experiência de dois anos de duração. Quando acabou, o filósofo voltou à sociedade e viveu o resto da sua vida com ela. Mas levou consigo um conhecimento valioso: é *possível* voltar para casa sempre que precisar de santuário, desde que se tenha um lar que sirva a esse propósito. Não precisa ser um lugar isolado na floresta, no topo das montanhas ou em qualquer lugar específico. Não é o lugar que faz a diferença, é a filosofia. Para ser feliz na multidão, todo mundo precisa de uma pequena Zona Walden.

"Pode parecer que estou me empobrecendo ao me privar do convívio da humanidade", Thoreau escreveu em seu diário, "mas, na minha solidão, teci para mim uma rede sedosa de crisálidas, e devo, como larva, rebentar em criatura mais completa, adaptada a uma sociedade mais elevada."[30]

11

O caminho para o lado mais frio

McLuhan e o termostato da felicidade

*"Como vamos nos livrar do turbilhão criado
por nossa inventividade?"*

No final de um e-mail que me mandou, uma amiga me diz que sua vida está um tanto maluca, principalmente no trabalho. Ela tem um bom emprego numa prestigiosa universidade, o tipo de lugar que gosto de imaginar que estaria isolado do caos. Pergunto o que ela quer dizer com "maluca".

"As mensagens instantâneas não têm limites", ela responde. "Parece que meu sistema nervoso central está interligado com todos os meus colegas."

Uma descrição breve, menos de vinte palavras. Mas sei do que ela está falando, e ela sabe que eu sei. Nós dois estamos interligados com mais pessoas do que é possível guardar na mente. Todo mundo está. O pânico por trás de suas palavras, a sensação de estar plugada a uma multidão infinita da qual não é possível se desconectar, algo típico desta nossa época.

Até agora, as ideias exploradas nesta parte do livro vieram de um passado distante. Fizemos todo o tipo de paralelo entre passado e presente, investigamos em que aspectos as pessoas de épocas passadas se sentiam como nós hoje. Mas a verdade é que nenhuma delas viveu exatamente o que estamos vivendo.

Thoreau caminhava sob os fios do telégrafo e os ouvia ressoar, mas ele nunca chegou a observar, em tempo real, um acontecimento que está ocorrendo do outro lado do mundo. Nunca digitou uma palavra num programa de busca e recebeu no mesmo instante 25 milhões de resultados. Nunca acordou de manhã para encontrar 150 novas mensagens recebidas silenciosamente ao longo da noite, dentro de um objeto que cabe na palma da mão

O caminho para o lado mais frio

e brilha na mesinha de cabeceira – um aparelho que parece mesmo ter uma linha ligada diretamente ao sistema nervoso. No entanto, há uma maneira de trazer boas ideias do passado para a realidade que nos cerca. Marshall McLuhan, o único filósofo desta nossa pesquisa que viveu um pouco na era das telas, oferece a peça que está faltando.

Hoje McLuhan é mais conhecido por duas frases que cunhou: "Vivemos numa aldeia global" e "O meio é a mensagem". Não foram apenas *slogans*, mas profecias, e das boas. Ele sentiu a aproximação deste nosso mundo digital e escreveu muito mais do que duas frases. Deixou uma obra dispersa, penetrante, idiossincrática, toda uma filosofia destinada a dar sentido à vida em um mundo que se tornava menor e mais atarefado por causa da tecnologia eletrônica. Seu tema prioritário era que, mesmo num mundo superconectado, qualquer um tem a capacidade de regular sua experiência.

Nessa época, temia-se que a comunicação de massa estivesse transformando as pessoas em autômatos impotentes. McLuhan queria que as pessoas soubessem que, quando se sentissem sobrecarregadas pela tecnologia – "involuntariamente alteradas em sua vida mais íntima",[1] como ele disse –, não precisavam aceitar isso. Podiam assumir o controle da situação, vivendo de uma maneira mais consciente.

É o mesmo tema tratado por grandes pensadores nos últimos 2.000 anos, mas que continua sendo esquecido. A resposta para nosso dilema está escondida no último lugar onde costumamos procurar: em nossa mente. McLuhan acreditava que, mesmo numa época em que a tecnologia e o tumulto que ela causa têm acesso direto à mente, a melhor arma para combatê-los é a própria mente. Sua missão era atualizar o arsenal mental para os novos desafios do futuro. Esse futuro chegou, e embora McLuhan tenha morrido há trinta anos, sua mensagem não poderia ser mais oportuna.

McLuhan era um acadêmico canadense, especializado em literatura inglesa, apaixonado pela comunicação de massa e pela cultura popular. Em seus primeiros textos, examinou o conteúdo da mídia, particularmente da propaganda. Nessa época, o pensamento padrão sobre tecnologia era o seguinte: são as ideias e as mensagens que importam, não os instrumentos que as transmitem.

O BlackBerry de Hamlet   :)

Isso não significa dizer que a tecnologia era ignorada. O rádio e a televisão atraíam multidões nos anos 1950 e início dos 1960, gerando uma sociedade de massa, e havia uma grande preocupação de que os indivíduos estivessem perdendo sua capacidade de pensar por si mesmos. Em 1950 foi lançado o livro do sociólogo David Riesman, *A multidão solitária*, que angariou grande atenção com o argumento de que o ser humano estava se tornando menos "voltado para o ego", ou guiado por seus valores e crenças, e mais "alterorientado", ou moldado pela sociedade. A exteriorização estava substituindo a interiorização.

Muitos outros livros e filmes do período tratam do significado de massa e seu impacto sobre a mente e o comportamento das pessoas. Alguns, como *Organization Man* [O homem da organização] e *O homem no terno de flanela cinza*, falam da morte da alma em decorrência da conformidade no mundo corporativo. Outros veem a demagogia na política como uma ameaça cada vez maior. A Segunda Guerra Mundial, quando Hitler e outros líderes fascistas manipularam a opinião pública, ainda estava fresca na memória. Temia-se que novos agitadores pudessem usar a mídia eletrônica para divulgar mensagens nocivas. Em seu livro *Do fanatismo – o verdadeiro crente e a natureza dos movimentos de massa*, Eric Hoffer, um estivador de San Francisco que se tornou filósofo, analisa por que os indivíduos entregam voluntariamente sua liberdade e sua individualidade aos movimentos de massa. Num filme de 1957, *Um rosto na multidão*, Andy Griffith representa um simplório cantor de *country* que se torna uma celebridade da mídia e um político demagogo. Mas acreditava-se que eram as próprias mensagens, e as personalidades carismáticas que as transmitiam, as verdadeiras fontes de poder. A tecnologia era basicamente um canal.

O fardo dessa nova vida em meio às massas se fazia sentir nas idas e vindas da existência cotidiana. Em *Presente do mar*, de 1955, Anne Morrow Lindbergh fala do peso esmagador das obrigações sobre o ser humano moderno.

Hoje, nos Estados Unidos, a vida se baseia na premissa de círculos cada vez mais amplos de contato e comunicação. Isso envolve não só as demandas familiares, mas as demandas da comunidade, as demandas nacionais e internacionais sobre o bom cidadão, por meio de pressões sociais e culturais, de jornais, revistas, programas de rádio, motivações políticas, apelos à caridade, e assim por diante. Minha mente fica confusa com isso [...]. Isso não traz felicidade; destrói a alma.[2]

O caminho para o lado mais frio

O livro de Lindbergh funciona como uma introdução à era digital. A conectividade estava escapando ao controle e, como hoje, tornando a vida muito difícil. Mas observem que ela também se concentra no conteúdo – as várias "demandas" que chegam "através" da mídia e de outras fontes –, e não nas tecnologias propriamente ditas.

Portanto, em dois planos diferentes – o macro (a vida sociopolítica) e o micro (a vida privada) –, havia a sensação de que, em um mundo cada vez mais povoado, as pessoas pareciam menos livres para exercer sua individualidade. Se elas estavam entregando a mente a um ideólogo carismático no rádio ou eram simplesmente incapazes de corresponder às demandas e aos apelos cotidianos, o efeito era o mesmo: estavam perdendo sua autonomia, tornando-se criaturas do mundo exterior. E tudo isso era resultado de mensagens e ideias recebidas, de conteúdo.

Poucos paravam para pensar sobre os aparelhos que conectavam todo mundo – rádio, televisão e assim por diante – e sobre que papel podiam estar desempenhando, muito distante do conteúdo que eles transmitiam. É aí que entra McLuhan. Em 1962, com seu revolucionário livro *A galáxia de Gutenberg: a formação do homem tipográfico*, ele propôs uma maneira inteiramente nova de pensar sobre a questão. Argumentou que as tecnologias têm um impacto mais forte sobre o ser humano do que o conteúdo que elas carregam. Isso, ele explica, porque nossas ferramentas são extensões de nosso corpo. A linguagem escrita, por exemplo, é uma extensão de nossa visão: estende nossa visão no mundo, permitindo-nos reter a informação na forma de letras e palavras. Sempre que um novo instrumento conectivo é acrescentado à nossa caixa de ferramentas, estende outra parte de nós para o mundo exterior. O telefone deu a nossos ouvidos um alcance global, enquanto a televisão estendeu olhos e ouvidos. Segundo McLuhan, toda vez que isso acontece, altera-se a maneira como percebemos e processamos a realidade, criando na verdade um novo ambiente para a mente e para nossa vida. Habitamos uma realidade moldada fundamentalmente por nossas ferramentas. Assim, o meio é a mensagem, que vai muito além do que o conteúdo que carrega.

Essa extensão exterior de nós por intermédio de ferramentas acontece desde a aurora da história humana, e, como envolvia uma reorganização fundamental da vida mental, era sempre estressante. "O homem, animal que desenvolve ferramentas, sejam elas a fala, a escrita ou o rádio, há muito

O BlackBerry de Hamlet   :)

se ocupa em estender um ou outro de seus órgãos dos sentidos, e isso acaba por perturbar todos os outros sentidos e faculdades",[3] escreveu McLuhan.

Ele levou a questão ainda mais longe, ao sustentar que, quando surge um novo instrumento verdadeiramente importante, como a prensa tipográfica, a mudança no ambiente interior é tão drástica que produz um novo tipo de ser humano. Portanto, além de o meio ser a mensagem, *o usuário é o conteúdo*. Nossos aparelhos nos mudam, e, porque nós mudamos, a sociedade muda também. A invenção de Gutenberg criou o que McLuhan chamou de "homem tipográfico", cuja mente funciona de uma maneira linear e objetiva, que fomenta o individualismo. Equipado desse modo de pensar com o lado esquerdo do cérebro, esse ser prosperou durante séculos e construiu a civilização ocidental.

Mas esse homem estava prestes a ser substituído, disse McLuhan. Como os meios eletrônicos de comunicação de massa atuam sobre nós de uma maneira diferente da imprensa, tais tecnologias estavam criando uma nova pessoa, cuja mente era menos linear e individualista, mais orientada para o grupo. No futuro, ele previu, nossa mente funcionaria mais como a mente oral da época de Sócrates. Na verdade, ele afirmou, essa nova era já tinha chegado, e era por isso que a humanidade estava se sentindo tão ansiosa e cheia de dúvidas. A imprensa dera ao homem a "direção interior"[4] de que Riesman falara em *A multidão solitária*, e que agora ele sentia lhe escapar. A velha fronteira entre ser interior e mundo exterior tinha sido permanentemente rompida pela tecnologia eletrônica. Agora seria muito mais difícil tomar o caminho interior.

McLuhan rastreou essa mudança desde o século XIX, quando, segundo ele, o telégrafo tinha de fato estendido todo o sistema nervoso central, incluindo o cérebro, para o mundo exterior. De repente, os seres humanos foram mergulhados no que ele chamou de "um campo total de eventos interconectados, do qual todos os indivíduos participam",[5] ou seja, as pessoas ficavam sabendo de tudo o que acontecia em dado momento no planeta. Em meados do século XX, os telefones, o rádio e a televisão tornaram esse ambiente ainda mais exigente para o cérebro. Segundo McLuhan, essa era a verdadeira fonte de tensão e de infelicidade que as pessoas estavam sentindo, a sensação de que a mente estava sitiada e paralisada. Seu biógrafo, W. Terrence Gordon, resumiu o ponto de vista de McLuhan: "As tecnologias criam novos ambientes, os novos ambientes criam dor, e o sistema nervoso do corpo se fecha para bloquear a dor".[6]

O caminho para o lado mais frio

Entretanto, há uma maneira de evitar a dor e ter sucesso na aldeia global. McLuhan disse que era uma questão de entender que estamos vivendo em um mundo novo e então se adaptar a isso. Apesar de acreditar que os novos aparelhos eram a origem de nossa perturbação, ele não os *culpava*. Colocava a responsabilidade final no ser humano. Se nossas tecnologias estão nos deixando loucos, é nossa culpa por não prestarmos atenção ao que elas estão nos fazendo. Por que permitimos que aparelhos que deviam nos fazer felizes nos façam sofrer? Devemos controlar as novas tecnologias "em vez de nos deixar intimidar por elas".[7]

Seu livro seguinte se iniciava com um lema – "O meio é a mensagem" – que fez dele um ícone da cultura pop. Era um destino improvável para um homem brilhante de 52 anos acostumado a citar James Joyce e Charles Baudelaire. Mas era um momento em que as pessoas estavam desesperadas para dar sentido ao mundo, e ele ofereceu uma abordagem nova. Para promovê-la, usou com habilidade as tecnologias sobre as quais escrevia, aparecendo frequentemente na mídia, até mesmo em programas de entrevista da tevê. Algumas vezes ele teve a oportunidade de discutir suas teorias, mas quase sempre era apenas mais uma celebridade. No programa de humor *Rowan & Martin's Laugh-in*, a pergunta "Marshall McLuhan, o que anda fazendo?" tornou-se um chiste constante.

Infelizmente, embora suas máximas tenham se tornado populares, a maioria das pessoas jamais captou os conceitos por trás delas. E isso foi realmente culpa de McLuhan. Seu texto era demasiado teórico e irritantemente circular. Seus livros eram estruturados como coleções de ensaios curtos e independentes, apresentados em forma de "mosaico", como ele mesmo disse; ou seja, podiam ser lidos em qualquer ordem. Sua intenção era romper com o pensamento linear, que ele acreditava ser coisa do passado. Para leitores educados numa cultura que priorizava o uso do lado esquerdo do cérebro, porém, não era uma abordagem conveniente, em particular porque utilizava um meio concebido para ser lido do começo ao fim: o livro.

A dificuldade de entendimento de sua obra se tornou alvo de piadas e foi tema de uma divertida cena de um filme de Woody Allen, *Noivo neurótico, noiva nervosa*, em que McLuhan faz o papel de si mesmo. Mesmo hoje, com a aldeia global a pleno vapor, ler McLuhan muitas vezes nos faz sentir como Alice no País das Maravilhas, tentando decifrar um bombardeio de afirmações aparentemente sem sentido.

O BlackBerry de Hamlet   :)

Ele não era neurocientista, e, quando tentou descrever o funcionamento do sistema nervoso central, sua linguagem é particularmente inescrutável: "Minha sugestão é que a ecologia cultural tem uma base razoavelmente estável no sensório humano, e que essa extensão do sensório por dilatação tecnológica tem um efeito bastante apreciável na configuração de novas proporções entre todos os sentidos".[8] Se tivesse escrito com mais clareza, suas teorias poderiam ser tão conhecidas hoje como as máximas que forjou.

Apesar desses obstáculos, McLuhan sobreviveu até este nosso século por algumas razões. Primeiro, porque nos primeiros anos da era digital sua obra foi redescoberta e adotada pelos fãs fervorosos dos novos aparelhos, que traduziram "O meio é a mensagem" como "A tecnologia domina!" – exatamente o contrário do modo como McLuhan achava que o mundo devia funcionar. Mas isso nos leva à segunda razão de sua perenidade, e à razão pela qual ele é tão relevante hoje: ele colocou a liberdade e a felicidade à frente da tecnologia. Embora nossos instrumentos tenham uma enorme influência sobre nós, ainda podemos dominá-los.

Em seu esforço para estimular essa atitude, ele tocou em algumas importantes verdades sobre a vida numa sociedade eletrônica. Às vezes parece mesmo que nosso cérebro se estende para tão longe no mundo exterior que deixa nosso corpo. Quando isso acontece, é muito difícil para qualquer pessoa voltar-se para dentro e ficar sozinha com seus pensamentos. De fato, a profundidade se resume a isto: devolver para seu interior tudo aquilo que a mente reuniu em suas viagens, classificar as informações e decidir o que realmente importa. A única maneira de cultivar uma vida interior feliz é passar algum tempo consigo mesmo, o que é impossível quando temos que prestar atenção constante à ultima novidade. Déficit de atenção, dependência da internet e outros distúrbios relacionados à tecnologia são causados por estarmos presos às engrenagens externas.

Qual a receita de McLuhan? Ele afirmou reiteradamente que não defendia nenhuma abordagem em particular, nem oferecia instruções de como seu trabalho podia ser aplicado. Sua ideias devem ser usadas seletivamente; sua observação mais valiosa é que, embora a tecnologia esteja invadindo nossa mente mais do que nunca, ela é a *nossa* mente. Podemos nos deixar levar pela tecnologia ou assumir o controle de nossa consciência e, portanto, de nossa vida. Ele tinha jeito para metáforas, e uma para cada uma dessas opções.

O caminho para o lado mais frio

Ele usou o mito grego de Narciso para explicar por que as pessoas se deixam hipnotizar pelos aparelhos tecnológicos. Narciso foi um jovem que viu seu reflexo na água e o confundiu com o de outra pessoa. "O propósito desse mito", escreveu McLuhan, "é descrever o fato de que os homens se fascinam com qualquer extensão de si mesmos em outro material que não o deles."[9] Da mesma maneira, ele disse, nós nos encantamos com as novas tecnologias porque nos projetamos além de nós. Mas, como Narciso, não percebemos que é isso que o aparelho faz: projeta-nos ao estender nosso corpo no mundo exterior. A confusão induz a uma espécie de transe. Não podemos tirar os olhos do aparelho, mas não sabemos por quê.

McLuhan cunhou um apelido para essas pessoas que se comportam como Narciso e se deixam enfeitiçar por uma tela (isto é, quase todo mundo): *gadget lover*, ou amante de invenções tecnológicas. A cura, diz ele, "é simplesmente saber que o feitiço pode ocorrer imediatamente depois do contato, como nos primeiros acordes de uma melodia".[10] Você sente a necessidade de ficar diante de uma tela o tempo todo? Pense em Narciso e resista.

A segunda metáfora é sobre a abordagem ativa e responsável que ele defende. Manter-se conectado o tempo todo – com o sistema nervoso "interconectado", como disse minha amiga – não significa que se deva aceitar o destino. Para explicar essa questão, McLuhan usou um conto de Edgar Alan Poe, *A Descent into the Maelström* [Uma descida no Maelström], sobre um pescador cujo barco é sugado por um enorme redemoinho.[11] Enquanto gira no frenético turbilhão, ele tem certeza de que vai morrer. Então uma coisa estranha acontece. Em seu delírio, ele relaxa e, para se divertir, se põe a estudar como o redemoinho funciona.

Outros barcos tinham sido sugados e destruídos, e ele nota que os destroços passam voando por ele, tomando diferentes direções dependendo de sua forma. Enquanto a maioria afundava rapidamente, objetos cilíndricos, como os barris, não eram engolidos com tanta facilidade. Permaneciam no alto do redemoinho, perto da superfície. Com base nessa observação, ele decide amarrar-se ao barril de água e saltar no mar. Aquilo funcionou. O barco continuou girando e afundando em direção ao seu destino funesto, mas o inteligente pescador não. "O barril ao qual me amarrei afundou muito pouco", ele conta. Depois, o redemoinho para de girar e ele volta à superfície. "O céu estava claro, os ventos amainaram e a lua cheia brilhava a oeste." Ele estava salvo.

O BlackBerry de Hamlet   :)

Para McLuhan, o redemoinho é uma metáfora. Aqui estamos, cercados por um bombardeio feroz e desnorteante de informações e estímulos, aparentemente girando sem controle. "Como sair do turbilhão criado por nossa criatividade?",[12] ele perguntou. Sua resposta foi: fazer o que fez o pescador. Em vez de entrar em pânico, respirar fundo e usar de astúcia. Estudar os destroços do momento e agarrar-se a algo sólido.

O conto de Poe era um dos preferidos de McLuhan porque, como sua filosofia, se referia ao indivíduo. A engenhosidade humana pode ter criado nosso redemoinho, mas também pode nos salvar, um de cada vez. Não devemos nos deixar paralisar pelo novo ambiente em que nos encontramos, mas lutar e usar a criatividade. "As pessoas se acovardam diante da tecnologia",[13] disse Kevin McMahon, diretor de um documentário sobre o filósofo, *McLuhan's Wake*: "O lado otimista da mensagem de McLuhan é: 'Você construiu essa coisa e pode controlá-la, se entender como ela o afeta'. Para mim, sua mensagem ainda é realmente importante."

A pergunta lógica, então, é: "Qual é nosso barril?" Como o pescador, todo mundo tem que descobrir o seu. Somos diferentes, e não há uma maneira capaz de equilibrar a vida exterior e interior de todo mundo. Essa é uma verdade eterna. O que importa é o empenho, estar consciente de moldar nossa experiência a cada momento. Se passamos a maior parte do tempo pressionando teclas e lidando com o tráfego eletrônico, é assim que nossa vida será. Talvez você esteja feliz com isso. Mas, se não estiver, há outras opções.

Uma técnica útil de McLuhan, versão aprimorada de sua cura para o transe narcisista, é ter em mente que diferentes aparelhos nos afetam *de maneiras diferentes*. Para ilustrar como isso funciona, ele usou a temperatura como metáfora, distinguindo as tecnologias "quentes" e "frias". Uma tecnologia quente é intensa e nos sobrecarrega de informações e estímulos. Uma tecnologia fria é menos intensa e convida os usuários a participarem mais da experiência, preencher as lacunas. "A forma quente exclui, e a forma fria inclui",[14] ele escreveu.

Ele definiu o rádio como um meio quente, porque inunda os sentidos de informações, deixando pouco espaço para o ouvinte preencher o que está faltando. Mas para ele a televisão é fria, porque busca maior envolvimento do espectador. As definições são flexíveis e podem mudar com o tempo, já que as novas tecnologias alteram a maneira como as velhas tec-

O caminho para o lado mais frio

nologias nos afetam. Hoje, embora as telas digitais sejam altamente participativas, são também opressivas e, portanto, quentes. E o rádio hoje parece relativamente frio.

A questão é que, tendo em mente que os aparelhos causam diferentes efeitos, podemos regular o clima da mente. É outra maneira de pensar sobre o *continuum* de conectividade que estamos sempre enfrentando. Se passar seis horas diante de uma tela aquece demais a mente, o que pode esfriá-la? Grudar os olhos no smartphone durante todo o caminho para casa não vai ajudar. Talvez seja melhor apenas sentar em silêncio e curtir a viagem. Às vezes, o aparelho mais frio não existe. Em vez de permitir que forças externas determinem como nos sentimos interiormente, cada um de nós pode ser seu próprio termostato.

Por mais instrutivas que sejam as ideias de McLuhan, ainda mais notável, em retrospecto, foi a ansiedade que o mundo tinha de ouvi-lo. Há meio século, o interesse pelos dilemas humanos criados pela tecnologia era tal que um obscuro professor de literatura se tornou uma celebridade internacional. E, trazendo maior consciência sobre essas questões, McLuhan aumentou ainda mais esse interesse. Durante algum tempo, houve uma explosão do mercado de livros de autoajuda[15] para os que se sentiam tecnologicamente confusos; nesse *boom* estava a obra *O choque do futuro*, de Alvin Toffler, que criou o termo "sobrecarga de informações". O *best-seller* de Robert Pirsig, *Zen e a arte da manutenção de motocicletas*, inspirado na filosofia oriental e ocidental, ofereceu uma nova maneira de pensar sobre a relação entre seres humanos e tecnologia.

Hoje há muita discussão sobre o fardo imposto pelas tecnologias digitais, mas não o mesmo tipo de crítica construtiva. Narciso? Mídia quente ou fria? Será que alguém procura refletir sobre essas ideias quando elas surgem na caixa de entrada do correio eletrônico, perguntando-se vagamente por que sua mente parece esgotada? Damos de ombros e aceitamos isso como nosso destino. Em vez de filósofos celebridades, temos *chefs* celebridades, dezenas deles. Mas eles nunca dizem como a vida poderia ser deliciosa se seguíssemos uma receita diferente. Era disso que tratava McLuhan, reconhecendo que a cozinha da mente está abastecida dos melhores ingredientes. Cada um de nós pode estar lá todos os dias, preparando uma receita que é uma obra-prima. Por que não estamos?

Parte 3

EM BUSCA DE PROFUNDIDADE

A teoria na prática

12

Ocupados, mas nem tanto

Filosofias práticas para o dia a dia

Até hoje, nesta nova era, temos adotado uma conduta bem definida: decidimos nos manter conectados o tempo todo. Para a maioria de nós, não se trata de uma decisão consciente. Nós a tomamos sem pensar, sem perceber que havia outra opção.

Mas tínhamos uma opção, e ainda temos. E dado que escolhemos como viver com esses aparelhos, paira um enigma realmente filosófico. É uma questão de ideias e princípios que nos guiam. Se continuarmos nesse caminho, com o tempo os custos dessa vida vão anular todos os benefícios. A solução, portanto, é adotar um novo conjunto de ideias e usá-las para viver de uma maneira mais intencional e ponderada.

Existem muitas pistas à nossa volta. Sempre que abro uma distância entre mim e as telas, coisas boas acontecem. Ganho tempo e espaço para pensar na minha vida no campo digital e em todas as pessoas e informações que encontro nele. Tenho a oportunidade de interiorizar as experiências vividas na tela. Isso aconteceu de uma maneira simples, mas memorável, no dia em que liguei para minha mãe a caminho do aeroporto. Era uma chamada rotineira, até que desliguei o telefone. Só então a experiência assumiu uma importância inesperada.

Esse distanciamento também permite que nossa consciência volte ao mundo físico. Não sou apenas um cérebro, um par de olhos e dedos aptos a digitar. Sou uma pessoa com um corpo que se movimenta no espaço e no tempo. Deixando que as telas dirijam minha vida, desprezo os outros aspectos da minha existência e renuncio à minha integridade. Vivo uma vida menor e retribuo menos ao mundo. Esse não é um problema individual e particular; ele afeta todos os nossos esforços coletivos nos negócios,

Ocupados, mas nem tanto

nas escolas, no governo e em todos os níveis da sociedade. Estamos vivendo menos e dando menos de nós, e por isso o mundo fica pior.

Este é o momento, enquanto a era digital ainda é jovem, de recuperar essas perdas, de trazer de volta para a equação "tudo o que é humano à nossa volta", nas palavras de Eric Schmidt, presidente da Google.

Com esse objetivo, na parte II, mergulhei no banco de dados da experiência humana em busca de ideias produtivas. Como os sete filósofos mostraram, esse enigma é tão velho quanto a civilização. À medida que a conectividade humana avança, torna a vida mais atarefada, criando novas multidões. E a vida em meio às multidões inevitavelmente provoca as perguntas que estamos nos fazendo: Por que não tenho tempo de pensar? O que é essa inquietação da qual não consigo me livrar? Onde termina a vida em meio à multidão e onde começa o "eu"? O que esses aparelhos estão nos causando? Podemos dar um jeito nisso?

Os filósofos nos ofereceram todo o tipo de respostas, e vários temas emergiram. O mais importante foi a necessidade de encontrar um equilíbrio saudável entre conexão e desconexão, entre público e privado, entre a vida exterior e a vida interior.

Alguém poderia argumentar que a civilização sempre sobrevive a essas transições e progressos. Então, por que nos preocuparmos? Naturalmente, sobreviveremos. A questão é saber se podemos fazer mais. Em qualquer período da história houve pessoas que prosperaram e encontraram a felicidade e pessoas que não tiveram essa sorte. Os primeiros conseguiram se aproximar do feliz equilíbrio que Sócrates buscava, quando fez a oração para que seu ser exterior e seu ser interior pudessem "ser um". Os outros se tornaram reféns de sua exterioridade e nunca conseguiram se desvencilhar da "energia inquietante de uma mente perseguida".

A seguir, apresento uma síntese dos principais princípios que pudemos depreender, assim como ideias concretas para colocá-los em prática hoje. Os exemplos que os acompanham advêm da minha própria experiência de vida, são coisas que de fato conheço. Trata-se apenas de sugestões, não de prescrições. Cada pessoa está imersa em um conjunto único de circunstâncias, e não há abordagem específica recomendada para enfrentar o desafio. O propósito desta listagem é ajudá-lo a desenvolver suas próprias estratégias. Tomar consciência do problema já é metade do caminho, e *qualquer* esforço efetuado, por menor que seja, conduz ao progresso.

O BlackBerry de Hamlet   :)

1. Platão

Princípio: distanciamento

Na história contada por Platão, Sócrates e seu amigo deixam de lado os assuntos de Atenas fazendo uma caminhada. Manter distância é o método mais antigo de controlar a multidão. É óbvio que é muito mais difícil ultrapassar as "muralhas" da vida conectada. Os lugares verdadeiramente desconectados são cada vez mais raros. Mas, por outro lado, é mais fácil. Basta fazer uma caminhada sem levar nenhum aparelho digital. No momento em que se deixa todas as telas para trás, ultrapassamos as muralhas.

Por que essa já não é uma prática comum? Porque sair sempre com um celular parece inofensivo e, além disso, sensato. Temos a sensação de que é perigoso nos aventurar fora de casa sem um celular, como se não pudéssemos nos defender sozinhos. É bom ter um amigo digital ao nosso lado, caso seja necessário.

Mas, de uma maneira sutil, mas importante, isso muda a natureza da experiência. Embora um laptop represente comodidade e nos dê uma sensação de segurança, afasta a possibilidade de verdadeiro isolamento. É uma rédea psíquica, e a mente pode sentir o puxão. Este é o problema: estamos tão acostumados à rédea que é difícil imaginar o mundo sem ela.

Para criar o equivalente moderno do antigo distanciamento e desfrutar os benefícios que ele acarreta, é preciso deixar as telas fora de alcance. Deixe o telefone numa gaveta e saia pela porta. Nada de ruim vai acontecer, e é provável que algo de bom aconteça. Embora sua caminhada desconectada talvez não produza um êxtase como o de Sócrates, vai lhe render uma sensação de liberdade interior. Caminhando por uma rua da cidade, cercado de pessoas inclinadas sobre telas, a simples consciência de estar solto animará seus passos.

O mesmo princípio pode ser aplicado a outras experiências cotidianas. Qualquer viagem rápida ao mundo exterior, mesmo a missão mais prosaica, pode funcionar como uma escapada, desde que você não leve consigo uma tela. No extremo oposto, experimente uma versão mais ampla: férias longe da cidade. Programe seu e-mail para dar uma resposta automática de férias, deixe todos os aparelhos em casa e decida não checar nenhum deles, mesmo que a oportunidade se apresente. Escolha um destino, agarre um companheiro ou uma companheira e empreenda uma fuga digital. Se houver alguma tela no hotel, mantenha-se longe dela.

Há alguns anos, a revista *Condé Nast Traveler* enviou três repórteres a Moscou, um equipado com um BlackBerry, outro com um iPhone e outro com apenas um guia impresso.[1] Todos receberam uma série de tarefas turísticas a realizar na gelada metrópole, tais como encontrar um restaurante bom e barato e uma farmácia que ficasse aberta até meia-noite. O concorrente menos "tecnológico" venceu. Depois que a matéria foi publicada, um leitor escreveu: "Tenho viajado o mundo todo armado apenas de um velho guia e um sorriso simpático. [...] Como qualquer viajante experimentado dirá, pode-se contar com a gentileza dos estrangeiros em qualquer lugar. Só não se absorva demais em seu BlackBerry a ponto de não notá-los".

O distanciamento no sentido antigo não perdeu totalmente seu significado. Ainda existem lugares onde é difícil ou impossível encontrar uma conexão digital, incluindo em partes remotas dos Estados Unidos. Aproveite a oportunidade de desfrutar desse sossego, porque ele não vai durar para sempre. Em minha família, quando pensamos nas opções de férias, escolhemos um lugar onde os telefones celulares e a internet não funcionem. Embora seja cada vez mais frequente a internet sem fio nos aviões, nem todos dispõem desse serviço. Se houver uma taxa a pagar, poupe o seu dinheiro. Você estará desfrutando de algo muito mais valioso – ficar longe da conectividade –, e de graça.

2. Sêneca
Princípio: espaço interno

Quando o distanciamento físico não era possível, Sêneca encontrava um distanciamento interior. Fazia isso concentrando-se numa pessoa ou numa ideia e desligando-se do resto do mundo. Hoje, minimizar a multidão é uma habilidade ainda mais necessária, e há mais maneiras de fazer isso. A mais óbvia é escolher um amigo ou membro da família que esteja perto e manter uma conversa. Uma conversa focada, sem distrações, e sem telas. Essa sugestão é tão óbvia que até parece absurda. Mas será que estamos *realmente* conversando um com o outro? Se a pessoa com quem você estiver conversando tiver uma tela à disposição, peça-lhe que a deixe de lado. Diga: "Quero exclusividade na sua companhia". Raramente se ouve uma manifestação de sentimento hoje em dia, e não devia ser assim.

Embora escrever cartas seja uma arte moribunda, existem muitas outras atividades que possibilitam a calma absorção no estado de "fluidez".

O BlackBerry de Hamlet :)

Ajuda muito envolver-se com um trabalho manual, como marcenaria, tricô, culinária ou mecânica.

Reduzir nosso acesso à multidão das telas também pode ajudar, embora isso não traga o distanciamento interior que alcançamos quando estamos plenamente off-line. Quantas páginas da Web e outras janelas você mantém abertas em sua tela ao mesmo tempo? Você faz compras on-line enquanto simultaneamente envia um sms no celular, redige um e-mail, checa aleatoriamente seus vídeos, participa de um jogo? Tente a atitude contrária: limite-se a uma atividade on-line de cada vez e não use a tela para conversar por horas a fio. A pessoa do outro lado é para você o que Lucílio foi para Sêneca.

Outra estratégia para reduzir o tempo on-line é usar *outras pessoas* como programas de busca. Em vez de procurar constantemente novidades e atualizações, deixo que os amigos e a família me contem o que está acontecendo. Quais são as manchetes? Que estrela de cinema está em apuros? Qual foi o escândalo mais recente na política? É mais agradável ouvir os últimos acontecimentos através da lente interpretativa de alguém que conhecemos, e isso economiza um bocado de aborrecimentos.

Não se sabe como, enfiamos na cabeça que o que as redes sociais podem nos oferecer de melhor é contabilizarmos muitos amigos e contatos, amontoando todo mundo que conhecemos no mesmo espaço virtual. Assim, aquele "colega" de escola de quem mal nos lembramos e que ressuscitou há algumas semanas se mistura e se envolve nas fofocas dos amigos do escritório – ótimo!

Quando a internet era uma novidade fascinante, havia uma tendência natural de tirar o máximo proveito dela para expandir nossas relações sociais. Hoje, com a maior parte da raça humana on-line, faz mais sentido caminhar em outra direção. Sempre que possível, reduza a multidão e selecione seus contatos. Enquanto escrevia este livro e tentava não me distrair desnecessariamente, mantive apenas uma rede social ativa, dedicada a um pequeno grupo de pessoas (menos de duas dúzias) que conheci durante um breve mas importante período de minha vida – *e ninguém mais*. Naturalmente, há infinitas maneiras de formar grupos menores dentro de uma rede social, e você não deve exagerar. Lidar com subgrupos demais se torna tão complexo quanto com indivíduos demais. Mas, se usada com inteligência, essa tática pode reduzir a horda digital a grupos mais manejáveis. Em vez de ligar meu computador e topar com todo mundo que já conheci um dia, quando entro na minha rede mínima, um grupo mais íntimo está sempre me esperando. *Ah, eis a velha turma.* É o equivalente digital de um *pub* nas vizinhanças.

3. Gutenberg

Princípio: tecnologias de introspecção

Gutenberg tornou uma das maiores ferramentas de introspecção – os livros – disponíveis para mais pessoas. Será que os inovadores tecnológicos conseguem um artifício equivalente com os aparelhos existentes nos tempos de hoje, em que a necessidade de introspecção é muito grande, se não maior? No entanto, todos os movimentos da tecnologia são feitos na direção oposta, buscando uma conectividade mais intensa e aumentando nossa exposição à multidão. "Todos os seus aplicativos. Tudo ao mesmo tempo",[2] dizia o anúncio de um smartphone, como se "ao mesmo tempo" fosse um benefício para a mente.

A experiência do livro eletrônico caminha na mesma direção. Embora seja frequentemente anunciado como um gigantesco passo para o futuro, alguns dispositivos para leitura de livros eletrônicos são programados para tornar a experiência de ler mais exteriorizada. São praticamente minicomputadores dotados de programas de e-mail e navegador na internet, e assim dificultam muito a introspecção do leitor. Será que queremos realmente tornar nossos livros fonte de dispersão como tudo o mais na nossa vida?

O princípio de Gutenberg pode ser aplicado a muitos outros aparelhos digitais, inclusive ao notebook. Quando quero impedir as distrações e realmente terminar algum trabalho no meu notebook, interrompo o acesso à rede sem fio, transformando o computador em um instrumento desconectado. Infelizmente, em meu notebook esse é um processo um tanto incômodo, que envolve múltiplas chaves. As tecnologias digitais deviam pressupor que às vezes é bom estar desconectado. Um pequeno, mas extremamente útil, botão de "desconectar" permitiria ao usuário transitar pelas duas zonas: conectado e desconectado. Hoje, como no século xv, todo mundo precisa de algum tempo de isolamento. A tecnologia deveria atender a essa necessidade.

4. Shakespeare

Princípio: velhas ferramentas aliviam a sobrecarga

No início da era impressa, escrever à mão não saiu de moda, pelo contrário, esse hábito acabou sendo revigorado. Como ficou comprovado

O BlackBerry de Hamlet   :)

com o "smartphone" de Hamlet, velhas ferramentas podem ser uma maneira eficiente de manter a sobrecarga de novas informações sob controle. Hoje, velhas tecnologias continuam sendo uma válvula de escape para a mente ocupada.

O papel é o melhor exemplo. Desde meados do século xx, os futuristas têm previsto a morte iminente do papel. Isso não aconteceu, porque o papel ainda é útil. E pode estar se tornando ainda *mais* útil, uma vez que oferece algo de que precisamos e que almejamos: um pouco de desconectividade. Ler um livro de papel. Manter um diário ou apenas notas esparsas em um simples caderno, como eu faço. Assinar uma nova revista. Em um mundo de múltiplas tarefas, onde se concentrar está cada vez mais difícil, o afastamento da Web que o papel oferece é uma vantagem emergente. Nada melhor do que segurar nas mãos um maço de folhas lindamente preenchidas. O mundo desacelera, e nossa mente também.

Não presuma que os novos aparelhos são a melhor opção para determinada tarefa. Em certo ano, na época da Páscoa, nosso filho decidiu fazer um desenho da família reunida na casa de minha mãe. Como queria imprimir uma cópia para cada um, foi direto para o seu iMac e abriu um programa chamado Kid Pix. "Espere um pouco", dissemos. Se ele fizesse o desenho à mão na mesa da cozinha, com lápis de cor, teria muito mais liberdade artística. Depois poderia escaneá-lo, para imprimir várias cópias na impressora colorida. Ele pensou no caso por um instante e concordou que os lápis são mais divertidos e expressivos. O desenho ficou lindo, e ele proclamou: "Com o Kid Pix não teria saído tão bom".

Velhos instrumentos são diversão pura. À medida que a vida virtual vai pesando sobre nós, os objetos materiais paradoxalmente começam a parecer leves e divertidos. Os discos de vinil não só têm um som melhor, é fascinante manuseá-los. Eu faço pausas para jogar ioiô no escritório. Dominós e bolinhas de gude se tornaram uma atração. Jogos de tabuleiro podem ser uma alegria.

5. Franklin
Princípio: rituais positivos

Benjamin Franklin pôs ordem em sua via caótica com um ritual baseado em objetivos positivos. Embora visasse à "perfeição moral", podia se contentar com metas mais modestas de clareza e calma. Já discutimos a aplicação do método de Franklin no ambiente de trabalho, mas ele se aplica também à vida privada, que oferece infinitas possibilidades de encontrar equilíbrio por meio de rituais. Em vez de restringir drasticamente o tempo dedicado ao mundo digital, estabeleça limites de tempo e recompensas. Seja lá como for, quando percebemos que é preciso terminar a tarefa que estamos fazendo porque a bateria do laptop está prestes a esgotar, é muito mais fácil não nos distrair. Esse fato comportamental pode ser traduzido em um ritual. Prometa a si mesmo terminar todas as tarefas no computador em determinado prazo, e estipule uma recompensa se conseguir cumpri-lo. Você vai produzir mais, reduzir o tempo de conexão e ganhar um bônus.

Outra medida é se manter durante certas horas do dia longe das telas. Em *The Tyranny of E-mail* [A tirania do e-mail],[3] John Freeman recomenda que a pessoa não verifique a caixa de e-mails pela manhã ou tarde da noite, uma prática que, como ele acertadamente observa, cria um "ciclo *workaholic*". Ele escreve: "Se você não fizer da verificação dos seus e-mails a primeira coisa do dia, vai reforçar a fronteira entre seu trabalho e sua vida privada, o que é essencial para quem quiser estar plenamente presente nos dois lugares".

De fato, os rituais destinados a pôr uma rédea na vida digital não precisam estar explicitamente relacionados aos aparelhos digitais. Podem consistir apenas em alternativas positivas. Se você percebeu que passa muitas horas da noite diante da tela do computador, decida fazer algo completamente diferente e interessante em metade desse tempo – passar mais tempo com sua companheira ou companheiro, estudar as constelações com seu filho ou fazer aquele curso de culinária italiana que tanto deseja. Imagine o ritual como um tempo dedicado a uma ocupação nova e agradável, em vez de achar que está tirando tempo de uma ocupação negativa. São truques mentais, mas com eles o que estamos tentando combater são esses subterfúgios inúteis da mente.

6. Thoreau
Princípio: Zona Walden
Em meados do agitado século xix, Thoreau criou uma zona de simplicidade e paz interior, situada relativamente perto da multidão. Se adequadamente organizado, qualquer lar digital pode servir ao mesmo propósito, e há inúmeras variações zonais. Esses espaços não precisam

O BlackBerry de Hamlet   :)

ser totalmente dedicados ao silêncio e à contemplação, o que pode dar a impressão (sobretudo às crianças) de que o tempo off-line é maçante. As crianças devem aprender que a tela não é o único lugar onde a ação acontece. Se você tiver uma calma Zona Walden, tente contrabalançá-la com uma zona de barulho, isto é, um espaço que seja ao mesmo tempo off-line e movimentado. Ele também pode ser instalado fora da casa. Afinal, o projeto de Thoreau foi feito "no quintal", podemos dizer. Qualquer quintal pode servir de refúgio contra os aparelhos digitais, um lugar onde o evento mais importante é a própria natureza. A suprema Zona Walden é uma casa na árvore.

À medida que as tecnologias convergem para um futuro em que uma só tela vai oferecer todos os tipos de conteúdo – filmes, programas de tevê, redes sociais, softwares de edição de texto, etc. –, pode valer a pena dividir a casa em zonas e destiná-las a diferentes *tipos* de experiências digitais. Muitos já fazem isso na prática: uma sala para filmes e televisão, uma diversão que é mais apreciada em grupo, e espaços separados para as experiências digitais associadas puramente ao computador. Convém reconhecer que essas atividades são bastante distintas, e naturalmente se neutralizam: o relaxamento da televisão *versus* a tensão das tarefas executadas no teclado. Pode ser útil manter a distinção, de modo a haver claras opções dentro de cada lar.

O princípio de Thoreau tem aplicações que vão muito além do lar propriamente dito. Já existem Zonas Walden em locais públicos: o "vagão do silêncio" nos trens é uma delas, mas trata-se mais de eliminar os sons do que as telas. Os teatros, museus e alguns restaurantes pedem aos clientes que desliguem seus aparelhos. Embora nas últimas décadas muitas escolas procurem aumentar cada vez mais a conectividade dos alunos, alguns educadores estão criando ambientes desconectados dentro do ambiente escolar, voltados para jogos não digitais e contemplação. O educador Lowell Monke escreveu que esses espaços "dão às crianças a oportunidade de fugir do ruído incessante da vida tecnológica e fazer as coisas que sua natureza infantil de fato demanda".[4] Enquanto as telas continuarem a proliferar, essa tendência contrária só deve crescer.

Cafés sem internet? Academias sem telas? Talvez ocorra um ressurgimento dos velhos bares ilegais do tempo da Lei Seca, agora na forma de esconderijos secretos para fugitivos digitais.

7. McLuhan

Princípio: ir para onde o termostato indica "mais frio"

McLuhan disse que, mesmo em um mundo altamente eletrônico, cada um de nós pode regular a qualidade de sua experiência. Analise o turbilhão que é a sua vida e descubra uma maneira criativa de escapar dele. Um conhecido meu esfriou sua conectividade livrando-se do smartphone e voltando a um celular básico. Com isso, eliminou os e-mails e a internet de sua vida móvel. "Foi um alívio incrível", ele diz, mas havia um problema: como ele é um torcedor de beisebol fanático, não ter um smartphone significava não poder acompanhar religiosamente seu time do outro lado do país. Solução: ele encontrou uma maneira de ouvir a cobertura radiofônica em seu celular de poucos recursos. Além de funcionar perfeitamente, a nova prática ainda o leva de volta à infância, quando ouvia os jogos pelo rádio.

Para escapar ao caos da vida digital você não precisa fazer um esforço desesperado. Como o marinheiro do conto de Poe, você pode fazer disso um jogo. Deixe seu celular em casa "acidentalmente" quando for sair num fim de semana e veja como as pessoas reagem quando não puderem localizá-lo. Organize uma festa "desconectada", na qual todos os aparelhos serão confiscados na porta. No supermercado onde costumo fazer compras, telas digitais foram instaladas em todos os cantos, exibindo anúncios sem parar. Às vezes, quando ninguém está olhando, desligo uma delas.

Embora McLuhan se concentrasse mais na tecnologia do que no conteúdo, o fato é que escolher nosso conteúdo pode ajudar muito. Ter a mente ligada o tempo todo com o que acontece no mundo ao longo do dia tem suas consequências. Pensar globalmente é exaustivo. Uma maneira de controlar a mente sobrecarregada é prestar atenção ao conteúdo da mídia *local*. Em vez de sempre acompanhar os acontecimentos mundiais, crie o hábito de trazer sua consciência de volta para casa. Escolha um bom noticiário local, seja num website ou num blog, e acompanhe-o. Ouça as estações de rádio locais. Compre um jornal regional. Saia e jogue conversa fora com um vizinho. O florescente movimento que promove o consumo de alimentos produzidos na região deveria ter um equivalente digital. Fuja da aldeia global para a sua aldeia, mesmo que seja um bairro de uma imensa cidade.

E, uma vez que você tenha se limitado a essa aldeia, eis uma ideia: organize reuniões para trocar dicas sobre os instrumentos da vida nos dias de hoje. Nesse encontro destinado a partilhar experiências, as pessoas podem

O BlackBerry de Hamlet   :)

chegar juntas a uma solução para tornar a era digital mais colaborativa e humana. Uma matéria de jornal resume o assunto: "Um aluno da oitava série ensinou o funcionamento do sistema Nintendo Wii, dois garotos da escola secundária deram uma aula sobre o Facebook e sobre algumas características do telefone celular, enquanto um homem de meia-idade demonstrou como cortar uma peça de carne".[5] Se isso *for* um vislumbre do futuro, ficaremos bem.

Essas sugestões são na maioria pequenas contribuições, mas há maneiras mais ambiciosas de aplicar essas ideias. Há alguns anos, eu e minha família embarcamos numa experiência que visava afrouxar o controle que as telas tinham sobre nossa vida em comum. Incorporamos algumas das ideias sugeridas aqui, e funcionou tão bem que se tornou permanente em nossa vida. Sim, vou contar o que aconteceu.

13

Desconectopia

O Sabá da Internet

A vida doméstica da minha família não é muito diferente da vida dos nossos amigos que moram em grandes cidades. Nós vivemos afastados desse clima de metrópole, em uma rua tranquila de uma cidade pequena e remota, mas que não é o protótipo de desconectividade bucólica que pode parecer. O mundo mudou drasticamente nas últimas duas décadas.

Lembra-se de quando falamos da era do telégrafo e mencionamos o homem de negócios, cuja mente estava em ritmo "constantemente acelerado" e que precisava jantar às pressas com seus entes queridos, após repentinas interrupções que vinham de longe? Assim é a vida doméstica para todo mundo agora, tanto para os pais quanto para os filhos. No nosso caso, à medida que nosso filho, William, crescia e desenvolvia seus próprios interesses por telas, parecia cada vez mais que o que nós fazíamos "juntos" era o truque da família que desaparece – íamos cada um para frente das suas respectivas telas.

Há uma escola de pensamento que acredita que isso está certo, porque as telas digitais estariam na verdade reunindo as famílias. "A tecnologia permite novas formas de conexão familiar que giram em torno de interações remotas por telefone celular e experiências comunitárias na internet",[1] concluía um estudo do Pew Internet & American Life Project, ligado ao Pew Research Center, entidade sem fins lucrativos. O estudo defendia que ter vários computadores em uma casa "não leva os membros da família a necessariamente ficarem em seus próprios cantos tecnológicos isolados". Mostrava, em vez disso, "muitos exemplos onde dois ou mais membros da família ficam on-line juntos, ou um chama o outro e lhe diz 'dê uma olhada nisto aqui!'".

O BlackBerry de Hamlet :)

Em outras palavras, o truque da família que desaparece seria ainda mais incrível do que podemos imaginar. Como uma ilusionista do circo que desaparece de uma caixa preta para simplesmente se materializar em uma corda de seda que desce do alto da lona, a família que se dispersa pelo chamado de uma tela acaba se reunindo em um lugar completamente diferente – na própria tela! Quanto mais nos afastamos da lareira, mais próximos ficamos.

Mas não é bem assim. Minha família desfruta junta de experiências digitais há anos e elas normalmente são divertidas e, às vezes, memoráveis. Não tenho dúvida de que, daqui a alguns anos, um dos momentos dos primeiros anos de William dos quais vou me lembrar com mais carinho vai ser nós três sentados em frente de uma tela, cantando junto com o cara do Numa Numa: "Numa Numa, hey! Numa Numa, hey!" O tempo todo nos reunimos para ver vídeos de música, esquetes cômicos, clipes sobre a natureza, discursos presidenciais, quase tudo.

A questão não é que a tela seja ruim. A tela é, na verdade, muito boa. A questão é a falta de medida, o abandono de tudo mais e o estado estranho da mente, ausente-presente, que essa compulsão produz. "Terra para ente querido, você está aí? Não? Nem eu." Estamos vivendo pela tela e para a tela, em vez de viver por e para os outros.

Como o indivíduo, a família é uma unidade pequena dentro de uma multidão muito maior, uma unidade com sua própria vida interior. Para florescer e crescer, essa vida necessita de tempo à parte. Caso contrário, tanto o indivíduo quanto a família se tornam dependentes da multidão, definindo-se em relação com o que está *lá fora*, e não com o que está *bem aqui dentro*. Thoreau disse que o sujeito que vai várias vezes desesperadamente aos correios não tem notícias de si mesmo há muito tempo. Quanto mais os membros de uma família recorrem às telas, por seja lá o que for que procuram lá, menos eles sabem uns dos outros, e assim sua vida em conjunto se enfraquece.

"Dê uma olhada nisso!" é legal. Todos gostamos de compartilhar o que assistimos. Mas uma família não é um esporte com espectadores. Tem a ver com participação, comprometimento, conexão do tipo mais íntimo. Nas nossas telas, estamos encarando o exterior.

A questão era como fazer o caminho de volta. Uma opção era configurar o espaço físico na casa para criar Zonas Walden dedicadas à desconexão.

Desconectopia

No nosso caso, já tínhamos uma área desse tipo – era raro que alguém usasse um aparelho digital na sala de estar –, mas estávamos sendo puxados para fora dela mesmo assim. Precisávamos de algo mais abrangente.

Ao organizar a vida doméstica, muitos de nós se concentram apenas no espaço físico. Não pensamos muito na dimensão temporal, em como o tempo será organizado. Mas juntos também habitamos o tempo, e o tempo pode ser moldado para servir nossas necessidades e metas.

Fizemos algumas reformas em casa e, para inspiração, li *A Pattern Language* [Uma linguagem padrão], um livro clássico de arquitetura e design dos anos 1970 escrito por um arquiteto-filósofo chamado Christopher Alexander e por alguns coautores. A premissa do livro é que há padrões na forma como as pessoas ao redor do mundo construíram suas casas e comunidades ao longo da história. Tais padrões se repetem o tempo todo, em diferentes culturas e épocas, porque refletem desejos e necessidades profundos da humanidade.

Um dos padrões é a alcova, espécie de cômodo pequeno anexo a um outro maior. Uma sala com alcovas permite que uma família ou qualquer outro grupo esteja fisicamente junto, enquanto oferece a cada indivíduo a oportunidade de ficar sozinho em uma alcova. Outro padrão recorrente, chamado "terraço particular com vistas para a rua", reflete a necessidade que uma residência tem de equilíbrio com o exterior:

> Temos em nossa natureza tendências tanto para o comunitário como para o individual. Uma boa casa sustenta *ambos* os tipos de experiência: a intimidade de um abrigo particular *e* nossa participação no mundo público. Mas a maioria das casas falha em sustentar essas necessidades complementares. Na maioria das vezes, a ênfase recai sobre uma delas, em detrimento da outra; temos, por exemplo, o esquema do aquário, no qual áreas de estar dão acesso à rua através de janelas especialmente posicionadas, e o "recuo", no qual essas mesmas áreas se afastam da rua com a interposição de espaços ajardinados.[2]

Percebi que estávamos vivendo em um aquário. Mas, em vez de janelas, era nossa tela que enquadrava o mundo, desequilibrando a balança para o lado da multidão. Para resolver esse problema de forma arquitetônica, o padrão que as pessoas escolheram ao longo dos tempos é um terraço projetado para que dele se possa ver a rua de uma posição relativamente privada. Casas de muitas culturas tradicionais apresentam uma versão de um

O BlackBerry de Hamlet   :)

terraço particular de frente para a rua, e as casas de hoje em dia também. Quando Frank Lloyd Wright projetava uma casa para uma rua agitada, às vezes ele fazia o terraço com um parapeito de alvenaria alto o suficiente para proporcionar uma sensação de afastamento.[3]

Como antídoto para o nosso aquário, não poderíamos usar o *tempo* para transformar a casa toda em um terraço particular onde poderíamos ficar juntos de forma mais íntima e voltada para nós mesmos, mas sem sair completamente do mundo? Martha e eu decidimos tentar uma experiência simples, baseada na noção tradicional de que o fim de semana é um tempo à parte. Nós desligaríamos o modem à noite na hora de dormir, na sexta-feira, e o esqueceríamos até segunda de manhã. Assim, durante o sábado e o domingo todas as três telas da família estariam desconectadas.

Embora tenha parecido um passo radical, não parecia que estávamos mesmo saindo da rede. Ainda teríamos nossos telefones celulares. Nenhum de nós usava muito o telefone para acessar e-mail ou páginas da internet, para o que eles têm capacidade limitada, aliás (não eram smartphones), e concordamos em continuar assim. Nós os usávamos para enviar e receber mensagens de textos, mas nunca fomos maníacos nesse quesito. A televisão continuaria ligada e sabíamos que ela não seria um problema. Para nós, a televisão sempre foi uma experiência quase completamente comunitária, mais uma forma de ficarmos juntos do que de nos afastarmos.

O modem era o verdadeiro canal da nossa vida na multidão, o cano de água digital, e durante dois dias por semana passaria a ficar desligado. Concordamos em seguir o plano durante vários meses e ver o que acontecia. Seria um ritual positivo e franklinesco, no qual não estávamos concentrados no que estávamos abandonando, mas no benefício que esperávamos ganhar, uma vida em família mais coesa.

Chamamos isso de Sabá da Internet. "Não acendereis fogo em nenhuma de vossas habitações durante o dia do sábado", o Sabá, diz o livro do Êxodo, e é basicamente o que estávamos fazendo com as nossas telas. Elas continuavam a brilhar, mas sem uma conexão não seriam grande atrativo.

O começo foi difícil. Na primeira manhã de domingo acordamos em um lugar que era idêntico à nossa casa, mas que parecia alterado de uma maneira difícil de explicar. Parecia que aterrissávamos em outro planeta, onde os alienígenas tinham construído uma réplica perfeita da nossa vida, mas aquilo era só um jogo de cena e nós sabíamos disso. Alguma coisa

Desconectopia

não estava certa. Quando ficamos no mundo da tela por muito tempo, realmente perdemos contato com a terceira dimensão. As salas eram tão tranquilas e silenciosas, e tudo nelas era de uma inércia e de uma não interatividade frustrante. Eu podia sentir minha mente se arrastar pela superfície das coisas, procurar movimento, novidade, reação. Por que nessa mesa de café não dá para fazer uma busca na internet? Estávamos todos loucos pelo sumo digital e várias vezes nos encontramos a caminho dos nossos respectivos cantos de acesso costumeiro, apenas para lembrar que isso não fazia sentido.

Além dos ajustes mentais, havia questões de logística. Eu e minha mulher alertamos os amigos e contatos profissionais que, daquele momento em diante, caso nos mandassem e-mails nos fins de semana, não nos encontrariam imediatamente. Se não fosse possível esperar até segunda-feira, era melhor ligar. Alguns ficaram surpresos e intrigados com nosso plano; outros não acreditaram. Já que ambos trabalhamos em casa, estaríamos fechando o fluxo de informações não apenas da nossa vida familiar, mas também do nosso ambiente de trabalho. Como iríamos sobreviver?

As regras previam que, caso realmente precisássemos de algo da internet, poderíamos ir até a cidade e usar os computadores da biblioteca pública. Acabamos usando os terminais da biblioteca algumas vezes, sobretudo nos primeiros meses. Em seguida, adquirimos o hábito de antecipar as necessidades digitais e resolvê-las durante a semana. Se havia um aniversário próximo, por exemplo, fazíamos uma anotação para preparar o cartão virtual com antecedência. Quando um trabalho escolar precisava ser entregue na segunda, a pesquisa on-line deveria ser feita sexta à noite. Resumindo, aprendemos a ser um pouco mais organizados, um benefício adicional inesperado.

Mesmo assim, nós todos resmungamos. Havia várias coisas que perdemos logo de cara. Nada de pesquisas espontâneas no Google para procurar um fato necessário. Nada de pagar as contas on-line, um trabalho que eu costumava fazer quase inteiramente nos fins de semana. Nada de mapas para fácil localização ou horários do cinema. Se William tivesse um evento esportivo e estivesse chovendo, não podia checar seu e-mail para conferir se tinha sido cancelado. Ele não tinha mais como entrar nos websites de jogos on-line nesses dias. Martha sentiu mais o afastamento dos e-mails do que eu. Eu não podia mais ouvir rádio na internet nos fins de semana e lamentei principalmente a privação de acesso a certa estação transmissora de jazz de fora de Los Angeles.

O BlackBerry de Hamlet :)

Mas, conforme as semanas e os meses transcorriam, essas coisas passaram de perturbações genuínas para pequenos inconvenientes, e depois para algo insignificante. Havíamos descolado nossa mente das telas onde ela estava grudada. Nós realmente estávamos lá uns com os outros e com mais ninguém, e podíamos sentir isso. Houve uma mudança sensível na nossa mente, uma mudança para uma forma de pensar mais lenta, menos agitada, mais relaxada.

De vez em quando, fazemos exceções. Certo fim de semana, meses após a adoção do novo regime, um furacão rumava ao cabo e membros da família estavam ligando para ver se estávamos indo para longe dali. Deveríamos nos conectar de novo e acompanhar a tempestade ou sentar e esperar pelo melhor? Não foi uma decisão difícil: nós nos conectamos de novo.

Um sábado à noite, William e eu estávamos assistindo pela TV a cabo *A bolha assassina*, filme de terror clássico dos anos 1950, quando um desastre se deu. Faltando apenas oito minutos para o fim do filme e com Steve McQueen preso em uma lanchonete que a Bolha estava prestes a engolir inteira, a tela ficou preta. Quando tentamos reiniciar o filme, descobrimos que tinha desaparecido do menu do *pay-per-view*. Ligamos para a Blockbuster local, mas eles não tinham o filme no acervo. Nossa única opção era a internet, onde imaginamos que haveria uma versão on-line de qualidade razoável.

Então lá fomos nós. Quebramos o Sabá por causa da Bolha. Encontramos um bootleg com imagem chuviscada que alguém havia colocado no YouTube em pedaços e assistimos o fim. A necessidade não era urgente de maneira alguma. Pelos termos do Sabá, aquilo foi um pecado sério. Mas, eu disse para mim mesmo, foi feito em função do tipo de união familiar que estávamos tentando encorajar. O fato de que sofríamos por isso me mostrou quanto havíamos chegado longe. Racionalizações, eu sei. Mas assim que descobrimos o que acontece com Steve McQueen no final do filme – ufa –, nós *desligamos* o modem outra vez.

Donald Winnicott, um dos maiores psicanalistas freudianos do último século, escreveu um ensaio intitulado "A capacidade de ficar sozinho", no qual discorre sobre como crianças pequenas desenvolvem a autoconfiança.[4] Ele disse que um bebê aprende a ficar sozinho não por meio do isolamento, mas ficando "sozinho" na presença da mãe. Isso acontece quando a mãe está por perto mas não presta atenção à criança. Ao sentir isso, a criança

Desconectopia

começa a compreender seu afastamento da mãe e a perceber que é possível estar sozinho e ainda assim se sentir protegido e seguro.

Pode parecer paradoxal que uma pessoa aprenda a ficar sozinha nesses momentos em que está *com* alguém, mas Winnicott argumenta que a força da solitude jaz exatamente nesse mesmo paradoxo. Sem a existência de outras pessoas e sem o conhecimento dessa existência, a solitude não faria sentido nenhum. Assim, é apenas quando a criança experimenta estar sozinha desse jeito, com sua mãe em algum lugar próximo, que ela pode compreender o significado da solitude e acolher seu peculiar caráter autocentrado. As crianças que não fazem essa descoberta jamais alcançam a maturidade completa, Winnicott diz, e levam "uma vida falseada, construída por reações a estímulos externos".

Há aí um paralelo com o que o Sabá da Internet nos fez. Não éramos crianças, mas *havíamos* nos tornado dependentes de estímulos externos. E com o passar do tempo essa dependência transformou nossa família em algo que não éramos nós ou que, no mínimo, não era a melhor parte de nós. Era uma vida falseada, uma vida menos compatível à nossa natureza como seres humanos e ao verdadeiro sentido de família. Ao desligar o modem, não estávamos fazendo o mundo ir embora. Ele continuava lá fora. Mas, como a mãe que não presta atenção, não estava interagindo conosco, não estava fazendo gestos esquisitos nem balbuciando sons para nos estimular e divertir. Na verdade, reconhecemos que as telas estavam infantilizando nossa vida em conjunto. E começamos a readquirir, como uma família, a "capacidade de estar sozinhos" que havíamos perdido. Foi como crescer de novo.

Nenhum dos nossos relacionamentos on-line e nenhuma parte da nossa vida digital foram levados para o sacrifício no altar do Sabá. Apenas abrimos mão de um conjunto específico de experiências em rede que teriam se desdobrado durante aquele intervalo de 48 horas, sendo que quase todas elas poderiam acontecer durante a semana. A mídia digital permite que tudo seja armazenado para uso posterior. Tudo ainda estava lá, só um pouco mais longe. A noção de que podíamos impor essa distância à multidão e à parte tumultuada da nossa vida foi revigorante de uma maneira sutil, mas significante. Era um lembrete de que éramos capazes de impor essa distância. Como o marinheiro de Poe, estudamos o redemoinho e resolvemos que aquele movimento poderia nos salvar. E funcionou.

O BlackBerry de Hamlet   :)

Depois de mais ou menos seis meses, atingimos um ponto em que, em vez de temer o corte semanal, esperávamos por ele. Uma sexta-feira à noite, Martha disse que precisava de uma exceção especial na manhã seguinte. Havia alguns e-mails urgentes de trabalho que precisariam de resposta antes de segunda e ela não poderia contar com a biblioteca, onde as telas costumam estar ocupadas. Adiei meu *rendezvous* com o modem, deixando de pressionar o botão de desligar, e fui para a cama. Quando acordei no dia seguinte, fui conferir se estávamos mesmo em uma manhã de conexão. "Não", ela disse, ainda debaixo dos lençóis e com cara de sono. "Foi tão deprimente pensar em acordar sábado para usar e-mail que fiquei acordada até tarde e resolvi tudo."

Entendemos aos poucos, de uma forma visceral, o alto custo de estar sempre conectado. Ao mesmo tempo, como agora estávamos distantes da nossa conexão costumeira, demos valor à sua utilidade e passamos a aproveitá-la melhor. Agora experimentávamos os dois estados em ritmo intermitente, de modo que cada um pudesse ser apreciado em contraste com o outro. Quando voltei para a minha tela segunda-feira de manhã, ainda estava no estado mental do Sabá e era capaz de fazer meus negócios digitais com maior calma e concentração, pelo menos durante o primeiro par de dias. A calmaria interior tendia a se dissolver à medida que a semana avançava e, por volta de sexta, estava pronto para ficar "distante" de novo. Algumas vezes, espontaneamente instituíamos um dia de Sabá durante a semana, quando um de nós precisava se livrar do nevoeiro digital por causa de uma tarefa importante.

Levamos essa vida já há alguns anos e nosso acordo se tornou quase automático. Às vezes, esquecemos de desligar o modem sexta-feira e isso não faz a menor diferença. Tendo nos desacostumado a usar as telas nos dias em questão, não nos ocorre sequer tentar. Um regime artificialmente imposto se tornou simplesmente a forma como vivemos. Nos fins de semana, a casa é como uma ilha, longe da loucura, nossa Desconectopia. E a energia positiva que ganhamos com o nosso tempo lá flui para os demais campos da vida.

Isso não significa que ficamos por aí sem fazer nada. Martha e eu ainda trabalhamos muito nos fins de semana e mantemos uma agenda completa de atividades familiares. O que acontece é que a internet não faz parte de nada disso. Embora os aparelhos digitais sirvam para impor ordem à vida,

Desconectopia

quando eles são excluídos um tipo mais natural de ordem retorna. É muito mais fácil estar em uma sala com outras pessoas e ficar lá. É mais fácil manter contato visual e ter conversas significativas. É mais fácil até ficar longe uns dos outros. Quando um de nós vaga para fora do grupo, é para ficar realmente sozinho com um livro, com uma música ou com os próprios pensamentos, o que agora parece mais saudável. Em outras palavras, tanto a união quanto a solitude costumavam ser problemas para nós. Agora ambos deixaram de ser.

Não somos os únicos que descobriram isso. Os amigos costumam nos enviar artigos e links sobre outras pessoas que tentaram regimes similares, às vezes os chamando de Sabá. Mark Bittman, colunista de gastronomia do *New York Times*, escreveu sobre um "Sabá profano" que instituiu após checar seu e-mail durante um voo de avião e descobrir que estava viciado em tecnologia.[5] Ele renunciou à conectividade durante um dia por semana e agora, após seis meses, estava encantado com a transformação: "Essa conquista é diferente de todas as outras da minha vida". O escritor Stephen King disse que foi quando percebeu estar passando "quase metade do tempo consciente de cada dia" encarando as telas que decidiu diminuir. "Não acho que qualquer homem ou mulher no seu leito de morte gostaria de ter passado a maior parte da vida mandando mensagens instantâneas."

Nem toda família está em condições de tentar isso. Existem empregos e circunstâncias familiares que simplesmente não permitem dois dias desconectados por semana, ou mesmo um. Mesmo assim, acho que muitas famílias poderiam tentar sem muitos inconvenientes. Quando fazemos alguma coisa por convicção, o mundo tem o seu jeito de nos animar e dar uma mão. Agora recebo com frequência e-mails cujo campo assunto traz coisas do tipo: "Sei que você não vai ver isso até segunda, mas...". Se mais pessoas começassem a construir alcovas e terraços dentro do ambiente digital, novos costumes e protocolos inevitavelmente surgiriam.

Se essa ideia se espalhasse, não mudaria apenas a vida dentro de uma casa, mas *entre* as casas. Outro benefício do nosso sabá é que acabamos passando muito mais tempo fora, vendo os vizinhos e desfrutando da natureza. De acordo com o livro *A Pattern Language*, as comunidades mais saudáveis e vibrantes são aquelas nas quais as pessoas se encontram e se misturam por acaso em praças públicas e outras áreas comuns. Há um padrão chamado "dançar na rua", que o livro descreve como uma arte perdida:

O BlackBerry de Hamlet :)

"Por todo o planeta, as pessoas já dançaram nas ruas [...] Mas nas regiões que se tornaram 'modernas' e tecnologicamente sofisticadas, esse tipo de experiência não sobreviveu".[6]

A sociedade digital possibilita um tipo de dança na rua, por meio das redes sociais e de coisas parecidas. Mas está mais para a dança de São Vito da qual Thoreau fala, mais frenética do que alegre. Se mais modems fossem desligados sexta-feira à noite, dá para imaginar que janelas se abririam e as pessoas olhariam para fora como fazem quando falta luz, encontrando os vizinhos que mal conhecem. Talvez até houvesse dança nas ruas.

Posfácio

De volta à sala

Não importa com quanto cuidado se reflita a respeito ou a assiduidade com que se tente novas abordagens e hábitos, não há como contornar o fato de que vivemos em um mundo muito corrido. Tão corrido que alguns dias você inevitavelmente acaba naquele lugar onde a existência não vai além do *toc, toc, toc* e a simples ideia de escapar dali soa quixotesca.

Tive um dia desses, não faz muito tempo. Começou com algo aparentemente sem ligação com a tecnologia digital, uma convocação entregue à moda antiga, por correio, para eu ser membro de júri. Quando abri o envelope, meu coração se apertou. Embora nunca seja uma boa hora para fazer parte de um júri, essa era ainda mais infeliz. Eu estava chegando ao fim do prazo para finalização de certo material, Martha estava trabalhando duro no livro dela e vários assuntos familiares tinham nos exaurido. E não era o pedido típico para comparecer à corte local, a dez minutos da nossa casa, nem à corte superior do estado, a algumas cidades de distância. Era uma intimação para júri federal, dizendo que na mencionada manhã eu era aguardado na Corte Distrital dos Estados Unidos no centro de Boston. Isso significava duas horas de ida e mais duas de volta, talvez mais, dependendo do trânsito. Eu deveria me considerar um jurado em potencial durante três semanas, mas, se acabasse sendo escalado de fato para o júri, aquilo poderia demorar muito mais.

Nas observações em letra miúda havia outra reviravolta infeliz: não eram permitidos computadores ou telefones celulares no prédio. Com base nas ideias que espalhei nas páginas deste livro, eu devia ter me animado diante desse mandato sem nexo para passar a maior parte do dia desconectado. Mas, para ser honesto, não me animei. Eu tinha uma montanha de

O BlackBerry de Hamlet   :)

trabalho para fazer e a maior parte desse serviço requeria uma tela com conexão. O fato é que na semana tenho apenas cinco dias com conexão, e aquela era uma época em que eu realmente não podia perder nenhum deles. Enquanto racionar a conexão foi fantástico para a vida em família, e eu jamais voltaria atrás nessa decisão, de vez em quando isso trazia novos dilemas. Nesse caso, minha frustração por não poder me conectar durante o júri se misturava com ódio por mim mesmo, por me sentir assim. Naquela noite, deitado na cama, pensei sobre tudo isso e percebi que estava preso na sala digital outra vez, mas agora as paredes pareciam estar se aproximando.

Quando saí de casa às 4 horas e 30 minutos da manhã, a lua crescente brilhava enorme no céu, no sentido oeste. Dirigindo ao som de uma música, fui relaxando e meu humor melhorou. Eu não tinha escolha, afinal de contas; podia pelo menos fazer o melhor possível. O trânsito não foi problema e cheguei bem adiantado. Estacionei no pátio do tribunal, ali no porto de Boston, e vaguei a pé pela cidade à procura de um café da manhã. Havia poucos sinais de vida, até que, cruzando a praça dos correios, percebi figuras de sobretudo convergindo de todas as direções até uma certa entrada na rua Milk. Como estava em Boston, a coisa acabou se revelando um Dunkin' Donuts. Havia um jornaleiro ambulante na frente e, percebendo que os frequentadores estavam todos comprando o produto dele, fiz o mesmo.

Comprei um *donut* e um café, peguei um banco na janela da frente, próximo de uma moça afundada no *Boston Herald*, e abri meu *USA Today*. Hoje em dia, o ato de ler um jornal impresso parece, de duas formas muito diferentes, estranhamente defasado. Por um lado, é absurdo segurar essas páginas cheias de tinta, decifrar palavras formadas por átomos, em vez de bits. Parte de você se pergunta: *Por que diabos eu estou fazendo isso?* Supõe-se que as notícias sejam *novas* e um jornal impresso em papel está datado antes de chegar à banca. Com uma tela, é possível percorrer o mundo em segundos, acompanhando os últimos acontecimentos praticamente em tempo real. A agitação das notícias on-line é um dos grandes prazeres desta nossa era.

Por outro lado, um jornal impresso é ainda mais útil agora do que era vinte anos atrás. Como um Moleskine, é uma mídia desconectada que nos leva do turbilhão digital para um espaço mental mais tranquilo e paciente. Agitação é bom e importante, mas desagitar também o é. Lá estávamos nós, só as páginas e eu. Podia passar os olhos por elas demoradamente, parar em qualquer coisa que chamasse minha atenção, tomar tempo para

Posfácio

pensar sobre aquilo, como raramente faço diante da tela. Neste mundo de alta velocidade, um jornal de papel é um ponto fixo para a consciência. E também um lembrete de que *qualquer* sala – mesmo uma loja humilde de *donuts* – pode ser um tipo de refúgio, se você souber como usá-la. Nesse começo de manhã, passei ileso pelo dissabor de não ser chacoalhado por algo vindo do celular no meu bolso.

"Estamos matando a comunicação", asseverava um dos artigos na página dos editoriais. A coluna era uma tagarelice hilária contra tudo o que é digital, escrita por Bill Persky, um roteirista, produtor e diretor de televisão de 78 anos, que havia dispendido bastante tempo com as tecnologias recentes, incluindo as redes sociais. Isso lhe trouxera um bombardeio de "amigos" novos dos quais ele não precisava e atualizações sobre a vida deles, sobre as quais ele não queria saber, algo como "comendo a lasanha de ontem" e "fazendo colonoscopia". Agora, Persky anunciou, ele estava saindo de cena.

> Não estou perdendo a paciência, mas a sanidade. Com a sabedoria que ganhei advinda da idade e da experiência, decidi finalmente que era hora de todas essas ferramentas revolucionárias pararem de revolucionar, já que, em vez de melhorar, elas estão na verdade destruindo a comunicação. Como? Tornando mais fácil e rápido para que as pessoas de qualquer lugar possam estar em contato constante umas com as outras – sobre nada.[1]

Eu sabia muito bem do que ele estava falando, porém achei que havia ali certo exagero. Como a turba atacando a prensa em Shakespeare, ele perseguia, em sua frustração, apenas o lado negativo da ferramenta nova, desprezando seus vários benefícios. É uma reação natural para quem se sente encurralado e não vê saída. Mas, como eu podia ver claramente do meu assento ao lado da janela na rua Milk, *há* saídas e elas estão em volta de nós.

Quando cheguei ao tribunal, os outros jurados em potencial estavam chegando. Depois da porta de entrada, havia uma guarita onde devíamos entregar nossos telefones e computadores a oficiais armados da segurança. Havia 75 de nós para compor a junta do júri naquele dia, mas, mesmo quando a área de espera – um espaço aberto com uma vista espetacular para o porto – se encheu, continuou quieta e parada. Uma sala cheia é diferente quando o resto do mundo está fora de alcance. O falatório costumeiro

O BlackBerry de Hamlet   :)

iniciado por toques de telefone não irrompia a cada intervalo de alguns minutos. Alguns de nós nos engajamos em conversas corriqueiras uns com os outros, enquanto outros liam livros e papéis ou simplesmente olhavam os barcos e as gaivotas. Nós estávamos *presentes* de um modo como as pessoas quase não ficam mais presentes.

Muitos de nós tinham ido até lá contra a vontade, convencidos de que tinham coisas muito mais urgentes a fazer. Em circunstâncias normais, gastaríamos esse tempo na labuta em escritórios, escolas, hospitais, restaurantes e outros ambientes, em tarefas que nós sentíamos precisar de nossa atenção total no mínimo tanto quanto o júri. Mas, se estivéssemos naqueles lugares agora, realmente estaríamos dando atenção total às nossas tarefas? Pouco provável. Muitas vezes, aparelhos como os que deixamos lá na entrada estariam dando as cartas, interrompendo, distraindo, e normalmente garantindo que nossa mente nunca se acomodasse *inteiramente*.

Não fui escalado para o júri e ao meio-dia já estava liberado para ir embora. Quando recuperei meu telefone na entrada do edifício, havia recebido um monte de mensagens novas e passei os olhos por elas logo antes de sair dirigindo. Nada urgente havia acontecido durante a minha ausência – e com que frequência acontece, de verdade? Eu esperava estar me sentindo em falta agora, louco para compensar o tempo perdido. Mas sentar naquele tribunal desconectado foi tão revigorante quanto caminhar por uma mata. Pensei sobre coisas úteis, tropecei em várias ideias novas, promissoras, e agora estava ansioso para voltar ao trabalho.

Experiências como essa são cruciais, e para nos deparar com elas não precisamos de intimações judiciais nem de guardas armados. Conforme a vida na sala digital fica cada vez mais intensa, vejo o alvorecer da consciência em relação a essa necessidade. Não muito tempo depois desse dia em que compareci à Corte Distrital, minha amiga acadêmica – aquela que reclamou sobre o sistema nervoso estar "interligado" ao dos colegas – me mandou um e-mail sobre os colegas estarem "encorajando a introspecção sem tecnologia".[2] O Stephens College, no Missouri, reviveu uma tradição há muito adormecida de um serviço religioso, mas com uma virada tecnológica. Smartphones e outros aparelhos são coletados e guardados em cestas para que os estudantes possam sentar nos bancos tranquilamente por uma hora. A presidente da faculdade – a instituição é exclusiva para o público feminino – "teme que todo o tempo gasto na praça da cidade do

Posfácio

século xxi deixe poucas oportunidades para o pensamento desorganizado", e deseja que essas moças desenvolvam a autoconfiança. O Amherst College em Massachusetts organizou um "dia da consciência", nas palavras de um professor, para dar aos estudantes "um complemento para o mundo extremamente agitado de tecnologias onde eles normalmente vivem".

Uma semana depois, um dos nossos jornais locais noticiou um esforço para restaurar edificações em ruínas, porém consideradas de importância histórica por seu *design* representativo do século xx.[3] Muitas delas estão localizadas em cantos isolados da floresta, algumas ficam à margem de lagos plácidos. Uma organização sem fins lucrativos levantou dinheiro e começou a transformá-las em lugares onde artistas e pesquisadores podem viver e trabalhar por temporadas de algumas semanas. O primeiro artista a ficar em uma das casas, uma mulher das redondezas de Provincetown, disse sobre a experiência: "É legal ficar longe da internet."

A tecnologia faz o mundo parecer menor do que de fato é. Há todo tipo de sala em todo tipo de lugar. Cada espaço é o que fazemos dele. Mas, no fim das contas, construir uma vida boa não tem a ver com o local onde você está. Tem a ver com a maneira como você decide pensar e viver. Coloque o indicador na sua têmpora e bata duas vezes. Está tudo aí dentro.

Agradecimentos

Após escrever tantas páginas tratando de autonomia e autossuficiência, preciso fazer uma confissão: não teria feito isso sem a ajuda de algumas organizações e pessoas maravilhosas. Essas ideias começaram a me ocorrer no outono de 2006, quanto tive a sorte de passar um semestre como bolsista do Joan Shorenstein Center on the Press, Politics and Public Policy, da Universidade de Harvard. Este livro nasceu daquela experiência feliz. Meus agradecimentos a Alex Jones, Tom Patterson, Nancy Palmer, Edie Holway e a todos no Shorenstein pela oportunidade de pesquisar e pelo apoio inabalável.

Conheci as tábuas de Hamlet em uma exposição incrível na Folger Shakespeare Library em Washington D. C., quando conheci Gail Kern Paster e Heather Wolfe; desde então, tenho recebido deles um formidável apoio.

A Huntington Library em San Marino, Califórnia, permitiu que eu passasse muitas horas produtivas entre seus ricos recursos e espaços silenciosos.

No outono de 2008, estive durante três semanas na MacDowell Colony, em Peterborough, New Hampshire, pensando, escrevendo e aproveitando a companhia de ótimas pessoas. A amizade e os incentivos que encontrei lá me serviram de apoio muito tempo depois. Em uma época em que a luta por um equilíbrio saudável entre a solidão e a vida comunitária é um desafio tão grande, MacDowell poderia ser um modelo para o mundo.

Quando o livro ainda estava sendo escrito, tive a honra de falar na Woodberry Poetry Room em Harvard, um lugar especial dirigido por uma pessoa especial, Christina Davis.

O BlackBerry de Hamlet :)

Este projeto realmente começou com Dan Okrent, cujo apoio, as ideias e a amizade ditaram meu rumo. Muito obrigado a Christopher Chabris, Katy Chevigny, Rob Corrigan, Jeffrey Cramer, Tony Horwitz, Walter Isaacson e Elisa Walsh por lerem todo o manuscrito ou parte dele e por oferecerem sugestões e comentários inteligentes.

Pelos conselhos, instruções, conversas, direcionamentos e outras gentilezas, sou grato a Nicholas Basbanes, Claudia Bedrick, Clara Bingham, Emily Bingham, Dan Bloom, Janis Brennan, Geraldine Brooks, Flip Brophy, David Del Tredici, Bryan Dickson, Tom Djajadiningrat, Nora Gallagher, Howard Gardner, Terry Hanrahan, Asa Hopkins, Sharon Howell, Maxine Isaacs, John Jackson, Constance Kremer, Don Krohn, Becky Okrent, Kess Overbeeke, Julie Piepenkotter, Moin Rahman, Stephen Reily, Samara Sit, Sally Bedell Smith, às famílias Spigel e Luddy, a Barbara Feinman Todd, Helen Miranda Wilson, John Wolcott, Maryanne Wolf, Tim Woodman, Bob Woodward e Theo Zimmerman.

Agradeço a Jonathan Burnham da HarperCollins, por ter acreditado nessa ideia desde o começo.

Minha editora, Gail Winston, é o sonho de qualquer escritor: sábia, sensível e firme. Foi uma alegria trabalhar e aprender com ela. Se alguma força pode ser encontrada nessas páginas, é porque Gail extraiu isso de mim.

A Jason Sack, obrigado pela incrível paciência com os prazos e por muitas outras assistências.

Minha agente, Melanie Jackson, cuidou de mim enquanto eu encontrava meu caminho pelo terreno desconhecido de escrever um livro. Não poderia pedir protetora melhor.

Obrigado aos meus pais e a toda minha família, próxima e distante, e a todos os amigos e vizinhos que me animaram. A fé de vocês em mim significa mais do que consigo colocar em palavras.

Por fim, a Martha e William, obrigado pelo apoio incondicional, pelas inspirações que vieram de vocês, pelo senso de humor sobre as noites em claro e, acima de tudo, pelo amor. Vocês são tudo para mim.

Notas

Capítulo 1: Ocupadíssimos

1. António R. Damásio, "How the Brain Creates the Mind", in *Best of the Brain from Scientific American*, ed. Floyd E. Bloom (Nova York: Dana Press, 2007), pp. 58-67.
2. William James, "On a Certain Blindness in Human Beings", *On Some of Life's Ideals* (Nova York: Henry Holt, 1912), p. 37.
3. Ibid., p. 3-46.
4. "Teen Tops More than 300,000 Texts in Month: Sacramento Teen Says She's Popular", www.ksbw.com, acesso em 5/5/2009.
5. "Americans Spend Eight Hours a Day on Screens", AFP (Agence France-Presse), 27/3/2009. Tim Gray, "Study: U.S. Loaded with Internet Addicts", www.sci-tech-today.com, 18/10/2006. "Texting and Driving Worse than Drinking and Driving", www.CNBC.com, 25/6/2009.

Capítulo 2: Alô, mamãe

1. "Conecte-se!", *Parade*, 18/11/2007.
2. Clay Shirky, *Here Comes Everybody: The Power of Organizing Without Organizations* (Nova York: Penguin Press, 2008), p. 155.
3. Outono de 2007.
4. Michael Arrington, "I Am a Member of the Cult of iPhone", www.techcrunch.com, 10/6/2008.
5. Frank Bruni, "Where to Eat? Ask Your iPhone", *New York Times*, 16/6 2008; Heidi N. Moore, "Can the iPhone Really Save America?", *Wall Street Journal*, http://online.wsj.com, 17/7/2008.

O BlackBerry de Hamlet :)

6. John Boudreau, "IPhone 3G: 'Worth the Wait'," www.mercurynews.com, 12/7/2008.
7. Baseado em informações da International Telecomunication Union (www.itu.int) e do World Fact Book (Central Intelligence Agency, www.cia.gov, acesso em 11/2009).
8. "The Hyperconnected: Here They Come!", www.idc.com, 2008.
9. Estatísticas da OCDE sobre o crescimento e a penetração da banda larga, www.oecd.org.
10. A fala de campanha sobre a penetração da banda larga e o discurso posterior às eleições estão disponíveis na Web.
11. Estatísticas da OECD, www.oecd.org. Quanto aos jogos como obsessão, veja, por exemplo, a discussão sobre Seul como a cidade mais conectada da Terra, "Most Connected Cities", www.dailywireless.com, 6/3/2007; e "South Korea's Gaming Addicts", BBC News online, 22/11/2002.

Capítulo 3: Na ponta da prancha
1. Mildred Newman e Bernard Berkowitz, com Jean Own, *How to Be Your Own Best Friend* (Nova York: Ballantine Books, 1971), pp. 56-57. [Ed. bras.: *Seja você mesmo seu melhor amigo* (Rio de Janeiro: José Olympio, 1976).]
2. Paul Tillich, *The Eternal Now* (Nova York: Charles Scribner's Sons, 1963), pp. 17-18.
3. E. B. White: E. B. White, *Here Is New York* (Nova York: Harper & Brothers, 1949), p. 13. [Ed. bras.: *Aqui está Nova York* (Rio de Janeiro: José Olympio, 2002).]
4. Alvin Toffler, *Future Shock* (Nova York: Bantam Books, 1984). [Ed. bras.: *O choque do futuro* (Rio de Janeiro: Record, 1970).]
5. Sonja Steptoe, "Q & A: Defining a New Deficit Disorder", www.time.com, 8/1/2006.
6. Expressão cunhada pela especialista em tecnologia Linda Stone; o trecho completo se encontra em www.wordspy.com. A "apineia de e-mail", termo também atribuído a Stone, é definida em "The Too-Much-Information Age", www.yankelovich.com, 4/8/2008.
7. Na edição de março de 2008 do *American Journal of Psychiatry*, o doutor Jerald J. Block escreveu: "O vício em internet parece ser um distúrbio comum". A afirmação de Block foi amplamente difundida.

Notas

Veja, por exemplo, Andy Bloxham, "Internet Addiction Is a 'Clinical Disorder'", www.telegraph.co.uk, 20/6/2008.

8. "Nomophobia Is the Fear of Being out of Mobile Phone Contact – and It's the Plague of Our 24/7Age", www.thisislondon.co.uk, 31/3/2008.

9. Claudia Wallis, "The Multitasking Generation", *Time*, 19/3/2006.

10. Nielsen: Veja, por exemplo, Katie Hafner, "Texting May Be Taking a Toll", *New York Times*, 26/5/2009.

11. Dave Carlin, "Teen Girl Falls in Open Manhole While Texting", www.wcbstv.com, 11/7/2009.

12. Richard Louv, *Last Child in the Woods: Saving Our Children from Nature-Deficit Disorder* (Chapel Hill, N.C.: Algonquin Books, 2006).

13. Lowell Monke, "Unplugged Schools", *Orion*, 10-11/2007, www.orionmagazine.org.

14. Claire Cain Miller, "What's Driving Twitter's Popularity? Not Teens", *New York Times*, 26/8/2009.

15. A analogia com o ambiente do café que faço para ilustrar como a mente concilia (ou não) as tarefas foi inspirada em outra, esboçada por Christopher F. Chabris em "You Have Too Much Mail", *Wall Street Journal*, 15/12/2008.

16. Estimativas da Basex, www.basex.com.

17. Ibid.

18. Daniel Tammet, *Embracing the Wide Sky: A Tour Across the Horizons of the Mind* (Nova York: Free Press, 2009), p. 7.

19. "a atenção constante do gênio": William James, "Attention", in *Talks to Teachers on Psychology; and to Students on Some of Life's Ideals* (Charleston, S.C.: BiblioBazaar, 2007), p. 70.

20. Jen Sorensen, Slowpoke, *Funny Times*, 6/2009.

21. www.basex.com.

22. De uma declaração publicada pela Xerox Corporation sobre as fontes das informações, Overload Research Group.

23. Placa escrita à mão no café da estação Amtrak de Providence, Rhode Island.

24. Risto Etelamaki, citado na National Public Radio, 26/8/2008; e em Agnieszka Flak, "Ants Bite, Phones Fly in Finnish Summer Bonanza", www.reuters.com, 26/8/2008.

O BlackBerry de Hamlet   :)

25. Jeryl Brunner, "10 Unplugged Vacations", www.forbestraveler.com, 26/6/2008.

Capítulo 4: Pseudossoluções

1. Brandon Keim, "Digital Overload Is Frying Our Brains", www.wired.com, 6 de fevereiro de 2009.
2. L. Gordon Crovitz, "Unloading Information Overload", http://online.wsj.com, 7/7/2008.
3. Transmissão de 22/5/2009; áudio do comentário do ouvinte publicado em www.thetakeaway.org.
4. John Tang in Matt Richtel, "Lost in E-Mail, Tech Firms Face Self-Made Beast", *New York Times*, 14/6/2008, p. A1.
5. Randall Stross, "The Daily Struggle to Avoid Burial by E-Mail", *New York Times*, 20/4/2008, Sunday Business Section, p. 5.
6. Timothy Ferriss, *The 4-Hour Workweek: Escape 9-5, Live Anywhere, and Join the New Rich* (Nova York: Crown Publishers, 2007), pp. 114-16. [Ed. bras.: *Trabalhe 4 horas por semana* (São Paulo: Planeta, 2008).]
7. Meus argumentos quanto ao cérebro e à atenção se beneficiaram muito de conversas com Christopher F. Chabris, pesquisador do Departamento de Psicologia do Union College.
8. John Ratey, professor de psiquiatria a Universidade Harvard, in Matt Richtel, "Driven to Distraction", *New York Times*, 19/7/2009, p. A1.
9. Steven Pinker, "Will the Mind Figure Out How the Brain Works?", *Time*, 10/4/2000.
10. António R. Damásio, "How the Brain Creates the Mind", in *Best of the Brain from Scientific American*, ed. Floyd E. Bloom (Nova York: Dana Press, 2007), p. 61.
11. Michel Foucault, "Technologies of the Self", in *Technologies of the Self: A Seminar with Michel Foucault*, ed. Luther H. Martin, Huck Gutman e Patrick H. Hutton (Amherst: University of Massachusetts Press, 1988), p. 16.
12. O discurso de Eric Schmidt foi amplamente difundido na imprensa, como em Kathy Matheson, "Google CEO Urges Grads: 'Turn off your computer'", *Associated Press*, 18/5/2009.

Notas

Capítulo 5: A caminho do paraíso

Utilizei principalmente a tradução de *Fedro* assinada por Alexander Nehamas e Paul Woodruff: *Plato: Complete Works*, ed. John M. Cooper (Indianapolis: Hackett Publishing, 1997). Todas as transcrições saíram dessa edição, a não ser em duas passagens, nas quais dei preferência a uma tradução do século xix feita por Benjamin Jowett.

As transcrições da tradução de Jowett são de *Symposium and Phaedrus* (Nova York: Dover, 1993). Tomei essa decisão com base não na fidelidade da tradução (não domino grego antigo), mas no significado em inglês e na relação dele com o assunto abordado. A não ser quando cito Jowett explicitamente, todas as citações de *Fedro* se referem à versão de Nehamas e Woodruff.

A palavra "pergaminho" não aparece em nenhuma das traduções utilizadas, mas me valho dela pelas razões explicadas a seguir.

1. De acordo com algumas fontes, Fedro estaria próximo da meia-idade no tempo em que a conversa real aconteceu. Como Sócrates o chama de "menino", deduzo que ele era, na verdade, jovem.
2. John M. Cooper (ed.) "Phaedrus", in *Plato: Complete Works* (Indianapolis: Hackett Puclishing, 1997), p. 507.
3. Ibid.
4. Ibid., p. 510.
5. Ibid.
6. John M. Cooper, introdução a Ibid., p. 506.
7. E. H. Gombrich, *A Little History of the World* (New Haven, Conn.: Yale University Press, 2005), p. 7. [Ed. bras.: *Breve história do mundo* (São Paulo: Martins Fontes, 2001).]
8. Ibid., p. 5.
9. John M. Cooper (ed.), "Phaedrus", in *Plato: Complete Works* (Indianapolis: Hackett Publishing, 1997), p. xix.
10. Embora tanto a tradução de Alexander Nehamas e Paul Woodruff quanto a de Benjamin Jowett tragam "livro", outros tradutores preferiram "pergaminho". Também prefiro "pergaminho", pois a palavra "livro" traz à mente o códex familiar do nosso tempo, que levaria centenas de anos para ser inventado.
11. John M. Cooper (ed.), "Phaedrus", in *Plato: Complete Works* (Indianapolis: Hackett Publishing, 1997), p. 525.

O BlackBerry de Hamlet   :)

12. Ibid., p. 524.
13. Ibid., p. 526.
14. Ibid., p. 525.
15. Ibid., p. 526.
16. Ibid., p. 517.
17. Ibid., pp. 551-52.
18. Ibid., p. 552.
19. Platão, *Symposium and Phaedrus*, tradução de Benjamin Jowett (Nova York: Dover, 1993), p. 88.
20. John M. Cooper (ed.), "Phaedrus", in *Plato: Complete Works* (Indianapolis: Hackett Publishing, 1997), p. 552.
21. Ibid.
22. Ibid., p. 509.
23. Ibid., p. 528.
24. Platão, *Symposium and Phaedrus*, tradução de Benjamin Jowett (Nova York: Dover, 1993), p. 92.

Capítulo 6: O spa da mente
1. As informações biográficas sobre Sêneca vêm de duas fontes: Miriam T. Griffin, *Seneca: A Philosopher in Politics* (Oxford: Oxford University Press, 1976) e a introdução de Robin Campbell à sua tradução das cartas de Sêneca.
2. Pierre Grimal, *The Civilization of Rome* (Nova York: Simon & Schuster, 1963), p. 497.
3. Sêneca, *Letters from a Stoic*, tradução de Robin Campbell (Londres: Penguin Books, 2004), p. 34.
4. Ibid, p. 125.
5. Ibid., p. 41.
6. Ibid., p. 36.
7. Ibid., p. 189.
8. Ibid., p. 186.
9. Harold A. Innis, *Empire and Communications*, rev. Mary Q. Innis (Toronto: University of Toronto Press, 1972), p. 106.
10. Sêneca, *Letters from a Stoic*, tradução de Robin Campbell (Londres: Penguin Books, 2004), p. 33.
11. Ibid.

Notas

12. Ibid., pp. 73-75.
13. Ibid., p. 160.
14. Winifred Gallagher, *Rapt: Attention and the Focused Life* (Nova York: Penguin Press, 2009), p. 53.
15. Sêneca, *Letters from a Stoic*, tradução de Robin Campbell (Londres: Penguin Books, 2004), p. 34.
16. Ibid., p. 109.
17. Ibid.
18. Ibid., pp. 109-10.
19. Ibid., p. 110.
20. Ibid., p. 186.
21. Ibid., p. 112.
22. Mihaly Csikszentmihalyi, *Flow: The Psychology of Optimal Experience* (Nova York: Harper Perennial, 1991), pp. 2-6 e p. 49.
23. Ibid., p. 25, e nota relacionada na p. 238.
24. Um exemplo é um aplicativo que pode ser adquirido por download chamado Readability, http://lab.arc90.com/experiments/readability.

Capítulo 7: Espelhinhos
1. Anita Hamilton, "The iPhone: Second Time's a Charm", www.time.com, 14/7/2008.
2. John Boudreau, "IPhone 3G: 'Worth the Wait'", www.mercurynews.com, 12/7/2008.
3. Connie Guglielmo e Pavel Alpeyev, "Apple's New IPhone Debut Draws Crowds, Helicopters", www.bloomberg.com, 11/7/2008.
4. Alberto Manguel, *A History of Reading* (Nova York: Viking, 1996), pp. 41-51. [Ed. bras.: *Uma história da leitura* (São Paulo: Cia das letras, 1997).]
5. Ibid., p. 47.
6. Meu conhecimento sobre as peregrinações de Aachen vem principalmente de duas fontes: John Man, *Gutenberg: How One Man Remade the World with Words* (Nova York: John Wiley & Sons, 2002) [Ed. bras.: *A revolução de Gutenberg* (Rio de Janeiro: Ediouro, 2004)] e Albert Kapr, *Johann Gutenberg: The Man and His Invention*, tradução de Douglas Martin (Aldershot, England: Scolar Press, 1996).
7. John Man, *Gutenberg: How One Man Remade the World with Words* (Nova York: John Wiley & Sons, 2002), p. 63.

O BlackBerry de Hamlet   :)

8. Ibid.
9. Victor Scholderer, *Johann Gutenberg: The Inventor of Printing* (Londres: Curadores do Museu Britânico, 1963), p. 10.
10. Alberto Manguel, *A History of Reading* (Nova York: Viking, 1996), pp. 133-34. [Ed. bras.: *Uma história da leitura* (São Paulo: Cia das letras, 1997).]
11. Robert Darnton, *The Case for Books: Past, Present, and Future* (Nova York: Public Affairs, 2009), pp. xiv-xv. [Ed. bras.: *A questão dos livros: passado, presente e futuro* (São Paulo: Cia das letras, 2010).]
12. Ibid., p. 68.
13. John Man, *Gutenberg: How One Man Remade the World with Words* (Nova York: John Wiley & Sons, 2002), p. 8.
14. Os versos citados são do poema "An Afternoon in the Stacks", de Stafford. www.williamstafford.org.

Capítulo 8: O BlackBerry de Hamlet

Todos os trechos das obras de Shakespeare citados neste capítulo são de Stephen Greenblatt (ed.), *The Norton Shakespeare* (Nova York: W. W. Norton & Company, 1997). Como todas são famosas, não fiz referências específicas a cada uma.

Todas as notas que citam Greenblatt se referem à sua biografia de Shakespeare.

1. Stephen Greenblatt, *Will in the World* (Nova York: W. W. Norton & Company, 2004), p. 169. [Ed. bras.: *Como Shakespeare se tornou Shakespeare* (São Paulo: Cia das letras, 2011).]
2. Mark Twain, *The Prince and the Pauper* (Nova York: Modern Library, 2003), p. 64.
3. Ralph Waldo Emerson, "Shakespeare, or The Poet", de *Representative Men*, in Joel Porte (ed.), *Ralph Waldo Emerson: Essays & Lectures* (Nova York: Library of America, 1983), p. 717.
4. Greenblatt, *Will in the World* (Nova York: W. W. Norton & Company, 2004), p. 171.
5. Ann Blair, "Reading Strategies for Coping with Information Overload, ca. 1550-1700", *Journal of the History of Ideas* 64 (2003), pp. 11-28; e Blair, *Too Much to Know: Managing Scholarly Information Before the Modern Age* (New Haven, Conn.: Yale University Press, 2010).

Notas

6. Peter Stallybrass, Roger Chartier, J. Franklin Mowery e Heather Wolfe, "Hamlet's Tables and the Technologies of Writing in Renaissance England", *Shakespeare Quarterly 55*, n. 4 (2004), pp. 380-419.

7. Para todo o material sobre a popularidade dos quadros, inclusive as citações de Montaigne e Sharpham, ver nota anterior.

8. Paul Duguid discute a dobradiça em "Material Matters: Aspects of the Past and the Futurology of the Book", in Geoffrey Nunberg (ed.), *The Future of the Book* (Berkeley: University of California Press, 1996), pp. 63-102.

9. Peter Stallybrass, Michael Mendle e Heather Wolfe, texto de divulgação de "Technologies in the Age of Print", exibido na Folger Shakespeare Library, Washington, D.C., 28/9/2006 a 17/2/2007.

10. Ibid.

11. Quanto à relação entre personificação e tecnologia, sou tributário do trabalho de Abigail J. Sellen e Richard H. R. Harper, autores de *The Myth of the Paperless Office* (Cambridge: MIT Press, 2003); Moin Rahman, da Motorola Corporation; Tom Djajadiningrat, da Philips Design; e professor Kees Overbeeke, da Eindhoven University of Technology, Holanda.

12. Greenblatt, *Will in the World* (Nova York: W. W. Norton & Company, 2004), p. 323. [Ed. bras.: *Como Shakespeare se tornou Shakespeare* (São Paulo: Cia das letras, 2011).]

Capítulo 9: A invenção da vida

Para informações sobre a vida e a época de Benjamin Franklin, consultei três fontes: Franklin, *The Autobiography of Benjamin Franklin*; Walter Isaacson, *Benjamin Franklin: An American Life*; e Carl Van Doren, *Benjamin Franklin*. As referências específicas a qualquer um desses livros estão assinaladas a seguir.

1. Sue Shellenbarger, "A Day Without Email Is Like...", *Wall Street Journal*, 11/10/2007, p. D1.

2. Walter Isaacson, *Benjamin Franklin: An American Life* (Nova York: Simon & Schuster, 2004), p. 50.

3. A história do cartão e do diário estão em Carl Van Doren, *Benjamin Franklin* (Nova York: Viking Press, 1938), pp. 61-62.

4. Ibid., p. 63.

O BlackBerry de Hamlet   :)

5. Ibid., pp. 83-87.
6. Ibid., p. 782.
7. Benjamin Franklin, *The Autobiography of Benjamin Franklin* in J. A. Leo Lemay (ed.), *Benjamin Franklin: Autobiography, Poor Richard, and Later Writings* (Nova York: Library of America, 1997), p. 651.
8. D. H. Lawrence, *Studies in Classic American Literature* (Nova York: Penguin Books, 1977), p. 17.
9. Jonathan B. Spira and Cody Burke, "Intel's War on Information Overload: A Case Study", www.basex.com.
10. Jonathan B. Spira, "A Day Without e-mail", www.basexblog.com, 9/12/2009.
11. Franklin, *Autobiography*, p. 378.

Capítulo 10: A Zona Walden
1. Henry David Thoreau, *Walden* in Brooks Atkinson (ed.), *Walden and Other Writings of Henry David Thoreau* (Nova York: Modern Library, 1937), p. 81.
2. Ibid., p. 122.
3. Ibid., p. 7.
4. Robert D. Richardson, Jr., *Henry Thoreau: A Life of the Mind* (Berkeley: University of California Press, 1986), pp. 137-39.
5. Ibid., p. 136.
6. Henry David Thoreau, *Walden* in Brooks Atkinson (ed.), *Walden and Other Writings of Henry David Thoreau* (Nova York: Modern Library, 1937), p. 10.
7. Robert D. Richardson, Jr., *Henry Thoreau: A Life of the Mind* (Berkeley: University of California Press, 1986), p. 153.
8. "The Telegraph", editorial anônimo, *New York Times*, 14/9/1852; acesso em www.nytimes.com.
9. Tom Standage, *The Victorian Internet: The Remarkable Story of the Telegraph and the Nineteenth Century's On-line Pioneers* (Nova York: Berkley Books, 1999), p. 166.
10. Henry David Thoreau, *Walden* in Brooks Atkinson (ed.), *Walden and Other Writings of Henry David Thoreau* (Nova York: Modern Library, 1937), *Walden*, p. 33.
11. Ibid., pp. 46-47.

Notas

12. Thoreau, anotação no diário, 3/9/1851, in Odell Shepard (ed.), *The Heart of Thoreau's Journals* (Nova York: Dover, 1961), p. 57.

13. Henry Petroski, *The Pencil: A History of Design and Circumstance* (Nova York: Alfred A. Knopf, 1992), p. 4.

14. Henry David Thoreau, *Walden* in Brooks Atkinson (ed.), *Walden and Other Writings of Henry David Thoreau* (Nova York: Modern Library, 1937), *Walden*, p. 47.

15. Ibid., p. 83.

16. Thoreau, "Life Without Principle", in Atkinson (ed.), *Walden and Other Writings of Henry David Thoreau*, pp. 723-24.

17. Ralph Waldo Emerson, "Self-Reliance", de *Essays: First Series*, in Joel Porte (ed.), *Ralph Waldo Emerson: Essays & Lectures* (Nova York: Library of America, 1983), p. 261.

18. Ralph Waldo Emerson, "The Transcendentalist", in *Ralph Waldo Emerson: Essays & Lectures*), p. 205.

19. Henry David Thoreau, *Walden* in Brooks Atkinson (ed.), *Walden and Other Writings of Henry David Thoreau* (Nova York: Modern Library, 1937), *Walden*, p. 82.

20. Thoreau, *Letters to a Spiritual Seeker*, ed. Bradley P. Dean (Nova York: W. W. Norton & Company, 2006), p. 21.

21. Henry David Thoreau, *Walden* in Brooks Atkinson (ed.), *Walden and Other Writings of Henry David Thoreau* (Nova York: Modern Library, 1937), *Walden*, p. 127.

22. Ibid., p. 130.

23. Ibid., pp. 137-38.

24. Ibid., p. 127.

25. Ibid., p. 129.

26. Ibid., p. 81.

27. Robert D. Richardson, Jr., *Henry Thoreau: A Life of the Mind* (Berkeley: University of California Press, 1986), pp. 316-17.

28. Ibid., p. 171.

29. Dorothy J. Field, *The Human House* (Nova York: Houghton Mifflin, 1939), p. 17.

30. Thoreau, anotação no diário, 8/2/1857, in *The Heart of Thoreau's Journals*, p. 173.

O BlackBerry de Hamlet   :)

Capítulo 11: O caminho para o lado mais frio

1. Marshall McLuhan, *The Gutenberg Galaxy: The Making of Typographic Man* (Toronto: University of Toronto Press, 1962), p. 183.
2. Anne Morrow Lindbergh, *Gift from the Sea* (Nova York: Pantheon Books, 2005), p. 20.
3. Marshall McLuhan, *The Gutenberg Galaxy: The Making of Typographic Man* (Toronto: University of Toronto Press, 1962), p. 4.
4. Ibid., p. 28.
5. Marshall McLuhan, *Understanding Media: The Extensions of Man* (Cambridge: MIT Press, 1995), p. 248.
6. W. Terrence Gordon, "Terrence Gordon on Marshall McLuhan and What He Was Doin", *The Beaver* 84 (2), May 2004.
7. Marshall McLuhan, *The Gutenberg Galaxy: The Making of Typographic Man* (Toronto: University of Toronto Press, 1962), p. 6.
8. Ibid., p. 35.
9. Marshall McLuhan, *Understanding Media: The Extensions of Man* (Cambridge: MIT Press, 1995), p. 41.
10. Ibid., p. 15.
11. Edgar Allan Poe, "A Descent into the Maelström", in Patrick F. Quinn (ed.), *Edgar Allan Poe: Poetry and Tales* (Nova York: Library of America, 1984), pp. 432-48.
12. Pergunta de McLuhan no filme *McLuhan's Wake*, conforme citação em Brian D. Johnson, "A Prophet Gets Some Honour", *Maclean's*, 2/12/2002.
13. Kevin McMahon, citado em Johnson, "A Prophet Gets Some Honour".
14. Marshall McLuhan, *Understanding Media: The Extensions of Man* (Cambridge: MIT Press, 1995), p. 23.
15. Alvin Toffler, *Future Shock* (Nova York: Bantam Books, 1984) [Ed. bras.: *O choque do futuro* (Rio de Janeiro: Rocord, 1970)]; Robert M. Pirsig, *Zen and the Art of Motorcycle Maintenance: An Inquiry into Values* (Nova York: HarperTorch, 2006). [Ed. bras.: *Zen e a arte da manutenção de motocicletas* (Paz e Terra: Rio de Janeiro, 2004).]

Capítulo 12: Ocupados, mas nem tanto

1. "Get Smart? Testing the iPhone and the Blackberry Bold", *Condé Nast Traveler*, junho de 2009. Carta de Becca Podell publicada na edição de agosto de 2009.

Notas

2. Anúncio on-line do Palm Pre.
3. John Freeman, *The Tyranny of E-mail* (Nova York: Scribner's, 2009), pp. 208-10.
4. Lowell Monke, "Unplugged Schools", Orion, 10-11/2007, www.orionmagazine.org.
5. K. C. Myers, "Have a Skill? Please Share!", *Cape Cod Times*, 4/10/2009, p. A1.

Capítulo 13: Desconectopia

1. Pew Internet & American Life Project, "Networked Families", www.pewinternet.org, 19/10/2008.
2. Christopher Alexander, Sara Ishikawa e Murray Silverstein, *A Pattern Language* (Nova York: Oxford University Press, 1977), pp. 828-32 e p. 665.
3. Ibid., p. 665.
4. Donald Winnicott, "The Capacity to Be Alone", in *The Maturational Processes and the Facilitating Environment* (Londres: Karnac Books, 1990), pp. 29-36.
5. Mark Bittman, "I Need a Virtual Break. No, Really", www.nytimes.com, 2/3/2008; "King's Screen Addiction", *The Week*, 7/8/2009, p. 10.
6. Christopher Alexander, Sara Ishikawa e Murray Silverstein, *A Pattern Language* (Nova York: Oxford University Press, 1977), pp. 319-21.

Posfácio: De volta à sala

1. Bill Persky, "We're Killing Communication", *USA Today*, 2/11/2009, p. 9A.
2. Alan Scher Zagier, "College Asks Students to Power Down, Contemplate", *Washington Post*, 25/12/2009, www.washingtonpost.com
3. Mary Ann Bragg, "Modernist Makeover in Wellfleet", *Cape Cod Times*, 2/1/2010.

Leitura complementar

Este livro nasceu de um artigo que escrevi muitos anos atrás como bolsista no Centro de Estudos Joan Shorenstein da Universidade Harvard, também intitulado "O BlackBerry de Hamlet". O texto discorria sobre o passado, o presente e o futuro de uma ferramenta específica da conectividade humana, o papel. O artigo está disponível para acesso on-line no meu website, www.williampowers.com. Para leitores que queiram explorar a fundo as ideias discutidas no livro, segue adiante uma lista de títulos que foram úteis para a minha pesquisa, organizada por tema. Nem todos foram mencionados nos capítulos anteriores e não concordo com todas as conclusões e ideias dos autores, mas considero todos ótimas leituras.

Filosofia e vida prática

BOTTON, Alain de. *As consolações da filosofia*. Rio de Janeiro: Rocco, 2001.

HADOT, Pierre. *Philosophy as a Way of Life: Spiritual Exercises from Socrates to Foucault*. Ed. Arnold I. Davidson, Massachusetts: Blackwell Publishing, 1995.

JAMES, William. *On Some of Life's Ideals*. Duas palestras de James publicadas em conjunto durante a vida do autor. A primeira, "On a Certain Blindness in Human Beings", explora o desafio de encontrar "significado vital" na experiência cotidiana. O texto [em inglês] dessa bela palestra também pode ser encontrado on-line.

RICHARDS, M. C. *Centering: In Pottery, Poetry, and the Person*. Middletown: Wesleyan University Press, 1989.

O BlackBerry de Hamlet :)

Autonomia e solidão
LINDBERGH, Anne Morrow. *Presente do mar*. Rio de Janeiro: Sextante, 2009.
NEWMAN, Mildred; BERKOWITZ, Bernard; OWEN, Jean. *Seja você mesmo seu melhor amigo*. Rio de Janeiro: José Olympio, 1994.
STORR, Anthony. *Solitude: A Return to the Self*. New York: Ballantine Books, 1989.

Ferramentas e pessoas
BROWN, John Seely e DUGUID, Paul. *A vida social da informação*. São Paulo: Makron, 2001.
PIRSIG, Robert M. *Zen e a arte da manutenção de motocicletas*. Rio de Janeiro: Paz e Terra, 2004.
SELLEN, Abigail J. e HARPER, Richard H. R.. *The Myth of the Paperless Office*. Cambridge, Mass.: MIT Press, 2003.

Filosofia do design de interiores
ALEXANDER, Christopher et alii. *A Pattern Language*. New York: Oxford University Press, 1977.

Platão
COOPER, John M., ed. *Plato: Complete Works*. Indianapolis: Hackett Publishing, 1997.

Sêneca
Seneca. *Letters from a Stoic: Epistulae Morales ad Lucilium*, selecionadas e traduzidas por Robin Campbell. Londres: Penguin Books, 2004.

Estoicismo
AURÉLIO, Marco. *Meditações*. São Paulo: Martin Claret, 2001.
EPICTETO. *Epictetus: Discourses and Selected Writings*. Tradução e edição de Robert Dobbin. Londres: Penguin Books, 2008.

Concentração
CSIKSZENTMIHALYI, Mihaly. *Flow: The Psychology of Optimal Experience*. Nova York: HarperPerennial, 1991.
GALLAGHER, Winifred. *Rapt: Attention and the Focused Life*. New York: Penguin Press, 2009.

Leitura complementar

Gutenberg

MAN, John. *A revolução de Gutenberg*. Rio de Janeiro: Ediouro, 2004.

Livros e leitura

BASBANES, Nicholas A. *A Splendor of Letters: The Permanence of Books in an Impermanent World*. Nova York: Harper Collins, 2003.

DARNTON, Robert. *A questão dos livros: passado, presente e futuro*. São Paulo: Cia das Letras, 2010.

MANGUEL, Alberto. *Uma história da leitura*. São Paulo: Cia das Letras, 1997.

Shakespeare

Greenblatt, Stephen. *Como Shakespeare se tornou Shakespeare*. São Paulo: Cia das Letras, 2011.

Para conhecer outros títulos da Editora Alaúde, acesse o website
www.alaude.com.br, cadastre-se e receba nosso boletim eletrônico com novidades